KB201363

무슬림 예수

저자 **타리프 칼리디**Tarif Khalidi는 레바논에 있는 베이루트 아메리칸대학교(AUB)의
아랍과 중동학센터에서 아랍 및 이슬람학의 샤이크 자이드 빈 술탄 교수직을
맡고 있다.
케임브리지대학에서 토머스 애덤스 경의 아랍 교수(영어권에서 가장 오래된 아랍 교수직
명칭), 중동과 이슬람학센터장과, 킹스칼리지의 펠로우를 역임하였다.
팔레스타인 출신으로 미국 시카고대학에서 이슬람학으로 박사학위를 받았고,
《꾸란》을 영문으로 번역하는 등 서구에 이슬람을 적극적으로 알려왔다.
많은 책을 집필했는데, 대표작으로《고전 아랍 이슬람: 황금시대의 문화와 유산Classi-
cal Arab Islam: The Culture and Heritage of the Golden Age》
《고전시대 아랍의 역사사상Arabic Historical Thought in Classical Period》 등이 있다.

The Muslim Jesus: Sayings and Stories in Islamic Literature / Tarif Khalidi
First Harvard University Press paperback edition, 2003.
Copyright © 2001 by the President and Fellows of Harvard College
All Rights reserved.

Published by arrangement with Harvard University Press.
《무슬림 예수》(타리프 칼리디 저, 정혜성·이중민 옮김, ISBN: 978-89-94750-32-3),
이 책의 한국어판 저작권은 PubHub 에이전시를 통한 저작권자와의 독점 계약으로
도서출판 소동에있습니다. 저작권법에 의해 한국 내에서 보호를 받는 저작물이므로 무단 전재와
복제를 금합니다.

The Muslim Jesus

이슬람, 공존과 평화를 위한 기도

무슬림 예수

이슬람 문학 속 예수의 말씀과 이야기

타리프 칼리디 지음 | 정혜성·이중민 옮김 | 박현도 감수

소동

감수의 글

예수를 사랑하지 않는 사람은 무슬림이 아니다

이슬람교인, 즉 무슬림들은 유일신 알라가 아담부터 《히브리성서》의 예언자, 그리스도교 《신약성서》의 예수에 이어 이슬람의 예언자 무함마드에게 가르침을 전했다고 믿는다. 물론 예수의 신성神性을 인정하지는 않지만, 이러한 예언의 전승구조를 고려하면, 무슬림들이 예수를 부인하거나 증오하는 것은 상상할 수 없는 일이다.

이슬람 경전 《꾸란》에 무함마드는 단 네 번 언급되지만, 마리아의 아들 '이사'(《꾸란》에 나오는 예수의 아랍어 이름)는 스물다섯 번이나 나온다. 이처럼 예수는 《꾸란》에서 중요한 위치를 차지한다.

이 책 《무슬림 예수The Muslim Jesus: Sayings and Stories in Islamic Literature》는 원서의 부제가 나타내듯 이슬람 문학(경전과 고전) 속에 나오는 이사의 어록과 이사 관련 이야기를 모은 것이다. 방대한 자료를 모으고 정리하여 해설을 붙인 타리프 칼리디는 팔레스타인 출신으로 미국 시카고대학에서 이슬람학으로 박사학위를 받았다. 그의 저서 《고전시대 아랍의 역사사상Arabic Historical Thought in the Classical Period》은 이슬람 역사를 공부하는 사람들에게 필독서로 잘 알려져 있는데, 이 책 《무슬림 예수》는 이슬람학 전공자뿐 아니라 예수를 사랑하는 모든 사람들이 한 번쯤은 꼭 읽어야할 책이다. 무슬림도 예수를 사랑한다는 사실을 너무 늦게 안 것은 아닌가 하는 부끄러움도 느끼면서 말이다.

이 책을 읽으면서 독자들이 "예수를 사랑하지 않는 사람은 무슬림이 아니다"라는 지극히 평범한 사실을 알고, 이슬람 이해의 지평을 넓히길 바란다.

박현도

원서 일러두기

이 책에는 대체로 각 어록이나 일화의 가장 초기 판본을 모아놓았고, 후기 자료들은 대강의 연대 순서에 따라 인용을 추가했다. 주로 다음 세 어록 모음집을 인용하였다.

· Miguel Asin y Palacios, "Logia et agrapha domini Jesu apud moslemicos scriptores, asceti-cos praesertim, usitata," *Patrologia Orientalis*, 13(1919), 335-431; and 19(1926), 531-624
· Hanna Mansur, "Aqwal al-Sayyid al-Masih 'ind al-kuttab al-muslimin al-aqdamin" (The Sayings of Christ in Ancient Muslim Writer,) *Al-Masarra* (1976), 45-51, 115-122, 231-239, 356-364, ibid.(1977), 107-113; ibid.(1978), 45-53, 119-123, 221-225, 343-346, 427-432, 525-528, 608-611.
· James Robson, *Christ in Islam* (London: Allen and Unwin, 1929)

《이슬람 백과사전》은 *Encyclopedia of Islam*, new edition, ed. (H.A.R. Gibb et al., Leiden: Brill, 1954-2005)을 가리킨다.

편집본이나 문헌을 찾을 수 있는 것은 인용이나 설명에서 가능한 한 표기하였다.

연도 표시는 "137/748년" 혹은 "1/7세기"라고 통일했는데, 앞의 것은 이슬람력(히즈라 원년 또는 A.H.)이고 뒤는 그리스도교력(서력 또는 A.D)을 뜻한다.

우선 어록이 이슬람 맥락에서 무슨 의미를 지니는지 가능한 한 간결하게 설명하고, 무슬림 독자들이 그 뜻을 어떻게 받아들여왔는지 덧붙였다. 또한 《성서》복음서와 외경, 근동과 그 외 지역 여러 문학에 나오는 비슷한 어록을 찾을 수 있는 경우는 가능한 한 명시하였다. 필요 없다고 생각한 몇 군데는 설명을 덧붙이지 않았다. 독자들이 이들 어록의 기원을 아는 부분이 있다면, 그로 인해 전체적인 관심이 커질 수도 있으리라 기대한다.

아신이 작품집에서 추가한 주석은 라틴어여서 접근하기에 한계가 있었다. 그의 주석 가운데에는 가치가 높은 부분이 여전히 많기에 그 점은 참으로 아쉽다. 여러 군데에서 그 책을 인용한 부분을 표기했다.

아랍어로 된 다섯 개 어록은 조사하지 못했다. 이 어록은 아신이 인용한 부분을 재인용했다.

한국어판 일러두기
각주의 용어풀이는 모두 옮긴이 주이다.

차례

"눈으로 보는 것에 마음을 두지 않고

마음의 눈으로 볼 줄 아는 사람에게 복이 있을 것이다."

'Abdallah ibn Qutayba
(d. 271/884), 'Uyun, 2:268.

예수가 말했다.

"네가 살아있을 때는 사람들이 너를 그리워하고,

네가 죽었을 때는 너 때문에 눈물 흘릴 수 있도록 잘 살아라."

Muhyi al-Din ibn 'Arabi (d.638/1240),
Muhadarat al-Abarar, 2:2
(Asin, p.585, no.196; Mansur, no.219; Robson p.60).

The Muslim Jesus: Sayings and Stories in Islamic Literature

제1부

무슬림예수를
만나기 전에

제가 태어난 날과

제가 죽는 날과

제가 살아서 부활하는 날에

제게 평화가 있게 하셨습니다.

《꾸란》19장 33절

들어가는 말

✿

근대 이전 아랍 이슬람 문학 전통에는 예수 어록과 예수에 관한 이 야기가 수백 가지도 넘게 등장한다. '무슬림 예수'라고 이름 붙인 이 책은 그러한 예수의 어록과 이야기를 엮은 것이다. 비그리스도교 문화권의 예수 관련 문학에서 가장 큰 비중을 차지할 이 텍스트들 을 앞으로 '무슬림 복음'이라고 통칭하겠다.

이들을 모아 서구 독자에게 내놓는 이유는 아랍 이슬람 문화권 밖에서는 잘 알려지지 않은 이슬람의 예수 이미지를 소개하기 위 해서다. 예수를 대단히 존경하지만 그 신성神性은 인정하지 않는 종 교 전통에서는 예수를 어떻게 이해했을지 궁금한 이들에게, 이 책 은 예수의 흥미로운 모습을 전해줄 것이다. 여기에 묘사된 예수는 그리스도교 복음서 속 모습과 비슷하면서도 또한 다른 면을 보여 준다. 1부에서는 이러한 무슬림 복음이 생겨나게 된 과정과 원인을 주요하게 살펴보려 한다.

그리스도교 복음서 보통 복음서라고 불리나 여기서는 무슬림 복음서와 구분하기 위해 특별히 그리 스도교 복음서라고 번역하였다. 《신약성서》 가운데 예수의 제자들이 예수 생전에 직접 전해 들은 가 르침과 생애에 대한 내용을 담고 있다. 일반적으로는 마태오, 마르코, 루가, 요한의 4복음서를 말하나 이 책에는 도마, 필립보 복음 등의 외경이 포함되어 있다.

무슬림 복음은 아랍어로 기록된 하나의 온전한 이슬람 자료로 집대성되어 있지 않다. 그보다는 윤리나 민간신앙에 관한 책, 아다브^{Adab}(순수문학) 서적, 수피^{Sufi}나 이슬람 신비주의 서적, 지혜문학 선집選集, 예언서와 성인전 여기저기에 단편적으로 흩어져 있다. 저술 연대는 2/8세기부터 12/18세기 사이에 걸쳐 있으며, 그 길이는 한 문장부터 몇 백 단어로 된 이야기까지 매우 다양하다. 아랍 이슬람 문헌이나 민간전승을 통해 스페인부터 중국에 이르기까지 널리 퍼져 있었으며, 일부는 오늘날 무슬림 지식층에게 친숙하다.[1]

이들은 대개 문학적·언어학적 관점에서 보아도 손색이 없을 정도로 잘 다듬어져 있다. 이를 전파한 이들도《꾸란》과 이슬람 전통에서 '하느님의 영靈'이나 '하느님의 말씀'으로 일컬어지는 인물에 합당한 말과 이야기가 되도록 분명 많은 주의를 기울였을 터다. "눈으로 보는 것에 마음을 두지 않고 마음의 눈으로 볼 줄 아는 사람에게 복이 있을 것이다."(98) 혹은 "남과는 잘 지내고, 자신과는 불편하게 지내라."(57) 등은 그리스도교 복음서의 예수가 했던 말일 수도 있다.

그렇다면 이런 이야기는 어디에서 온 것일까? 우선 간단히 말하면 이 이야기들은 근동 지역의 풍부한 문화 전통 가운데 오랫동안 축적되어온 지혜문학에 속한다고 할 수 있다. 1부뿐만 아니라 2부 해설에서도 자세히 설명하겠지만 이 가운데 일부는 그리스도교 복음서의 정경과 외경을 반영한 내용을 담고 있다. 또 한편으로는 많은 부분이 폭넓게 헬레니즘 문명이라 할 수 있는 문화에 기원을 두고 있는 것 같다. 이 책에서는 이야기의 원출처를 가능하면 많이 밝히려 애썼지만, 확실하게 해결되지 않은 자료가 너무 많아 전체적으로 완성도 있는 결과물이 되지는 못했다. 그러나 다른 무슬림 복음 연구자들이 분명 이와 유사한 이야기들을 찾아내어 우리 이해의 폭을 넓혀 주리라 믿는다.

연구자들이 얼마나 되는지는 정확히 모른다. 18세기부터 서구 학자들이 이 복음에 대해 이야기하기 시작했지만, 1896년 되어서야 처음으로 영국의 동양학자 데이비드 마골리우스David Margoliouth가 한 사료에서 찾은 77개의 이야기를 번역하여 모음집으로 출간했다. 그로부터 23년 뒤인 1919년, 스페인 동양학자 미겔 아신 팔라시오스Miguel Asin y Palacios가 255개 이야기를 모아 라틴어로 번역하고 짧은 주석을 덧붙여 책으로 출간했다. 아신은 당시 56개의 고전 아랍어 사료들을 샅샅이 살폈는데, 지금까지도 이 책이 무슬림 복음의 기본서로 꼽히고 있다.[2]

몇 년 전 내가 이 이야기를 수집하기 시작했을 때 가장 염두에

이슬람 신비주의 수피 신비주의 혹은 수피주의라는 말로 잘 알려져 있으며, 금욕적인 성격이 강하며 신과의 개인적이고 친밀한 교감, 신비적인 체험을 강조한다.

지혜문학 《구약성서》의 〈잠언〉, 〈전도서〉, 〈욥기〉가 이에 속하며 인간론, 창조론에 관심을 둔다. 이스라엘을 비롯하여 고대 근동 지역에 존재했던 내용과 형식이다.

정경과 외경 정경은 교회에서 공식적으로 채용하고 있는 경전을 말하며 외경은 《성서》라는 권위를 갖는 경전으로는 인정되지 않으나 동시대에 존재했던 종교적 문헌이라는 데에서 의미를 갖는 문헌이다. 397년 카르타고 교회회의에서 《성서》의 정경을 결정하였고 이때 인정받지 못한 문헌은 외경과 위경이 되었다.

둔 것은 세 가지였다. 첫째, 최근에 빛을 본 여러 이슬람 초기 문헌으로서 마골리우스와 아신을 비롯한 여러 수집가가 검토하지 못한 작품이 상당수 있었다. 그중에는 경건성piety을 강조하는 자료가 가장 많았으며, 일부 작품은 연대가 2/8세기까지 거슬러 올라가 그동안 잘 알려지지 않았던 무슬림 예수의 가장 초기 이야기를 담고 있었다. 이 자료들 덕분에 무슬림 복음의 원형原形과 발전 과정을 이전보다 심도 있게 볼 수 있게 되었다.[3]

둘째, 마골리우스나 아신을 비롯하여 어떤 학자도 무슬림 복음이 지닌 문학적 측면이나 무슬림 신앙의 변화 과정에서 차지했던 그 역사적 역할과 위상에는 대체로 그다지 큰 관심을 기울이지 않았다. 그러나 이 복음을 통해 우리는 문학적, 신학적으로 흥미로운 부분이 많은 예수의 초상을 계속하여 그려볼 수 있게 되었다. 예수는 무슬림 예언자로 되살아났지만 그리스도교의 정경 복음서에 나오는 모습과 완전히 일치하지는 않는다. 이 새로운 환경에서 예수는 무슬림식 경건성, 종교적 의무, 통치 제도에 대한 태도 등의 기틀을 잡고 이를 강화하는 데에 중요한 역할을 하고 있다.

셋째, 현대 문학에서 그리스도인과 무슬림 간의 관계 그리고 《꾸란》과 《하디스》(또는 무슬림 '전통')를 비롯한 이슬람 여러 종교서에 나오는 예수의 이미지를 다루는 경우는 엄청나게 많아졌지만, 놀랍게도 이들 이야기가 그리스도교에 대한 무슬림의 인식에 끼친 전반적 영향은 별로 주목을 받지 못했다.[4] 적어도 근대 이전의 무슬림 지식인에게 이 복음은 (《꾸란》과 《하디스》를 제외하고) 가장 그럴싸한 예수의 모습을 만날 수 있는 자료였다. 따라서 무슬림 문학 전통에서 예수가 차지하는 위상은 무슬림 복음의 중요성을 살펴보지 않고는 제대로 설명할 수 없다. 그리스도교와 이슬람 사이에 근래 이루어지고 있는 대화나 앞으로 진행될 대화를 위하여 무슬림 복음이 지닌 의미에 대해 묻는다면, 역사적·신학적 차원에서 화해를 도모하고 신앙을 증언하는 하나의 공동체를 장기적으로 모색하는 데에 이 복음서가 유효적절한 자료가 되리라는 점을 지적할 수 있겠다. 전체적으로 이 복음은 이슬람과 예수의 연애사事 기록이며, 그런 면에서 어떻게 한 세계의 종교가 다른 세계의 종교에 속해 있는 중심인물을 받아들이고 제 정체성을 구성하는 중요한 인물로 인식하게 되었는지를 보여주는, 유례를 찾아볼 수 없는 특별한 기록이다.

　이 책은 학자와 일반인 모두를 대상으로 쓰였다. 두 부분으로 나뉘며, 앞부분 1부에서는 예수 이야기를 둘러싼 역사적·문학적 맥락을 전반적으로 설명한다. 뒷부분 2부는 복음 내용을 설명한다. 연대 순서에 따라 번호를 붙였고, 대부분 인용 출처와 해설을 달았다. 역사와 신학에 특별히 관심 있는 독자가 아니라면 후반부를 바로 읽어도 괜찮다. 무슬림 복음을 직접 만나고 그 문학적·신학적 가치에 대해 각자의 결론을 내려도 좋을 것이다.

배경

✿

이슬람의 예수 이미지는《꾸란》에서 처음으로 구체화되었고, 무슬림 복음으로 확장되었다. 무슬림 복음 속 예수는《꾸란》에 나오는 모습과 많이 다르지만,《꾸란》속 모습은 훗날 나타나는 예수의 여러 모습에 중요한 토대가 되었다.《꾸란》속 예수에 관한 글은 이미 많이 나와 있으므로, 여기서 다루는 이야기가 특별히 새로운 내용은 아니다. 그러나 무슬림 복음을 검토하기 전에 이슬람의 맥락 안에서 우리의 주된 관심 지점을 확실히 짚고 넘어갈 필요가 있겠다.

예수라는 인물이 널리 알려진 시대와 장소에서 이슬람이 탄생했다는 사실은 이제 누구나 아는 바다. 비문碑文, 시리아·에티오피아·비잔틴 문헌, 이슬람 이전의 아라비아 시詩에 대한 최근 연구, 새로 발견된 이슬람 초기 자료 등을 통해서 이슬람 이전 아라비아 반도에 대한 윤곽을 그려볼 수 있다. 아라비아 반도를 비롯한 주변 지역 여러 그리스도교 공동체에서는 이미 예수에 대한 풍부하고 다양한 이미지를 전파하고 있었다. 다만 이슬람이 역사에 등장했을 때, 근동 지역 그리스도교 공의회에서는 공식 교리가 아직 확고히 뿌리내리지 못했다는 점을 잊지 말아야 한다. 다시 말해 이슬람은 무수한 그리스도교 공동체가 서로 적대적인 모습을 자주 보이며 통일된 교회로 꽃피지 못한 상황에서 태어났다고 할 수 있다.

이 지역에는 다양한 관점을 지닌 그리스도교 이외에, 지향하는 교리적 기원이 불확실한 아랍계 유대교도 있었다. 그렇지만 아라비아 반도에서 유래한 유대교에는 경전과 민간전승, 신화 등이 온통 뒤섞여 있었다는 점 또한 기억해야 한다. 이슬람이 등장하기 직전의 아라비아 반도는 헬레니즘 세계의 한 변방으로서, 그리스도교와 유대교는 오늘날 학자들이 아주 철저하게 연구하는 분야이지만 당시에는 다양한 전통들 가운데 하나였을 뿐임에 유념해야 한다.

무엇보다 이 이야기들을 살펴보는 시작점은 이슬람 이전 아라비아의 자료가 아닌 《꾸란》이 될 것이다.[5] 《꾸란》은 가장 근본이 되는 문헌으로 종교적 언어와 교리를 새롭게 구성하고 통합해내었다. 서구학자들은 대체로 《꾸란》에 나오는 예수의 이미지를 형성하는 데 영향을 끼친 것이 무엇인지 그 실마리를 추적해왔다. 그러나 《꾸란》에서 예수가 언급된 여러 구절의 구조나 형식을 분석하는 작업은 상대적으로 미미했다.

《꾸란》에 나타난 예수 이미지에 대한 서구 연구의 변화를 살펴보면, 그 기원을 그리스도교 외경이나 그리스도교 혹은 유대계 그리스도교 분파에서 나온 이미지로부터 찾아내려는 분석의 흐름에 주목하게 된다. 20세기 초반에는 이런 연구들이 대개 논란의 한 가운데 있었다. 무함마드가(아주 드물게는《꾸란》도) 그리스도교를 다른 종교와 혼동하였거나 그리스도교 이단의 사상을 가졌다고 여겼다.《꾸란》에 '그'가 화자로 나오는 예수의 이야기는 꾸며낸 이야기이고 허구이며, 따라서 기껏해야 비잔틴 변방 지역에서 떠돌던 외경의 일부였다고 생각될 정도였다. 기원을 온전히 추정할 수 없는 이야기들은 '동방의 풍부한 상상력'의 산물이라 치부되기도 했다. 일부 학자들은 예수가《꾸란》에 등장하는 수많은 예언자 가운데 특별한 위치를 차지했음을 인정하기도 했다. 반면《꾸란》에서 뛰어난 예언자로 나오는 아브라함, 모세, 요셉, 다윗보다 예수가 더 중요한 인물로 나온다는 점을 인정하지 않는 이들도 있었다. 일부 학자들은 신학적인 면에서, 그리스도교의 구속救贖 개념이《꾸란》의 예수에게는 없으며 따라서 이슬람과 그리스도교 간에 진정한 그리고 더 나아가 완전한 화합에 이르기까지는 아직까지도 해결해야 할 과제가 많이 남았다고 주장했다.[6]

　《꾸란》속 예수에 대한 서구 학계의 기존 이미지와 해석은 여러 요인들 덕분에 아직 완전하게는 아니지만 점차 균형을 잡아가고 있다. 우선 민속 문화 연구에 대한 학문적 관심이 되살아났고, 신화의 위상과 기능을 신앙 체계 안에서 재평가하려는 시도가 빠르게 확산되었다. 이로 인해 일반적으로《꾸란》과 이슬람 초기 문학을 '설화說話'로 보던 시각이 보다 관용적이고 공감적인 태도로 바뀌었다. 일부에서는 이런 설화가 상당히 중요한 의미를 지닌다는 점도 인식하게 되었다. 이때 중요한 것은 이야기 자체라기보다, 이 이야기가 이렇게 전해지지 않았다면 사라졌을지 모르는 유대교 혹은 그리스도교 계통의 사료를 보존해주는 역할을 했다는 사실이다.

둘째로 1945년에 영지주의 문헌 및 여러 초기 경전을 모은 나그함마디 '문서'가 이집트에서 발견되고 곧이어 출간되면서, 초기 그리스도교 문헌과 여러 신앙 분파가 형성되고 전파된 과정에 대한 그간의 이해가 완전히 바뀌었다. 이는 대체로 《꾸란》 속 예수의 직접적 배경이던 동방 그리스도교회에 대해 반세기 전보다 훨씬 더 많이 알게 되었음을 의미한다. 나그함마디 자료만큼 극적으로 기여하지는 못했지만 나그함마디 자료가 발견되기 직전까지는 시리아·콥트·에티오피아 그리스도교의 종교 문헌이 출간되어 이슬람 이전의 아라비아 반도와 그 인접 지역에 널리 퍼져 있던 다양한 그리스도교의 모습을 이해하는 데 도움을 주었다.[7]

구속 예수 그리스도가 십자가에서 죽음을 통해 인간을 죄로부터 구해내는 제물이 되어 대신 희생되었다고 여기는 성서적 개념
영지주의 예수가 살았던 당시 지중해 세계에서 일어났던 종교 사상 운동으로 세상을 영 (선)- 물질 (악)이라는 이원론적 구조로 파악하고 이 둘이 끊임없이 투쟁하며 변화가 일어난다고 보았다.
나그함마디 이집트 나일강 상류 쪽에 위치한 지역명으로 1945년 이 지역 농민에 의해 발견된 문서를 나그함마디 문서라고 부른다. 나그함마디 문서의 상당수는 영지주의 문헌으로 이 문서의 발견으로 영지주의 연구에 큰 자극이 되었다. 이 문서 중 가장 대표적인 것이 '도마복음'이다.
동방 그리스도교회 그리스정교회, 동방정교회, 정교회, 동방교회라고도 한다. 로마제국이 동로마제국과 서로마제국으로 분리되었을 때 신학적 견해와 교황권에 대한 입장 등에 차이를 보이며 교회도 갈라지게 되었고 동방 그리스도교회는 동로마제국의 영토에서 전해져 오늘날 러시아를 비롯한 슬라브 민족 거주지에서 이어지고 있다.

셋째로 앞의 두 요인이 부분적으로 영향을 미친 결과,《신약성서》외경을 이전보다 더 정확하고 공감적인 태도로 수집, 번역, 분석하게 되었다. 이러한 최근 연구 성과로 인해 외경은 4~5세기 공의회를 통해《신약성서》정경에서 공식적으로 제외되었음에도 동방 그리스도교회에서는(그리고 실제로 서방 그리스도교회에서도) 상당히 많은 양이 살아남아 실제 읽혔다는 주장에 점차 많은 이들이 동의하게 되었다.[8]《꾸란》에 나오는 예수와 그리스도교의 이미지가 내포하는 의미는 중요하다. 이런 이미지의 일부가 외경에서 비롯했다면《꾸란》은 적어도 상상으로 지어낸 그리스도교가 아니라, 살아있는 그리스도교를 반영한 것이라 볼 수 있기 때문이다.[9]

마지막으로《꾸란》본문을 분석하는 데 다양한 현대 문학비평 방법이 도입되어, '영향 관계'를 기술하는 데서 벗어나 자체의 언어와 영역에서 텍스트를 이해하려는 시도가 점차 중요해지고 있다.[10] 이런 노력의 결과가 항상 설득력을 얻는 것은 아니지만 최소한《꾸란》속 예수 이미지를 영향 관계나 기원基源 측면에서 분석하던 차원과는 다른 새로운 시도를 보여준다. 게다가 오늘날 기원 문제는 지금까지 생각했던 것보다 더 복잡한 과정으로 인식되고 있기도 하다.[11]

《꾸란》에 나타난 예수의 모습

✿

《꾸란》에 나오는 여러 예언자들은 훈계조로 이야기하는 모습을 보여준다. 이는 그리스도교 《성서》와는 상당히 다른 모습이다. 《꾸란》의 운율 있는 효율적 말하기 방식은 산문보다는 운문에 가까우며 이슬람 이전 시기의 점술가들이 신탁을 받는 방식과 유사하다고도 할 수 있다.[12] 그러나 그리스도교 복음서가 지닌 독특한 문학적 특징에 대해 오늘날 널리 받아들여지고 있는 견해 가운데에는 《꾸란》에도 적용될 수 있는 것들이 많다.[13] 《꾸란》에는 내용과 형식의 유일성을 선언하는 부분이 자주 나온다. 즉 《꾸란》과 같은 책은 다시는 있을 수 없다는 것이다. 그것이 주는 충격은 일대격변과도 같다.

> 하느님께서 《꾸란》을 어느 산에 계시했다면
> 너는 산이 겸손해지고 하느님을 경외하여
> 갈라지는 것을 보았으리라. (《꾸란》 59장 21절)

위 구절에서 서사와 비서사는 어법상 근본적 차이를 보이지 않는다. 이 글은 전반적으로 영원한 현재형the eternal present이라 할 만한 시제로 표현되어 있다. 과거·현재·미래가 연장선상에서 제시된다. 예언자와 관련한 서사에 해당되는 구절은 자주 "와 이드wa idh"("그리고 그때")라는 표현으로 시작하는데, 이는 "~ 하였던 그때를 기억하라" 혹은 "너는 ~ 하였던 그때를 기억하지 못하느냐"와 같은 뜻을 지닌다. 《꾸란》의 서사에서는 앞에서 서술한 내용에 대한 하느님의 능력을 역설하는 하나(혹은 그 이상)의 감탄형 구절이 자주 뒤따른다. 그 분은 그때를 아셨고, 그 분은 현재를 아시고, 인간사가 어떻게 끝날지 아신다. 예전에도 그랬듯 그 분은 역사를 창조하셨고 역사를 말씀해주시는 분이다. 따라서 《꾸란》은 모든 서사 가운데 '최선'이자 가장 '진실된' 이야기, 즉 궁극적인 이야기가 된다. 이전의 여러 종교 공동체가 자신들에게 내려온 계시를 '함부로 고치거나' 왜곡했던 데 반해, 《꾸란》은 잘못된 기록을 바로잡고 과거 예언자들과 하느님의 만남을 모두 새롭게 말하고 본모습으로 되돌리겠다는 의도를 명료히 한다.

《꾸란》에 나오는 모든 예언자들의 상호 관련성은 서사 양식과 예언자 직분의 실제 체험 차원에서 가시화된다. 이는 여러 예언자의 이야기가 한 곳에 모여 있지 않고 《꾸란》 전체에 흩어져 있다는 사실로 인해 더욱 두드러진다. 예언자의 서사는 여러 방법으로 강화된다. 한 예언자가 한 말이나 하느님이 예언자에게 하신 말씀은 다른 예언자에게도 비슷한 형태로 나오거나, 때로는 똑같이 반복되기도 한다. 예언자의 행동이나 체험도 비슷하다. 《꾸란》의 예언자가 보여주는 전형이 있다고도 할 수 있는데, 다음과 같은 방식으로 뚜렷이 드러난다. 예언자는 오만하거나 빈정거리기를 좋아하거나, 무지한 군중에게 경고를 시작한다. 그러나 군중은 (대부분은 폭력적으로) 예언자가 전한 말을 거부하여 벌을 받기에 이른다. 이런 식으로 하느님은 궁극적으로 예언자를 지지하고 계심을 입증해 보인다. 《꾸란》은 이러한 전형을 스스로 강화하고 있다. 《꾸란》은 예언자들 간에는 차이가 없고, 차이가 있어서도 안 되며, 진정한 믿음이란 모든 예언자를 믿는 것까지도 의미한다(《꾸란》 4장 150절)고 선언한다. 《꾸란》의 예수는 그러한 예언자의 일반적 유형에 포함되는 경우가 상당히 많지만, 연구자에 따라 포괄하기도 하고 그렇지 않은 경우도 종종 있다.[14]

특별한 예언자의 범주에 예수를 포괄하는 문제의 중요성을 인정하더라도, 질문은 여전히 남는다. 《꾸란》에서 예수는 어느 정도까지 특별한 존경을 받는가? 그리고 《꾸란》의 다른 예언자가 받는 일반적 존경을 어느 정도까지 공유하는가? 넓게 보아 이런 논의는 《꾸란》에서 그를 지칭하는 두 가지 이름의 본래 의미를 어떻게 해석하는지에 좌우되는 경향이 있다. 《꾸란》에서 예수는 하느님으로부터 나온 '말씀'이며 하느님으로부터 나온 '영'이라 불린다. 이런 별칭이 특별히 존경받는 예언자의 위치에 있음을 나타내는 것일까? 아니면 단순한 수사법일 뿐일까? 그리고 이런 표현은 어디에서 온 것일까?[15] 이 질문에 관해 길게 논의하는 일은 이 책의 주된 관심사가 아니다. 그러나 《꾸란》속 예수는 이후 이슬람에서 정교하게 다듬어지는 예수 이미지에서 핵심적인 부분이므로, 《꾸란》에서 예수가 차지하는 고유성에 대해 언급할 필요가 있을 듯하다.

이 문제의 답을 찾기 위해, 일부 학자들은 《꾸란》에서 예언자가 인용된 횟수를 도표화하여 그들의 지명도를 보여주려 시도하였다.[16] 하지만 이런 방법은 바로 한계가 드러났다. 특히 예수의 경우에는 더욱 그러하였다. 아브라함이나 모세, 요셉과 같은 예언자에 관한 내용은 일단 양이 많으므로 이 방법이 유용할 수 있다. 그러나 내용의 충격이나 여운, 영향력, 간접적 암시, 무엇보다도 대화의 맥락과 깊이 등은 수치로 측정할 수 없는 문제다. 이 문제에 접근하기 위해 구약과 신약에 나오는 예언자로 관심을 한정해보자. 어떤 이는 오늘날 신앙심 깊은 유대인이 《꾸란》에서 모세, 요셉, 다윗을 서술한 방식에서 신학적으로 받아들이기 힘든 부분을 찾지 못할 수도 있지만, 신앙심 깊은 그리스도인이 예수가 나온 부분을 읽는다면 문제가 달라진다고 말할지도 모르겠다. 분명 《꾸란》에 나오는 예수의 모습에는 그리스도교 복음서의 예수와는 완전히 다르게 느껴지는 무언가가 있다. 이 차이가 (어조도 완전히 다르긴 하지만) 서사의 어조에 있는 것 같지는 않다. 《꾸란》은 다른 예언자의 이야기도 모두 같은 어조로 표현하고 있기 때문이다. 그보다 예수는 논란의 여지가 있는 예언자라는 표현이 더 적절하다. 《꾸란》에 나온 예수는 그리스도교 공동체에서 그에 관하여 중요하게 여기는 교리로부터 의도적으로 스스로 거리 두도록 묘사된 유일한 예언자다. 이와 관련해서 《꾸란》은 "깨끗이 하다"(《꾸란》 3장 55절)라는 표현을 쓴다. 이 말은 예수가 그를 따르는 이들의 왜곡된 신앙으로부터 깨끗하게 될 것이고 더 나아가 깨끗이 하는 과정에서 주도적 역할을 하게 됨을 의미한다. 예수는 삼신론Tritheism을 지지하는 것이 자신과 아무런 관련이 없다고 하느님께 이야기한다. 하느님도 예수의 십자가 죽음은 사실이 아니라고 부인한다. 다른 예언자와 달리 예수의 문제는 자신의 이야기를 정확하게 다시 말하는 것에만 있지 않다. 그리스도교에서 말하는 예수의 삶과 가르침 그리고 《꾸란》에서 반복해서 말하는 내용 사이에는 해결되지 않는 주요한 교리적 어려움이 존재한다. 요컨대 《꾸란》 속 예수는 다른 예언자들과는 달리 논쟁의 한가운데 있다.

　　문제는 성 바오로가 "유대인에게는 걸림돌이고 이방인에게는 어리석은 것"(〈고린도전서〉 1장 23절)이라고 한 십자가다. 십자가 사건을 부정하면서 《꾸란》도 같은 난제에 직면했을까? 단순히 그리스도교의 가현설Docetism을 받아들인 것일까? 가현설은 매력적인 해결책이 될 수도 있다. 특히 가현설('보였다'라는 뜻의 라틴어 doceo에

삼신론 삼위일체는 신이 하나의 실체 안에 세 가지 위격位格을 갖추고 있다고 보는 데 반해 삼신론은 신이 세 가지 각각 다른 본질을 지닌다고 여겼다.
가현설 예수가 세상에서 육체와 인간성을 지니지 않고 그렇게 '보이기'만 했을 뿐이라는 설. 이 주장에 따르면 예수의 죽음과 부활은 그리 중요하지 않은 문제가 된다.

서 기원함)은 《꾸란》의 "와 라킨 슙비하 라훔wa lakin shubbiha lahum" ("그러나 그들에게 그렇게 보이게 하셨다"(《꾸란》 4장 157절))과 정확히 동일한 표현인데, 이 구절은 《꾸란》에서 십자가 사건이 실제 일어나지 않았다고 부인하는 부분에 나온다. 오늘날 학자들 대부분은 가현설의 비유적 표현이 가능하다고 해도 《꾸란》의 예수는 가현설에서 보는 예수와 여러 모로 다른 면이 많다고 주장한다. 즉 《꾸란》의 예수는 피와 살을 가진 존재이지만 가현설의 예수는 단순한 그림자이다.[17] 《꾸란》은 십자가형을 부정하고 유대인이 실제 예수를 죽였다는 내용을 인정하지 않으며, 예수가 하느님께 승천한 일이 예수가 예언자임을 증명해준다고 본다. 이에 따라 예수는 《꾸란》의 예언이 보여주는 일반적인 전형을 따른다. 《꾸란》과 대부분의 무슬림 전통에서는 예수의 삶에서 가장 중요한 순간을 십자가형이 아니라 승천이라고 본다.

둘째로 《꾸란》은 삼위일체론을 삼신론이라 여겨 격렬히 비난한다. 가장 인상적인 구절은 하느님이 예수에게 다음과 같이 묻는 부분이다.

하느님께서 이렇게 말씀하셨다. 마리아의 아들 예수여,
네가 백성에게 하느님 이외에 나 예수와 나의 어머니를
신으로 경배하라 하였느냐?
예수가 말했다. 영광을 받으소서!

저는 결코 그렇게 말하지 않았으며

그럴 권리도 없나이다.

제가 그렇게 말했다면 당신께서 이미 알고 계실 것입니다.

당신은 제 마음속에 있는 것을 아시나

저는 당신 마음속에 있는 것을 모르니

진정 당신께서는 숨겨진 것을 아시나이다. (《꾸란》 5장 116절)

이 구절은 가장 첨예한 논란이 되고 있다. 《꾸란》이 다신론이라는 유령에 강박적으로 집착하고 있다는 말이 과장만은 아니다. 예수와 관련 없는 부분까지 포함하여 많은 구절이 하느님이 아들이나 배우자를 두셨는가 하는 문제로 되돌아간다.[18] 이런 신성 모독에 격분한 어조로 응답하는 구절이 있다.

그때에 하늘이 찢어지고

대지가 갈라지며

산들이 산산이 조각나려 하였다. (《꾸란》 19장 90절)

결국 예수와 그를 따르는 이들은 《꾸란》 전체에 걸쳐 가장 신학적으로 첨예한 논쟁이 되는 주제 가운데 하나와 관련되어 있다고 볼 수 있다.

《꾸란》은 이를 "그리스도교도는 심판의 날까지 분열하고 서로 비방하도록 예정되어 있다"(5장 14절)고 설명한다.《꾸란》은 '성서의 백성들'과 계속되는 싸움과 논쟁에 영향을 행사하는 쪽으로 교리 방향을 설정하였다. 성서의 백성들이란 고의적으로, 개인적 이득을 위해서, 혹은 잘못된 이해로 인해, 때로는 맹목적 모방과 추종 때문에, 왜곡된 신성한 경전을 받들던 이전 종교 공동체를 말한다. 그래서《꾸란》에 등장하는 예언자들의 이야기는 서로 독립된 이야기가 아니라 그들을 따르던 이들의 품행이나 믿음과는 현저히 다른 도덕적 품행을 설파하는 내용을 담고 있다. 이 모든 예언자를 '진실로' 따르는 사람들은 지금까지 그래왔듯, 앞으로도 '무슬림'이라고 불릴 것이다.

《꾸란》에 예수가 나오는 부분은 그 내용에 따라 네 가지로 구분할 수 있다. (1)탄생과 어린 시절 이야기 (2)기적 사건 (3)예수와 하느님의 대화 혹은 예수와 이스라엘인들 사이의 논쟁 (4)예수의 인성과 하느님의 종됨에 대해 말하는, 그리고 예수를 예언자의 계보에 놓는 하느님의 선언적 말씀. 이 부분에서는 예수를 '맹신'하는 생각은 폐기되어야 한다고 분명히 밝히고 있다. (1), (2)의 경우 특정 외경이나 시리아·콥트·에티오피아 문학과 밀접한 관계가 있음이 거의 확실하다.[19] 예수가 원죄 없이 탄생한 일(《꾸란》에서는 야자나무 아래서 태어났다고 하였음)과 아이일 때 요람에서 했던 말은 모두 '아야트ayat'(징표들)이다. 즉 예수와 마리아에게 드러난 성스러운 은혜의 발현이었다. 그가 행한 기적에 관해서는 이야기 자체를 중요하게 다루기보다, 하느님이 병자를 고치고 죽은 이를 되살리도록 권능을 부여한 사실을 일깨우기 위해 열거하고 있다. 그리스도교 복음서의 정경과는 달리 《꾸란》은 예수의 수난보다는 신비로운 탄생에 더 관심을 기울인다. 예수라는 이름 대신 '마리아의 아들'이라 더 자주 부르고, 예수와 마리아가 함께 등장하는 장면이 많은 것도 이 때문이다. 예수 곁의 마리아는 예수의 신비롭고 순결한 탄생을 증명해준다. 그럼에도 예수의 '죽음' 또한 똑같이 중요한 기적이다. 후대 이슬람의 전승에 따르면, 예수는 살아남아 종말의 때에 승천하여 정해진 역할을 완수하기를 기다리고 있다고 한다. 《꾸란》(43장 61절)에는 그의 역할에 대해 암시 정도만 나와 있다.[20] 예수는 하느님의 전능함을 드러내는 상징이나 신비로운 증거인 '아야aya'로 그려진다. 다른 예언자들도 이와 같은 속성과 기적을 일으키는 능력이 있긴 하다. 그러나 예수는 《꾸란》에 상당한 긴장을 불러일으키는 역할 때문에 특별하다고 할 수 있는데, 《꾸란》의 목적은 예수에 대한 궁극적 진실을 확립하는 데에 있다.

예수의 언행과 예수에 관한 하느님의 선포는 무함마드의 예언자 직분을 반영한 내용이거나 예수가 '그저' 하느님을 섬기는 자(인간을 의미함)에 지나지 않는다는 사실을 보여주려는 의도가 있어 보

아야트, 아야 《꾸란》은 총 114개의 장으로 되어 있고, 각 장은 운문체의 형식을 띤다. 이때 각 장은 '수라'라고 불리고, '수라'는 '아야'라고 하는 여러 절로 되어 있다. 아야는 하느님의 전능함을 드러내는 증거, 징표, 기적이라는 뜻을 담고 있으며, 아야트는 아야의 복수형이다.

인다. 그렇다고 해서 하느님이 그러한 위치를 가엾게 여겼다는 뜻은 아니다. 물론 산상설교나 비유도 없고 율법이나 성령에 대한 가르침도 없으며 예수의 수난기도 나오지 않는다. 대신 예수에게는 자신을 믿는 신앙심 깊은 제자들이 있었고, 어머니께 순종하고 충실했으며, 앞선 예언자도 계속 확언했듯 하느님은 한 분이시라는 메시지를 전했다. 예수에 관한 많은 이야기들이 그에 관한 또는 그를 대변하는 하느님의 말씀이라는 형태로 나온다. 이 구절들은 예수나 일반 사람들에게 하느님은 모든 피조물의 궁극적인 창조주이고, 예수의 삶과 운명을 주관하는 주인이라는 점을 상기시킨다. 따라서 자신을 따르던 이들이 저지른 '왜곡'을 '깨끗이 하는' 참된 예수, 창조주에게 전적으로 복종하는 예언자, 육화肉化와 십자가형, 부활에 이르는 사건으로 표상되는 그리스도를 진정으로 대체할 수 있는 존재가 된다.

《꾸란》의 어조가 항상 공격적인 것만은 아니다. 실제로 《꾸란》에는 예수와 그리스도교 공동체에 위협적인 표현도 있지만, 회유하고 위로하며 타협하는 등 다양한 느낌의 표현도 담겨 있다. 하느님의 자비로운 문은 항상 살짝 열려 있다. 그리스도인의 잘못된 믿음은 가차 없이 비난받지만 '소수의' 진정한 신자들은 예외적으로 가장 현명하고 제대로 배운 그리스도교도라는 칭찬을 받기도 한다 (《꾸란》 4장 162절). 예수는 관대함, 자비, 겸손이라는 유산을 남겼다. 예수가 자신의 입으로 직접 말한 "평화"는 다음과 같다.

제가 태어난 날과

제가 죽는 날과

제가 살아서 부활하는 날에

제게 평화가 있게 하셨습니다.(《꾸란》19장 33절)

　　그리스도인들은 무함마드가 오리라는 증거를 자신들의 경전
에서 찾도록 계속하여 초대받고 있다. 예수는 이를 분명히 알리는
역할을 부여받았으며, 이것이 예수와 무함마드 간에 특별한 유사
성을 성립시켜준다(《꾸란》61장 6절). 《꾸란》은 모든 종교 공동체 가
운데 그리스도교도와 무슬림이 가장 가깝다고 선언한다. 그리스도
인 가운데에는 하느님께 겸손하게 자신을 바치는 성직자와 수도자
가 있고, 그리스도인들이 《꾸란》을 듣고 그 안의 진리를 깨달아 눈
에 눈물이 넘친 일도 있었기 때문이다(5장 82~85절).[21]

　　요컨대 이 모든 대조적 이미지를 하나로 명확히 종합하여《꾸
란》에 나온 예수 이미지의 핵심을 포착해내기는 어려울 듯하다.
《꾸란》과《구약성서》《신약성서》의 정경 및 외경 사이에는 대체
로 어떤 이어지는 분위기가 있다고 말할 수 있다. 구조와 어투에 특
히 주의를 기울여《꾸란》을 꼼꼼히 읽으면 어떤 느낌이 전해진다.

산상설교 〈마태오복음〉 5-7장에 나오는 내용으로 예수가 선교 활동 초기 갈릴래아 산 위에서 군중
에게 행했던 설교. 예수의 가르침이 집약적으로 담겨 있다고 평가되며 '-한 사람에게 복이 있다'는 구
절과 주기도문이 이 안에 담겨 있다.
육화 신이 예수라는 인간의 몸으로 나타나 구원을 성취하였다는 그리스도교의 교의

그것은 끊임없는 주장과 그 반론 가운데 계시된 경전, 다툼이 있던 종교 공동체에서 불신자나 군중의 조롱과 비웃음을 딛고 스스로의 권위를 세우려 노력해온 경전이 보여주는 느낌인 듯하다. 《꾸란》에 따르면, 하느님은 항상 자비로우시지만 종교적 무지와 '과장'이 그분의 신성함을 훼손했고 거짓말쟁이와 위선자가 많은 해를 끼쳤다. "그러나 인간은 거의 모든 일에 말이 많더라"(《꾸란》 18장 54절)는 판단처럼 《꾸란》은 인간의 끝없는 논쟁에 직접 개입해서, 어떤 문제는 해결하고 어떤 문제는 하느님께 맡기며, 믿는 이는 적의 비웃음과 도전에 어떻게 대답해야 하는지를 알려준다. 《꾸란》에서 예수를 따르는 사람들은 하느님께서 모든 예언자에게 계시하신 유일한 메시지를 왜곡하거나 과장하는 인간의 모습을 가장 잘 보여주는 사례가 된다. 《꾸란》 속 예수는 신앙심 깊은 이에게는 확신을 주고 회개하지 않는 이에게는 경고를 주려 하며, 잘못된 길을 가는 추종자들에게 논쟁을 제기한다. 이처럼 그는 그리스도교 복음서의 정경이나 외경에 나오는 예수와는 일치하는 면이 거의 없다. 오히려 《꾸란》에 나온 예수는 분파 간에 분열과 논쟁을 일으키기로 유명하며, 이전 계시를 다듬고 교정하고 재정리하여 자신만의 독특하고 수정된 메시지를 담아낸다. 《꾸란》 속 예수는 의심할 바 없이 '비정통'과 그리스도교 외경 문헌뿐 아니라 '정통'과 정경 문헌에서 나온 존재이기도 하다. 그렇지만 어떤 종교 전통에서 다른 전통이 유래할 때 종종 그렇듯, 결국 예수는 자신만의 삶과 역할을 맡고 있다.

유명한 성서학자인 마르틴 디벨리우스Martin Dibelius는 《헤르마스의 목자The Shepherd of Hermas》 그리고 이 책과 관계된 이전 전통에 관하여 글을 썼다. 여기서 그는 필요에 따라 《꾸란》 속 예수와 그의 영성 공동체에 기꺼이 적용할 수 있는 표현을 사용했다. 즉 "지은이가 유대-그리스도교 출신이라고 하여 이 책이 유대교 전통과 강하게 관련되었다고 설명하는 것은 정당하지 못하다. 2세기 그리스도인들은 《성서》를 읽고 유대교의 예배 방식과 권면paraenesis에 기반을 둔 유대인의 관습을 유산으로 이어받았지만, 유산을 물려받은 모든 이를 죽은 자의 친척이라고 해석할 수는 없다."(고딕체 표기는 필자의 강조임).[22] 이와 같이 2세기 그리스도인도 유대 전통의 친척이라 할 수는 있지만 아주 가까운 상속자라고는 할 수 없다.

마르틴 디벨리우스 1883-1947. 독일 신약성서학자. 양식사적 성서연구 방법을 확립.
《헤르마스의 목자》 120-140년경 교부였던 헤르마스가 저술한 작품으로 묵시문학에 속한다.

무슬림 복음 속 예수

✸

이슬람 초기('원시 이슬람'이라고도 함)는 오늘날 이슬람 연구에서 가장 논쟁이 치열한 영역으로 꼽힌다. 그 논란의 중심에는 이슬람이 시작되고 점차 종교문학의 형태가 형성되면서 전통적으로 해석되어오던 방식이 자리하고 있다. 한쪽에서는 《꾸란》 텍스트에 대한 양식 비평적 분석을 시도해왔는데, 그 결과 《꾸란》이 처음부터 완성된 문헌의 형태로 존재했었다는 등의 전통적 해석과 《꾸란》이 편집되어 전파되는 과정 등이 속속 수정되었다. 다른 한편으로는 특정 문학 비평의 이론과 방법을 초기 층위의 무슬림 전통과 사료들에 적용하였다. 이를 시도하는 최근 편집자들은 원 사료를 재가공하고 고쳐 써서 때로는 원형을 알아볼 수 없을 정도로까지 만들어버리기도 한다. 《성서》의 양식 비평과 문헌 비평 이론이 이제는 이슬람 연구에까지 침투해 들어와서 지금까지와는 전혀 다른 결과가 나오고 있다.[23] 무슬림 복음에 등장하는 예수는 이슬람력 초기 150년 동안 생겨났고, 따라서 그의 뿌리는 '원시 이슬람'에 있다는 것이다.

이슬람 초기는 주변 문화와 상호 작용이 빈번하게 이루어지던 시기였다. 고대 세계 기준에서 보면 급속히 빠른 속도로 이루어진 정복 전쟁을 통해 초기 무슬림들은 매우 다양한 문화와 접촉할 수 있었다. 예언자 무함마드가 사망한 632년 이후 60여 년에 걸쳐 무슬림은 서고트족이 지배하던 스페인에서부터 불교가 번성하던 아프가니스탄에 이르는 모든 길에 전초기지와 공동체를 건설했다. 여기에는 시리아, 이라크, 이란 지역의 중심지였던 사마리아와 사비교, 조로아스터교 공동체는 말할 것도 없고, 북아프리카와 근동 지역의 여러 그리스도인과 유대인 사회도 포함되어 있다. 전쟁의 여신 아테나가 제우스의 머리를 뚫고 나온 것처럼 이슬람 역시 역사의 자궁 안에서 완전히 성장한 채로 갑자기 나온 것일까? 그럴리는 없겠지만 오늘날 타 종교에 적대적인 일부 무슬림은 마치 그랬던 것처럼 글로 쓰거나 말하곤 한다. 그들은 분명 《꾸란》이 거의 처음부터 성스러움이 드러난 존재였다는 점에 감동을 받았다고 할 것이다. 그렇지만 이 광대한 정복 지역 전체에 걸쳐 통치 규범이나 종교법 체계, 예배의 요소들이 일관되게 이해되거나 실천될 수는

양식 비평 문학의 비평방식이었다가 《성서》나 《꾸란》 연구에 도입되었다. 《성서》나 《꾸란》처럼 구전되어오다가 성문화된 경전의 경우 문서화되기 이전의 구전□□ 단계로 거슬러 올라가 당시의 이야기들과 어록 등의 여러 양식 혹은 형태를 분별하여 당시의 종교적, 사회적 배경과 관련하여 파악하려는 방법이다.

서고트족 로마 제국 후기에 게르만 족이 대이동하던 시기에 로마와 갈리아, 이베리아 반도를 장악하였다. 종교적으로는 일찍부터 그리스도교를 받아들였다.

사마리아 고대 팔레스타인의 중부, 고대 이스라엘 북 왕국의 수도이기도 했던 지역.

사비교 이슬람 초기에 아라비아 반도에 있던 종교.

조로아스터교 고대 페르시아의 종교로 이란 북동부 지역에서 이어졌다. 이슬람이 생겨난 이후 많은 조로아스터교도가 시아파 이슬람을 수용하게 되었고 이란의 이슬람화가 진행되었다.

없었다.[24]

　우리가 오늘날 보는《꾸란》구절과 대단히 비슷한 형태의《꾸란》이 이슬람 사회가 생겨난 지 50년이 채 되기도 전부터 존재했다는 주장을 뒤집을 만한 설득력 있는 근거는 없지만,[25] 당시 신자들 사이에서《꾸란》의 위상은 이후 시대와 비견될 정도로 대단하지는 않았다. 우선《꾸란》은 계시를 담고 있는 유일한 자료가 아니었다. 오히려 우리가 넓은 의미에서 '하디스'라고 부르는 '전통들' 가운데 널리 알려진 것에는 특별한 계시의 권위가 있었다. 이슬람 초기의 예언자나 신앙심 깊은 사람들에게 내려진 신성한 계시, 기원을 알 수 없는 윤리 격언, 예언자나 성인의 이야기 등이 그것이다. 이 모든 기록이 이슬람적 경건성, 헌신, 사회적 관례를 정교하게 다듬기에 매우 적합한 자료가 되었다. 이와 동시에 이슬람 초기 100여 년 동안 무슬림들은 새로 무슬림 제국의 영토가 된 지역에서 유대교와 그리스도교를 비롯한 큰 종교들의 민간 신앙에 대해 대체로 상당히 수용하는 태도를 지녔던 것으로 보인다.[26] 하지만 비이슬람 문화를 아무 생각 없이 혹은 거리낌 없이 받아들였다는 의미로 생각해서는 안 된다. 그보다는 이미 초기 이슬람이 사유의 기본 구조, 즉 실재實在에 질서를 부여하고 해석하는 방식을 확립했기에 타 문화를 수용하고 교류할 수 있었다고 보는 편이 타당할 것이다.

　이슬람이 보여준 이러한 개방적 환경만큼이나 염두에 두어야 할 점이 하나 더 있다. 이 분야의 선구적 학자들은 7~8세기 동방 그리스도교 교회에는 '말 그대로 파묻힐 정도로' 많은 여러 외경이 있었다고 기록하고 있다. 그 가운데에는 권위를 확보하기 위하여 초기의 중요한 인물로 꼽히는 이들의 말이라고 주장하는 자료도 상당수 있었다.[27] 이 시기 이슬람과 그리스도교 간의 상호관계는 단순히 《꾸란》으로만 맺어지는 것이 아니라, 사회적 교류, 종교적 만남, 실제 군사적 충돌 등의 역사적 환경에 의해서 결정되기도 한다. 그런 과정을 통해 두 공동체는 종교적으로 매우 밀접한 관계를 유지했을 뿐 아니라, 상대방 전통에서 진리를 발견했을 때 또는 자신의 공동체에 부족한 면을 보완해주거나 성장시켜줄 요소를 보았을 때 적극 흡수해나갔다. 이슬람은 이미 자신의 개념 체계를 구축했기에 무슬림들이 그리스도교의 전승 전통·격언·설교 등을 받아들이지 않을 이유가 없었다.

　《꾸란》에서는 '토라' '그리스도교 복음서' '시편'을 반복하여 언급하며, 유대인과 그리스도인에게 거기서 발견한 내용을 따르라고 요구한다. 이슬람 초기에는 그리스도교 《성서》를 얼마나 정확하게 알고 있었을까? 그리고 《성서》를 어떤 모습으로 알고 있었을까? 우선 《꾸란》을 보면 유대교와 그리스도교의 경전이나 전통, 구전 전승에 나오는 유사한 개념이나 계시를 제외하고는 구약과 신약에서 직접 인용한 구절은 거의 없다. 다만 "눈에는 눈 이에는 이"

___

토라　율법이라고도 하는 유대인들의 중요한 문서이다. 그리스도교의 구약성서 첫 다섯 편 (모세오경)을 가리킨다.

를 규정하는 계명과 "부자가 천국에 들어가는 것은 낙타가 바늘 귀를 통과하는 것과 같다"는 예수의 말, 이 두 구절은 분명히 나온다. 이 말은《꾸란》이 하나로 통합해낸 그리스도교《성서》자료가 다양했음을 보여주는 증거가 된다. 이는《꾸란》이 토라와 복음서의 정통성을 인정했지만, 유대인과 그리스도인에게 무함마드의 예언이 진실임을 거기서 확인하라고 일깨우는 상황에서 잘 드러난다. 그런데《꾸란》에 나오는 토라와 복음서가 정확히 무엇을 말하는지는 확실치 않다. 동시에《꾸란》은 이 경전들이 함부로 고쳐졌다고 주장하면서, 그러한 사례를 들고(《꾸란》 4장 46절)[28] 또한 신성한 경전을 조작한 사람들을 비난한다(《꾸란》 2장 79절). 계시로 나타난《꾸란》의 가르침은 '성서의 백성들'에게《꾸란》이 최종적 경전임을 인정하고 받아들이라고 요구하며 전면적 공세를 펼친다.《꾸란》은 그렇게 다른 가능성은 인정하지 않는 듯하다. 즉《꾸란》은 이전의 모든 계시를 판단하는 최종 기준이다. 왜곡되지 않은 초기의 계시는 반드시《꾸란》계시에 대한 증거를 담고 있어야 한다. 그러한 내용이 담기지 않았다면 그 계시는 변질된 것이다.

그렇지만 최종 경전을 자임하는《꾸란》의 정체성 그리고 이전 경전과의 관계 등 광범위한 사실 이외에, 초기 무슬림 세계에서 이 경전들이 아랍어로 통용되었다는 증거가 있을까? 여기서도 문제의 출발점은 역시《꾸란》일 것이다. 무함마드와 이름이 알려지지 않은 정보원(그리스도인이나 유대인일 가능성이 높음) 사이의 관계를 보여주는 주목할 만한 구절이 있다. 《꾸란》은 무함마드가 다른 사람에게 가르침을 받았다는 의혹을 부정하며 이렇게 말한다.

> 하느님은 한 인간이 그를 가르치고 있다고
> 말하는 사람들을 알고 계신다.
> 그들은 외국인이 그를 가르쳤다고 했지만
> 이는 순수한 아랍어이다. (《꾸란》 16장 103절)

여기서 문제가 되는 점은 어떤 사람이 '있었다'는 것이 아니라, 그 사람이 무함마드나 다른 이들에게 '어떤 언어'로 말했는가 하는 점이다. 애당초 이슬람 전통에는, 유대교와 그리스도교 경전을 알며 메카에 살았던 아랍인들에 관한 이야기가 남아 있었을 가능성이 있다. 무슬림들은 이들과 무함마드가 긴밀한 관계를 유지했고, 이들이 무함마드의 영적인 성장에도 영향을 미쳤다는 점까지는 인정한다. 그러나 이슬람에서는 특정 인물이 무함마드에게 《꾸란》을 받아 적게 하고 또한 직접적 영감을 주었음을 인정하지 않는다. 그리스도교 《성서》의 일부를 아랍어로 번역할 정도로 그리스도교나 유대교에 학식이 깊은 이가 메카에 있었다고 단정할 수도 없다. 언어학적 증거, 즉 《꾸란》에 나오는 아랍어 용어가 이전에 존재했던 성서적 표현과 분명히 관련 있다는 점만으로, 아랍어로 된 그리스도교 《성서》가 존재하는지 여부를 증명할 수는 없다. 《꾸란》은 《성서》전통을 흡수하면서도, 한편으로는 기존 아랍어《성서》본문이나 짧은 문서에서 용어를 새로 들여오기보다는 사람들에게 친숙한 아랍어 표현에 스스로를 맞춰나갔을 가능성이 크다.

이슬람 초기 200여 년 동안 이러한 구도가 크게 달라졌다는 증거는 없다. 최근 연구에서는 아랍어로 된《성구집聖句集》이나 아랍어《성서》가 맨 처음 나온 시기를 3/9세기 중반쯤으로 보고 있다. 초기 200년 간 무슬림들에게 그리스도교《성서》는 어떤 모습이었을까? 이 분야의 연구는 여전히 답보 상태에 있다. 가장 큰 이유는 초기 아랍 이슬람 전통에서 매년 새롭게 조명되는 중요한 문헌이 대단히 많고, 판본이나 필사본도 계속 발견되고 있기 때문이다. 9세기 이전의 여러 이슬람 문헌, 특히 경건주의나 금욕주의 문헌에서는 "토라나 지혜문학(히크마Hikmah)에 나와 있다"라는 표현으로 '토라' 혹은 '지혜문학'을 자주 언급하고 그 밑에 도덕적 격언을 덧붙인다. 초기 서구 학계에서는 이들 격언의 기원을 추적해왔지만, 그 가운데 그리스도교《성서》에 기원을 둔 것은 거의 없다는 결론에 이르렀다. 이후 연구는 계속 답보 상태였는데, 최근 들어서는 구체적 사료를 알아내기 어려운 경우라도 대강의 원 사료는 알 수 있게 되었다.[29]

이러한 연구는 무슬림 복음과 직접 관련이 있는 내용이며, 아직 진행 중에 있다. 경건주의 혹은 금욕주의 문헌은 '토라' '지혜문학'을 약간씩 인용하거나 혹은 여러 예언자 어록도 인용하는데, 이

가운데 가장 두드러진 것이 예수 어록이기 때문이다. 필자는 가능한 한 모든 어록을 해설하며 가능성 있는 원 사료와 유사한 이야기를 밝히고자 했다. 복음에 대해 대략 살펴보기에 앞서, 이슬람의 예수가 처음 등장하는 맥락과 예수의 모습을 전했던 학자들에 대해 짚고 넘어가기로 하자.

이슬람 초기의 상황

✸

살펴본 대로 이슬람 초기의 경건주의는 《꾸란》의 도덕적 가르침을
보완하기 위해 다방면에 관심을 쏟았다. 그러한 개방성은 이슬람
이 유대교나 그리스도교와 종교적으로 연결되어 있었다는 사실 외
에 이슬람의 역사적 상황과 관련이 깊다. 초기 이슬람 제국은 무수
한 정복 전쟁에서 승리를 거두었다. 그러나 한편으로는 제국을 크
게 분열시킨 내전이 끊임없이 일어났다. 대립의 양상도 무슬림 안
에서, 지역간·부족간 갈등을 비롯하여 한 도시 중심부 안에 사는 계
층간 갈등까지 다양하게 나타났다. 정복 전쟁과 함께 막대한 부가
뒤따랐는데, 아랍 지역에서 소박하게 겨우 끼니를 해결하며 살아
왔던 대다수 정복자들은 상상도 못한 어마어마한 양이었다. 초기
의 족장 칼리파 제도는 무슬림 제국 팽창기 초반에는 통치 제도로
손색이 없었지만, 알렉산드로스 제국이나 로마 제국과 경쟁하던
상황에서 몰아닥친 경제적 어려움과 제국 통치를 둘러싼 압박을
이겨내기에는 역부족이었다. 이에 따라 큰 변화가 일어나기 시작
했다. 제국의 정치적 무게 중심이 아라비아 반도에서 시리아로, 그
후에는 점차 이라크와 동쪽 지역으로 옮겨갔다. 통치 권력의 의미

와 역할도 흔들리기 시작했다. 이전보다 더 중앙집권적이고 일률적인 통치 제도로 제국을 한데 묶어줄 필요도 생겨났다. 족장 칼리파 제도는 점차 전제 군주제로 대체되었다. 이 제도는 비잔틴이나 페르시아의 전제 군주제를 어느 정도 모델로 삼은 것이었다.[30] 통치를 해야 하는 국가가 되면서 정규군을 비롯하여 세금 징수 절차, 관료제, (이 책과 가장 직접적으로 관련된 문제인) 정부 옹호 역할을 맡은 이슬람의 종교학자들이 생겨났다. 따라서 이슬람의 초기 경건주의는 이러한 급격하고 심각한 정치적 변화에 직면하여, 여러 도덕적 선택을 해야 하는 상황에 놓이게 되었다.

이슬람에서 최초로 나온 학문적 성과들은 '하디스Hadith'의 형식을 취하였다. 이는 알리는 글, 설명, 이야기, 인물과 관계된 전승, 담화 등 매우 다양한 뜻을 포괄한다. 글로 쓰이기도 하고 구술로 전해지기도 한다. 하디스는 보통 그를 전한 사람의 목록인 이스나드 isnad와 함께 전해졌다. 초기 하디스는 일반적으로 두세 줄을 넘지 않을 정도로 길이가 짧았고, 더 긴 것은 거의 없었다. 초기 하디스에 담긴 내용은 대체로 가지각색의 실타래에 비유할 수 있다. 윤리 격언이나 법률적 내용을 이야기한 것도 있고, 사건을 그대로 서술하거나, 때로는 천국이나 지옥에 관한 종말론적 묘사를 담고 있기도

이스나드 우리말로는 전승고리라고 풀어쓸 수 있다. 하디스는 구전전승이므로 '나는 A로부터 이 내용을 들었다' 그리고 A는 B로부터, B는 C로부터 들었다고 하는 것이 이어져서 최종적으로는 무함마드나 그의 동료 교우까지 연결되어 있어야 그 권위를 인정받을 수 있다.

하며, 자연 숭배에 관한 내용, 고대 경전에서 나왔다는 이야기 등도 있었다. 이슬람 초기 200년 동안 하디스는 점점 늘어난 것으로 보이는데, 이는 수요 공급 법칙이 작용했기 때문이었던 듯하다. 초기 공동체에서는 공적으로나 사적으로 모든 영역에 걸쳐 안내 지침이 필요했는데, 하디스가 이런 요구를 충족해 주었다. 하디스는 무슬림 학문의 초석이 되어 오늘날 서구의 상당히 많은 학술 논의에서 주목받고 있지만, 여기서 우리 관심사는 그 부분이 아니다. 그럼에도 하디스가 이슬람 초기의 다양한 종교적 경향을 빠르게 담아내었고, 법적 판단·분파·교리 등을 확정하는 매개체가 되었다는 점은 유념해야 할 것이다.

초기 하디스의 '저자들'은 누구였을까? 확실한 점 하나는 하디스는 이슬람 종교학자(울라마)혹은 이슬람 법학자(푸까하,fuqaha')라고 하는 이들에 의해 처음으로 전파되었다는 사실이다. 이들은 종교를 연구하는 학자였으며 높은 학식으로 존경받는 지식인이었다. 또한 이들은 특정 지역이나 도시, 정치적 '당파'와 관계된 특정 전통의 수호자라고 자부하였고, 넓은 범위에서는 유사한 견해를 가진 집단의 구성원이었다. 이들은 누가 한 말을 전했을까? 아마도 예언자(무함마드)와 예언자의 신앙심 깊은 동시대나 초기 교우Sahabi, 후대 계승자Tabi'i라고 여겨졌던 이슬람 초기의 존경받던 영적 스승에게서 나온 말을 전했을 것이다. 또한 고대에 계시된 경전이나 유대교, 그리스도교의 구전 전승을 전하기도 했다.

이 시대에는 중요하고도 갈등의 여지가 있는 종교적 흐름 둘이 있었다. 첫 번째는 불안한 기대의 분위기라고 표현할 수 있는데, 이는 무엇보다도 그즈음 일어난 여러 사건이 깊은 인상을 남겼기 때문이다. 전쟁에서 승리를 거두어 희망적인 분위기가 고조되었지만 뒤이어 사회 내부의 갈등이 시작되어 큰 시련이 닥쳤다. 여기서 여러 도덕적 교훈을 얻고, 현재 상황과 지나간 역사를 재검토하는 계기가 마련되었다. 이 분위기와 함께 사회 지도층이 소유하게 된 부富를 거부하는 금욕주의 가치관이 곳곳에서 나타났다. 이들은 사회 지도층의 부는 공동체의 도덕적 타락을 의미하며, 무함마드와 그가 살았던 시대의 단순하고 소박한 삶과는 거리가 멀다고 여겼다. 이에 비해 보다 '현실주의적'인 또 다른 분위기도 있었다. 이들은 강력한 권위를 통해 공동체를 통합하고, 믿음과 실천 방식을 통일시키며, 내전의 혼란에서 벗어날 필요가 있다는 현실을 받아들였다.

일반적으로 첫 번째 흐름은 정치적 정적靜寂주의로서 내면의 도덕성을 기르는 데 더 중점을 두었던 반면, 두 번째 흐름은 통치 권력에 대단히 협조적이었고 어느 정부라도 있는 것이 없는 편보다는 낫다는 입장이다. 첫 번째 흐름은 주로 설교자qussas·《꾸란》 낭송가qurra'·금욕주의자zuhaad가, 두 번째 흐름은 주로 이슬람 법학

울라마와 푸까하　울라마'ulama'는 지식인, 학자를 뜻하는 알림의 복수로 이슬람학자를 통칭하는 말이다. 푸까하fuqaha는 파끼흐의 복수로 법학자를 말한다. 법학이 이슬람에서 가장 중요한 학문이기에 일반적으로 울라마나 푸까하는 법학자를 통칭하는 데 쓰인다.
《꾸란》 낭송가　《꾸란》을 암기할 수 있고 예언자의 말씀을 전할 수 있는 사람

자 $^{fuqaha'}$·이슬람 종교학자 $^{ulama'}$가 이끌었다. 그러나 대중 설교에는 모든 정파가 참여했으므로 이런 구분을 있는 그대로 받아들여서는 안 된다. 여기서 특별히 눈여겨봐야 하는 것은 친親정부 학자와 반反정부 집단이나 정적주의 분파가 보여주는 정치적 견해차다. 이들 집단은 여러 문제에 있어 자신들의 견해를 강화하기 위해 이에 맞는 하디스를 전파하였다. 그들은 공동체의 통합 문제, 통치자의 고결성, 자유의지, 하느님의 영원한 명령, 죄인에 대한 판결 문제를 비롯하여 초기 200년간 이슬람에서 논쟁의 중심에 있던 여러 정치적·신학적인 문제 등에 관심을 가졌다.[31]

우리의 관심사와 가장 직접 관련이 있는 하디스는 두 내용으로 구분할 수 있다. 그중 하나는 종말론적인 내용이고 또 하나는 '성서적인 내용'이다. 예수는 양쪽 모두에서 중심인물이다. 첫 번째 범주에서 예수는 머지않아 올 종말의 때에 대해 무슬림이 잘 알고 있는 '각본'에서 중심인물 자리를 차지한다. 종말의 때에 예수에게 맡겨진 역할, 즉 예수의 재림은 그리스도교 복음서에서 자세하게 설명하는 내용이 아니어서 동방 교회의 상상력을 많이 빌렸으며 그 이미지가 주류 무슬림 교리로 스며들었다고 할 수 있다.[32] 예수는 《꾸란》에서(가령 앞서 나온 43장 61절 구절) 주로 종말을 시사하고 있다는 점 또한 강조할 필요가 있다. 크게 보아 무슬림 종말론에서는 무슬림 마흐디(혹은 메시아)와 예수가 중심인물이라고 할 수 있다. 이 세상이 마지막으로 치닫는 그때에 무슬림 전통에서는 이들에게 여러 임무를 부여한다. 그런데 《하디스》 문헌은 권위 아래에서 편집되고 표준화되었으며, 정교하게 정리되어 여러 편집본으로 나뉘는 과정을 거쳤다. 이러한 과정을 통해 3/9세기 중반에 나온 부카리나 무슬림 편집본에서는 종말과 관련된 예수의 모습은 살아남았지만, 《성서》와 관련된 자료(무슬림 복음을 뜻함) 속 예수는 그러지 못했다. 《하디스》는 이때 무함마드의 《하디스》를 중심으로 한 기록으로 성질이 변화하였고 그밖의 다른 자료들은 배제되었다. 다른 자료도 물론 계속 전해지긴 했지만, 《하디스》가 아닌 다른 문학 형태와 장르로 남게 되었다.

이 지점이 바로 갈림길이다. 종말과 관련된 예수는 권위 있는 《하디스》 모음집에 소중히 모셔져, 무슬림 경건주의의 직접적이고 실질적인 윤리와는 다소 거리가 먼 인물이 되었다. 반면 다른 모습의 예수는 계속 퍼져 나갔는데, 이 모습은 경건주의와 금욕주의 작품 혹은 '예언자전傳'과 같은 종교문학에서 볼 수 있다. 여기서 예수는 살아 있는 도덕적 힘을 지닌 인물일 뿐 아니라 무슬림 내부 논쟁에서도 특정한 역할을 맡은 인물이다.[33] 우리가 무슬림 복음이라고 부르는, 사람들 사이에서 전해지던 예수의 경건주의와 신앙심에 관한 어록과 일화는 아랍 이슬람 문학에서 근대 이전, 즉 18세기까

마흐디 이슬람교의 종말론적 인물로, 불의로 가득찬 세상 종말에 하느님께서 정의를 세우라고 보내시는 인물이라고 무슬림들은 믿는다.
부카리나 무슬림 편집본 하디스를 수집, 편집한 유명한 학자로 부카리와 무슬림 등이 꼽힌다.

지 지속되었다.

　반면 금욕주의와 경건주의 문학에 예수만 등장한 것은 아니었음을 짚고 넘어갈 필요가 있다. 여러 어록과 일화에는 예수와 더불어 《꾸란》의 예언자들도 함께 등장한다. 대표적인 인물로는 모세·다윗·솔로몬·욥·루끄만·세례자 요한이 있다. 또한 이러한 초기 문학 장르에는 무함마드, 그의 교우, 초기 이슬람 공동체의 유명한 '성인들'이 전한 금욕주의와 경건주의 《하디스》도 들어 있다. 전체는 일종의 선집 형태로 구성되었는데, 각 장은 예배의 이점, 슬픔과 눈물, 이 세상의 지식과 저 세상의 지식, 하느님에 대한 경외와 두려움, 겸손, 침묵과 정직의 미덕, 죽음을 잊지 않는 일, 가난의 장점, 회개 등의 제목으로 나눌 수 있다. 이러한 제목들이 대체로 초기 금욕주의 전통에서 관심 대상이던 대표적 주제라 할 수 있다.

　'예언자전' 장르는 내용이 각 예언자별로 구분되어 있고, 등장하는 예언자도 매우 폭이 넓다. 이 가운데 아담·노아·아브라함·알키드르·요나·이사야·에즈라의 일화와 어록이 가장 유명하다.[34] 금욕주의와 경건주의 문학은 그러한 '전(傳)' 장르보다 먼저 등장했지만, 이들 장르가 모두 발달하면서 여기 수록된 어록이나 일화가 겹치는 일이 자주 생겨났다. 이후 이런 작품군은 점차 문학적 세련미가 더해지고 작품 수가 늘기 시작했다는 사실을 감안할 때, 이 두 장르가 최소한 이슬람력 1세기 말~2세기 초(7세기 말~8세기 초)에 등장했을 것으로 보인다. 예수와 다른 예언자가 나오는 부분을 보면,

《꾸란》에서 예수가 특별하고 중요한 위치를 점하고 있듯이 무슬림 복음에 나온 예수의 어록과 일화 또한 그러하다. 이 점을 설명하기 위하여 여러 예언자의 어록에 나타난 전반적인 문학적 특성과 발전 과정을 여러 사례를 비교하며 살펴보고자 한다.

초기의 예언자 어록이나 일화 모음집을 보았을 때 받는 첫인상은 모든 예언자들이 각자에게 부과된 다소 한정된 범위의 도덕적 특성을 보여준다는 점이다. 다윗은 회개, 욥은 고난 뒤에 오는 하느님의 위로, 노아는 감사, 아담은 죄로 인해 흘린 눈물, 루끄만은 페르시아로 추정되는 고대 세계의 지혜 등을 상징한다.[35] 이들 일화와 어록의 설명이나 전개 방식은 《꾸란》에 근거를 두고 있다. 하느님은 곳곳에서 예언자들에게 경고하거나 격려하고 훈계한다. 이때 분위기나 사용하는 언어, 예배, 정신 등은 모두 전적으로 이슬람 방식을 따른다. 이따금 예언자의 이야기에 등장하는 특정 장소를 확인할 수 있는 당시의 지리 정보가 삽입되기도 한다. 무함마드 《하디스》 곳곳에 많은 이야기들이 들어 있는데, 이들은 무함마드나 초기 이슬람의 신앙심 깊은 인물에게서 나온 내용을 담고 있다. 단지 예언자의 생각을 직접 담은 이야기가 아니라, 많은 주석이 삽입되고, '새롭게 고쳐지고', 언어학적 해설이 추가되고, 숫자·시대·날짜

루끄만 《꾸란》 31장 12절에서 '지혜를 가진 남자'라고 불리며 이슬람의 여러 이야기에 현자賢者로 등장한다.
알키드르 《꾸란》에서 이스라엘에 율법을 가져다 준 모세의 영적 스승으로 등장하는 신비스러운 인물.

등이 표기되고,《꾸란》을 직접 인용하여 내용이 강화되고, 무함마드의 등장을 기다리는 내용을 담는 등, 점점 더 엄격해지는《하디스》전승 기준에 부합하도록 이야기를 꾸미려는 시도가 여러 차례 이루어졌다. 신뢰할 만한 전승을 전하는 사람들의 전승고리^{isnad}도 이러한 맥락에서 생겨났다.³⁶

이 예언자전 양식이 발달하면서,《하디스》전승에 더하여 또 다른 지적 풍조들도 여기에 영향을 미쳤다. 이에 따라 알키사이^{al-Kisaï}가 남긴 유명한 예언자전 모음집(연대 미상, 10~11세기 작품으로 추정)에서는 아다브(순수문학) 사조가 두드러지게 나타난다.³⁷ 어록과 일화는 문학적 가치와 세련미를 확보해 나갔고, 일부는 지혜문학과 비슷해지기도 했다. 현자 루끄만이 특히 그러한 경우에 속한다. 아다브에서는 어느 정도 체계화된 하위 장르가 생겨나기 시작했다. 예컨대 아와일^{awaïl} 혹은 '1인칭'이라는 장르는 '1인칭 주어'가 한 행위나 말을 기록한다. 여기서 중요한 점은 역시 행위의 가치를 높이기 위해 예언자나 예언자와 동시대 인물의 입을 빌려 이야기 도입부를 시작한다는 것이다. 많은 예언자들이 40세에 활동을 시작하는데, 이는 무함마드가 수행한 예언자 직분의 전형에 부합함을 강조하기 위한 일종의 관례였다. 한 예언자의 삶에 나오는 일정한 특성이 다른 예언자의 삶에서도 반복되고, 이야기의 마지막은 어리석은 자나 완고한 이들은 끝내 깨닫지 못했던 예언의 특별한 '표징^{signs}'을 확립하는 것으로 끝난다. 사탄은 주로 사람을 유혹하고,

다른 사람 모습을 흉내 내거나 마법을 부리며, 처음부터 끝까지 그러한 행위를 극적으로 만든다. 가장 주된 신앙고백은 다음 표현이다. "하느님 이외에 신은 없고, 아브라함(혹은 살리흐, 후드 등 누구라도 가능)은 하느님의 예언자이다." 이 말은 전승 안에서 신앙고백과 이야기에 일관성을 확립해주었고, 이를 《꾸란》으로 가져와서 반복하여 사용하여 예언의 연속성이라는 관점과도 통하게 된다.

사을라비(5/11세기 사망)가 편집한 예언자전 모음집은 고전 문학에서 가장 유명한 작품집으로 꼽힌다. 여기 나온 이야기는 아다브와 수피 신비주의(이슬람 신비주의)의 영향을 받아 세련된 양식, 수피 신비주의와 관련된 특정한 도덕률이 잘 결합되어 있다. 이야기는 마잘리스 알디크르majalis al-dhikr(수피의 종교 의식 시간)의 형태로 구성되어 있다. 전체적으로는 수피 분위기가 가득 배어 있는데, 즉 불행한 이 세상의 삶, 하느님의 무한한 자비, 무함마드가 세상에 존재한 이유, 이 이야기를 전한 많은 수피들, 모든 예언자의 말에 특징적으로 나타나는 금욕적 어록을 강조한다. 존경할 만한 주석가들의 주석이 이전보다 훨씬 더 많이 첨가되어 있는데, 모두 수피 전통의 토대를 놓은 선조로 여겨지는 인물들이다. 이들 이야기를 특정 무슬림의 이데올로기와 일치시키기 위한 편집 과정도 거쳤다. 그리하여 예언자 이야기보다는 수피의 설교 글에 훨씬 더 가깝게 보인

마잘리스 알디크르 디크르라고도 하며 이슬람에서 신의 이름을 부르며 신에게 집중하는 종교적 행위로 이슬람 신비주의 의례의 주요한 방식이다.

다. 사을라비와 함께 예언자전 양식은 최고조에 이르렀고, 그 후 근대로 오면서는 별다른 발전이 없었다.[38]

무슬림 복음의 등장과 발전

✿

무슬림 복음 전체에서 예수의 어록과 일화는 양적으로도 눈에 띄지만 특히 내용의 깊이 면에서 매우 두드러진다. 다른 예언자의 어록과 일화는 일부 한정된 부분의 도덕적 특성을 강조하지만, 예수 이야기는 훨씬 더 광범위한 내용을 다루며 그 양도 계속하여 증가하면서 무슬림 전통 안의 다른 예언자와는 차이를 보인다. 이를 설명하기 위해서는 두 가지 역사적 요소를 고려해야 한다.

우선 이미 논의한 바와 같이 《꾸란》의 주된 관심은 예수가 지닌 특정한 교의적 상豫을 바로잡는 데 있었으며, 예수의 전도 활동과 가르침 그리고 수난에 대해서는 거의 말하지 않았다. 무슬림 복음은 《꾸란》에 나온 예수의 삶에 대해 보충하거나 좀 더 자세히 설명할 필요가 있어 탄생했을 것이다. 이렇듯 무슬림 복음이 생겨난 과정은 일부 그리스도교 전통 안에서 외경이나 정경 외 문헌이 생겨난 과정과 비교할 만한데, 이들은 모두 비슷한 이유에서 만들어진 것으로 보인다.[39]

둘째로 무슬림 복음은 전반적으로 없던 것이 새로 생겨난 것이 아니라 문자 전승이나 구전 전승을 통해서 하나의 종교 전통이 다른 종교 전통으로 스며드는 과정을 보여준다. 이슬람 초기 300년 동안 이슬람 중심 지역인 시리아·이라크·이집트에는 굉장히 많은 그리스도교도가 살았다. 이 사실은 예수의 풍부하고 다양한 모습이 가득한, 즉 살아 있는 그리스도교가 가까이 있었음을 의미한다. 천천히 그러나 꾸준히 그리스도교에서 개종한 이들이 늘어났고, 그러면서 분명 그들은 점차 중요한 가교 역할을 맡았을 것이다. 이러한 사실은 어록 및 일화의 이스나드뿐 아니라 그리스도교 출신으로 추정되는, 이름이 밝혀진 몇몇 전승자가 증명해주고 있다. 그러나《꾸란》이 예수에게 매료되어 무슬림 지역에서 복음이 수집되고 전파되는 데 강력한 자극이 된 것 또한 분명한 사실이다.

　무슬림력 2~3세기(8～9세기)의 무슬림 경건주의와 금욕주의 문헌이 최근 출간되어 우리는 이슬람의 예수가 생겨난 시기에 보다 가까이 다가설 수 있게 되었다. 마골리우스와 아신과 같은 서구 학자들이 출간한 어록과 일화 모음집은 대부분 이스나드가 부족하거나 아예 없는 후기 이슬람 작가의 작품집에서 나온 어록을 기반으로 하고 있다. 그러나 최근 출간된 초기 문헌은 예수 문헌의 초기 이스나드를 보존하고 있는 경우가 많아, 예수 문헌이 이슬람 초기에 정착하고 전파된 상황을 보다 정확하게 알 수 있게 되었다. 필자는 다른 글에서 예수 문헌과 관련된 초기 전승고리를 분석한 바 있는데, 이 문헌에 친숙한 독자 가운데 그 주제를 좀 더 살펴보고 싶다면 그 글을 참조해도 좋겠다.[40] 여기서는 복음의 최초 전승자들과 그 지리적 기원에 대해서 개괄적으로만 서술하겠다.

최초의 예수 어록을 전했던 전승자들의 전기傳記를 조사해보면, 대부분이 무슬림력 1세기 중반에서 2세기 중반(700년~800년경) 즈음에 주로 활동했을 것으로 추정된다. 전통적 이슬람 관례에 따르면, 그들은 '계승자Tabi'un' 혹은 '계승자의 계승자Tabi'u al‒Tabi'in'로 분류된다. 많은 경우 그들은 예수 어록과 일화를 남의 권위를 빌지 않고 직접 이야기하며, 보통은 무함마드 《하디스》를 전했던 무함마드의 교우Sahabi에게까지 기원을 소급하지 않는다. 이스나드가 없는 형태는 고대로부터 전해졌음을 보여주기도 한다. 즉 이슬람 세계에서 무함마드 《하디스》로 인정받기 위해서는 충족시킬 기준이 점점 엄격해졌던 것과 달리, 예수의 어록은 상대적으로 자유롭게 전파되었다.

이라크, 더 정확하게 쿠파Kufa라는 도시는 무슬림 복음의 탄생지였을 가능성이 가장 높은 지역이다. 바스라·메카·메디나·시리아·이집트 같은 다른 도시나 지역에도 신뢰할 만한 전승자가 있었지만, 전통의 토대를 놓은 사람들은 모두 쿠파인이었다. 쿠파가 무슬림 예수가 탄생한 본향이라는 사실은 초기 이슬람학 연구자들에게

교우, 계승자, 계승자의 계승자 교우 (사하비)는 좁은 의미로는 무함마드와 함께 지낸 이들, 넓게는 무함마드를 한번이라도 본 이들을 일컫는다. 이 세대의 뒤를 이어 무함마드의 가르침을 간접적으로 배운 세대를 계승자 (타비운), 그 뒷세대를 계승자의 계승자라고 한다. 이들이 중요한 이유는 이들이 무함마드의 언행을 전하여 하디스가 성립되었기 때문이며 따라서 이스나드 (전승고리)에서 권위를 갖게 된다.
쿠파 이라크에 나자프 주의 도시로 유프라테스 강과 접한다. 7~8세기에 번영을 누렸으며 알리 이븐 아비 딸리브 시대에 수도이기도 했던 지역이다. 762년 바그다드가 건설되고 정치적 중심지에서는 멀어졌지만 10세기 말까지 바스라와 더불어 이라크 학문의 중심지였다.

는 그리 놀라운 일도 아니다. 무슬림 학문이 체계를 갖추는 과정에서 이 도시의 의미가 매우 중요하다는 사실은 오래 전부터 잘 알려져 있었다. 《하디스》와 《꾸란》 해석·신학·법학과 같이 엄격한 종교적 주제를 비롯하여 문법·역사 문헌·가계家系·아다브와 같은 '세속적' 주제에 이르기까지, 쿠파 학자들이 처음부터 이들 학문에 참여하고 있었음이 자주 발견된다. 쿠파는 수니파와 시아파라는 이슬람의 위대한 두 날개가 생겨나게 한 초기 전통과 해석의 본고향이기도 하다.[41]

이러한 쿠파의 조상에 관한 전기傳記에서는 이들을 대부분 금욕주의자zuhhad나 신앙심 깊은 예배자'ubbad로 묘사하고, '공인된' 학자보다는 '대중' 계급에 속하는 설교가와 《꾸란》의 낭송가로 그린다. 또한 많은 이들이 짧은 교훈적 풍자시나 설교 글을 지었고, 남의 권위를 빌지 않고 '하디스 꾸드시hadith qudsi'(하느님이 화자話者로 나오는 신성한 '하디스')를 이야기했는데, 이는 그들이 학자 층으로 누렸던 명성을 보여주는 표시이기도 했다. 이들 설교자와 금욕주의자는 한곳에 머무르지 않고 이곳저곳을 옮겨 다니며, 통치자를 꾸짖거나 정치 문제에서 아예 등을 돌려버리기도 했고, 통치 집단의 부와 도덕적 타락을 혐오하며 보다 개인적 차원의 경건주의를 설파하기도 했다. 많은 이들이 새롭게 집권한 울라마(이슬람 종교학자)가 취했던 방식을 거부했다. 울라마는 국가와 좋은 관계를 유지하면서 부당한 지배자나 정치인을 지지하려는 정치적 의도를 가지고,

종교법에 대한 지식을 이용하고 이를 통해 점차 힘과 권력을 키워 갔기 때문이다. 가장 초기 무슬림 복음은 종교 지식을 왜곡하거나 자신의 설교한 바를 정작 스스로는 실천하지 않는 학자에 관한 내용이 많았다. 초기 이집트 그리스도교의 금욕주의 성향을 가진 사막 교부들은 초기 무슬림 금욕주의자들과 자주 비교된다. 이들은 교회와 긴장 관계에 있었고, 주교 임명을 거절하는 일도 빈번했다고 한다. 마찬가지로 초기 무슬림 금욕주의자 가운데 상당수는 판관이나 법학자로 정권을 위해 일하기를 거부했다. 예수와 바리새파 간의 대립은 이들 금욕주의자들에게 자연스럽게 도덕적 사례가 되었다. 형식과 정신의 관계, 사람이 안식일을 위해 있는지 안식일이 사람을 위해 있는지에 관한 논쟁, 이 세상의 왕국과 하느님 왕국 사이의 투쟁을 설명하기에 예수만큼 적당한 예언자는 없었다.

후기 무슬림 복음의 수집가와 전승자를 이들의 선조들과 선불리 같은 범주에 넣기는 어렵다. 후기 어록과 일화는 무슬림 세계에서 변화해가는 종교적 혹은 관념적 경향에 보조를 맞추어간 것으로 보인다. 따라서 후기 전승자들의 의도와 동기를 쉽게 일반화할 수는 없어 이 책에서는 인물의 전기에 관련된 서지학적 설명을 담았다.

하디스 꾸드시 하디스가 무함마드에게 근원을 두고 있는것과 달리 하디스 꾸드시는 그 계보의 근원이 하느님으로 거슬러 올라가 하느님이 "나"라는 1인칭 화자로 등장하여 서술하기에 특별히 신성한 하디스라고 불린다.
사막 교부 3세기경에 주로 이집트 스케티스 사막에서 생활했던 영적 스승들을 말한다. 이들의 삶은 금욕주의적이고 자발적 고행, 노동, 침묵 등으로 특징지을 수 있으며 중세의 수도원 운동은 이들의 삶을 본보기 삼아 시작되었다고 볼 수 있다.

초기 어록: 특징과 기능

✤

초기 어록과 일화는 85여 가지인데, 대부분이 중요한 금욕주의 문학 작품집인 다음 두 권에 수록되어 있다. 바로 이븐 알무바라크의 《금욕과 부드러운 마음을 위한 책Kitab al-Zuhd wa'l Raqa'iq》 그리고 이븐 한발의 《금욕의 책Kitab al-Zuhd》이다. 일반적으로 이들 어록은 다음 네 가지 범주로 나눌 수 있다.

   1. 종말론적 의미를 담은 어록
   2. 그리스도교 복음서와 유사한 어록
   3. 금욕주의적 일화와 어록
   4. 무슬림 내부의 논쟁을 반영하는 어록

   1. 첫 번째 범주에 속하는 어록과 일화는 《꾸란》에서 이미 암시한 종말의 때에 예수가 맡은 역할을 보여주고 그 역할을 보다 확장한다고 볼 수 있다. 그러나 여러 어록은 '그 때'가 언제 오는지에 대해 다른 사람들이 아는 것 이상을 예수도 알지 못한다는 사실을 강조한다. 오히려 다가오는 '그 때'로 인해 예수는 몹시 두려워하며 항

상 새롭게 기도한다. "예수는 그 때에 관한 이야기가 나올 때면 언제나 두려워하며 이렇게 말했다. '마리아의 아들이라고 해서 그 때에 관한 이야기가 나올 때에 침착할 수 있는 건 아니다.'"(6) 심판의 날에 그는 "(온전한) 믿음을 가지고 (세상에서) 벗어나려는"(55) 믿는 이들의 정신적 지주이자, 세속의 야망을 포기하면서 도덕적 타락을 경계하는 모든 이들의 수호성인이 되어 활동하게 될 것이다. 그 마지막 날 예수에게 맡겨진 구원자의 역할에 대해 《하디스》는 "예수는 20년 동안 공정한 재판관으로서 예루살렘의 설교단에 앉게 될 것이다"라고 기록하고 있다.[42]

2. 두 번째 범주에 속하는 어록과 일화는 그리스도교 복음서의 핵심 내용을 담고는 있지만 이슬람 흔적을 뚜렷이 담은 채로 내용이 보태어지거나 변형되었다. 표면상으로 이 어록은 원래 무슬림 경건주의 집단에 널리 알려져 있던 예수 어록 군群이나 성구집聖句集, 혹은 그리스도교 복음서의 바탕이 되었던 사료에 속했던 것으로 보인다. 이 범주의 핵심 내용은 다음과 같은 구절에 담겨 있다. "너희는 세상의 소금이다."(〈마태오복음〉 5장 13절) "하늘의 새들을 보아라."(〈마태오복음〉 6장 26절) "단식할 때에 머리에 기름을 발라라." (〈마태오복음〉 6장 17절) "오른손이 하는 일을 왼손이 모르게 하여라." (〈마태오복음〉 6장 3절) "선생님을 배었던 모태는 행복합니다."(〈루가복음〉 11장 27~28절) "나는 마음이 온유하고 겸손하니 나에게 배워라."(〈마태오복음〉 11장 29절) 이러한 그리스도교 복음서의 핵심 내용

은 많은 부분이 〈마태복오복음〉 산상설교에서 나왔다는 인상을 준다.[43]

이러한 그리스도교 복음서의 핵심 내용은 이후 다양한 방식으로 이슬람화했다. 〈마태오복음〉 속의 예수는 자신을 축복하는 여인에게 "하느님 말씀을 듣고 그것을 지키려는 사람이 오히려 행복하다.(〈루가복음〉 11장 27~28절)"고 대답하지만 무슬림 복음의 예수는 "《꾸란》을 읽고 그 내용대로 사는 사람에게 복이 있을 것이다"라고 더 구체적으로 말한다.[44] 또한 어록이 예수에게서 나왔음을 믿게 하려고 다음과 같이 예수의 화법에 덧붙여진 말도 볼 수 있다. "예수는 제자들에게 말했다. '내가 진실로 너희에게 말한다.' 그리고 그는 자주 이렇게 말하곤 했다. '내가 진실로 너희에게 말한다.'"[45]

한편 다음 어록도 살펴보자. "예수가 이런 질문을 받았다. '하느님의 예언자여, 왜 당신은 필요할 때 나귀를 타지 않았습니까?' 예수가 대답했다. '하느님 보시기에 내게서 하느님에 대한 관심이 멀어지게 하는 것을 주시지는 않을 것입니다. 그것 없이도 나는 영광스럽기 때문입니다.'"[46] 이 말에 담긴 명확한 금욕주의적 경향은 잠시 접어두고, 여기에 예수의 예루살렘 입성과 무슬림들이 예수 수난기 전체를 부인하는 의미가 담겨있는지 여부를 판단하기는 어렵다. 그렇지만 무슬림 복음에 그러한 흔적이 거의 없는 것은 사실이다.

3. 세 번째 범주의 어록과 일화는 예수를 무슬림 금욕주의의 수

호성인으로 본다. 여기서 이 세상을 포기하는 것은 절대적이며 타협할 수 없는 문제이다. 가난한 이들의 편에 서는 일은 그에게 맡겨진 중요한 임무이다. 이때 가난과 겸손, 침묵, 인내는 가장 중요한 네 가지 덕목이 된다. 이 세상은 '무너진 폐허'이며 모든 세속적인 것은 멀리해야 할 대상이다. 믿는 이는 영원한 내세를 계속 눈앞에 두고 있어야 한다. 그는 이 세상에서는 슬픔에 잠긴 여행자이거나, '이방인' 혹은 '손님'이다. 표현 양식 면에서 이들 어록에는 그리스도교 복음서에 나오는 예수의 가장 특징적인 말하기 방식이라고 할 수 있는 비유가 많지 않다. 대신 예수가 어떤 인물을 만나거나 특정한 상황에 처하는 이야기가 나온다. 이들 이야기에서 예수는 비유를 들어 윤리 덕목을 설명하기보다는 직접 행위를 통해 보여준다. 무슬림 복음에 비유가 나오지 않는 것은 문학적인 면에서 《꾸란》에 비유가 별로 없는 것과 관련이 있는 듯하다. 이러한 관련성이 무슬림 예수의 모습에 《꾸란》의 흔적이 담겼음을 보여주는 또 다른 사례가 된다. 세 번째 범주에 속하는 여러 어록 가운데에는 무함마드나 알리 외에도 초기 이슬람의 여러 공경할 만한 인물들의 어록에서 기원하여 전파된 것도 있다.[47]

　4. 초기 무슬림의 주요한 내부 논쟁들과 관련된 교의적 내용은 앞서 나온 세 가지 범주에 속하는 초기 어록의 근저를 이루고 있다. 무슬림 복음 속 예수는 비중이 작지 않으며 멀찌감치 서 있는 윤리적 모델이 아니라 무슬림 내부 논쟁에서 특정 세력을 지지하거나

뜻이 다른 이들과 맞서 싸우는 인물이다. 또한 그는 학자의 사회적 역할 또는 통치 권력에 대한 태도 등의 논쟁적 문제, 자유의지 대 예정설 논쟁, 신앙과 죄에 대한 물음, 죄 많은 신자나 통치자의 위치 등의 문제에 자신의 입장을 가지고 있다. 이 문제들은 분열과 갈등의 소지가 다분했고, 실제로 이 가운데 상당수가 초기 150여 년 동안 이슬람 사회를 괴롭힌 내전의 중요한 동기가 되었다. 이제 아주 조심스럽게 초기 무슬림 예수의 논쟁적 모습에 대한 윤곽을 그려볼 수 있을까?

지금 제시할 내용은 다른 논문에서 상세하게 논거를 들어 설명한 바 있다. 여기서는 그 내용을 간단하게 몇 가지로 정리해 보겠다.[48] 무슬림 복음은 하나의 온전한 모음집 형태가 아니며, 무함마드의 《하디스》처럼 단일한 경향을 띠고 한 집단이나 분파가 독점적으로 보존해왔던 문헌도 아니다. 최초의 예수 어록을 전파했던 초기 인물들은 자신의 권위를 내세워 미묘한 영향력을 행사하면서 특정 견해가 예수에게서 나왔다고 주장하였을 것이다. 따라서 이 어록에서 어떤 부분이 원래 가르침에 가까운지, 무슬림 전승자들의 논쟁적인 의도가 담겨 있는지를 정확히 가려내기는 어렵다. 그러나 무슬림 기록에서 예수는 아무런 의도도 없이 우연히 등장한 인물이 아니었으며 이런 저런 논쟁에 가담하거나 함부로 지혜를 보여주는 인물도 아니었다. 예수는 특정한 경건주의적 태도와 논쟁적 관점을 대변하기 위해 선택된 인물이다. 그는 명확한 특징을 보이는 살아 있는 인물이었고 일관된 정신적 힘을 지닌 인물로서, 그러한 전승에서 이미 소중하게 여겨지고 있었다. 이런 특징을 염두에 둔다면 많은 무슬림의 교리적 입장과 일치하는 이슬람 초기 예수에 관한 전반적인 경향을 그려보기가 좀 더 수월해진다.

첫째, 이런 경향은 이르자$^{irja'}$라는 용어와 일치한다. 이르자란 넓은 의미에서 보통은 내전에 연루되지 않으려고, 한 분이신 하느님에 대한 신앙을 저버리지만 않는다면 교리상의 차이로 다른 무슬림들을 불신자로 낙인찍지 않으려 했던 초기 무슬림의 운동을 의미한다. 무르지아파$^{Murji'a}$ 혹은 이르자 집단은 온전한 하나의 단일한 집단은 아니었지만 통치자의 개인적 도덕성은 가리지 않고 기존 지배 세력을 지지하는 경향을 보였다.[49] 대체로 이들은 정치적으로는 정적靜寂주의 관점을 지녔고 지배 왕조와 화합을 유지하며 심지어 그 왕조를 위해 일할 수도 있다는 태도를 취했다. 무슬림 복음에 담긴 많은 어록이 이러한 경향과 같은 선상에 있다. 그러한 예로는 "여러 왕들이 너희에게 지혜를 남겨주었듯이 너희도 그들에게 이 세상을 넘겨주어라"(8) 또는 "너희가 왕들과 맞서지 않는다면, 그들도 종교적 믿음으로 너희에게 맞서지 않을 것이다"를 들 수 있다. '이르자'라는 용어에 분명히 내포된 입장, 곧 죄인의 운명을 하느님의 심판에 맡기라는 문제에 대해서 이들은 초기 예수 어록부터 지지해왔던 입장 편에 선다. "어떤 사람이 도둑질하는 모습을 예수가 보고 그에게 물었다. '네가 도둑질을 했느냐?' 그가 대답했다. '모든 것 가운데 가장 찬양받으실 그 분께 맹세할 수 있습니다. 절대 아닙니다!' 예수가 말했다. '나도 그분을 믿는다. 내가 잘못 본 모양이다.'" 이 말은 심각한 죄를 짓더라도, 그리고 그 죄가 명백하더라도 신앙이 가장 우선시되어야 함을 강조하는 것으로 보인다. 다음 어록도 마찬가지다. "너희는 사람들에게 죄가 있다 해도 하느님께서는 자비를 베풀어주신다는 사실을 보지 않았느냐?"[50] 또한 금욕주의에 따라 전승자들은 이 세상의 일을 포기하고 인간의 죄에 대한 최종 판결은 하느님께 맡겨두려는 경향을 갖게 되었고, 신앙심 깊은 이들은 신성한 지혜를 맡고 반면 왕은 다스림을 허락받는 일종의 역할 배분을 받아들였을 것이다. 이는 사실상 "카이사르의 것은 카이사르에게 바치라"는 계명을 무슬림식으로 바꾼 것이라고 할 수 있는데, 이것은 금욕주의적 지향을 띤 전승자들이 권리와 책임의 공적 영역과 사적 영역 사이에 선을 그을 필요가 있다는 의견을 받아들인 결과라 할 수 있다.

둘째, 윤리의 영역을 이같이 설정한 것과 같은 선상에서, 앞서 본 바와 같이 상당수의 초기 어록이 본분을 망각하고 통치 권력에 동조하면서 자신을 내세우기 위해서 공동체를 위한 임무를 저버리는 학자들에게 크게 분개하는 태도를 보여준다. 수많은 어록이 이러한 내용을 담고 있다. "하느님의 책[을 가르치는 것]으로 생계를 해결하지 마라"(16) 혹은 "예수가 다음과 같은 질문을 받았다. '하느님의 영이며 말씀이신 분이여, 사람들을 가장 잘못된 길로 이끄는 이는 누구입니까?' 예수가 대답했다. '잘못된 생각을 품은 학자입니다. 학자가 잘못되면 그로 인하여 많은 사람이 잘못된 길로 빠져들 것입니다.'"(17)[51] 종교를 연구하는 일은 굉장한 도덕적 책임감을 수반하며, 아무나 할 수 없는 사명을 가진 일이라 할 수 있다. 이상적인 종교학자alim에 대한 이와 같은 이미지는 이슬람 전통 전체에서 매우 초기에 해당되는 모습이라는 사실을 주목할 필요가 있다. 따라서 "예수가 제자들에게 말했다. '너희들이 나에게 주는 대가와 같은 것 이외에는 너희가 가르치는 이들로부터 대가를 받지 마라'"(7)와 같은 말에는 종교적 지식은 대가 없이 나누어야 한다는 견해가 담겨 있다. 이런 이상은 이슬람 경건주의에서 역사가 오랜 논쟁의 발단이 되었다.

셋째, 무슬림의 주장을 잘 반영하는 것으로 보이는 어록은 설교문이나 훈계를 목적으로 쓰인 글 등에 삽입되었을 가능성이 있다. 예정설은 정치-신학의 논쟁에서 두드러지는 문제였다. 자유의지를 주장하는 까다리파Qadarites는 이슬람의 첫 번째 지배 왕조였던 우마야 칼리파조(661~750년) 일부 인사들의 눈에는 통치자의 정치적 악행에 책임을 요구하는 위험한 저항 운동을 일으킬 법한 당파로 간주되었다. 여기서 이슬람 예수는 공공의 책임이나 정치적

종교학자(알림) 울라마와 같은 뜻으로 울라마는 복수형, 알림은 단수형이다
까다리파 qadar (결정하다)라는 뜻에서 나온 까다리파는 인간이 자신의 의지에 따라 행동할 능력을 지녔으며 자신의 행위에 대하여 책임을 지게 된다고 주장하였다

책임보다는 개인적 책무를 강조하는 반까다리파에 권위를 실어주었던 것으로 보인다. 예정설이라는 주제와 관련하여 예수의 입장을 보여주는 가장 분명한 말은 다음과 같다. "예수가 말했다. '예정설은 하느님의 신비이다.' 그러므로 하느님의 신비에 대해 묻지 마라."[52] 초기의 예정설 논쟁과 매우 관련이 깊은 죄의 문제에 대해, 이슬람의 예수는 하느님의 자비가 무한함을 또다시 확실히 짚어준다. 죄는 미워하고 비난해야 마땅하지만, 이에 대한 구제는 정치적 반란이 아니라 개인의 신앙을 통해 이루어져야 한다. 무엇보다도 우리는 자신을 도덕의 판단자로 내워서는 안 되는데, 이는 다음 말에 잘 나타나 있다. "예수가 사람들에게 말했다 '주인arbab인 것처럼 사람들 죄를 캐지 마라. 차라리 하인'abid인 것처럼 사람들 죄를 보아라.'"[53] 여기에는 카리지파kharijite 운동에 대한 은근한 비판이 담겨 있다. 카리지파 가운데 강력한 한 분파는 통치자란 도덕적으로 완전무결해야 한다는 명분 아래 왕실의 권위에 반대하며 일어난 100년에 걸친 전쟁의 한 축이 되었다. 이슬람 초기를 합법성과 통치 권력의 고결성이 정치적, 도덕적으로 가장 시급함을 주장하는 쪽과 무엇보다도 긴급한 것은 공동체의 통합임을 강조하는 쪽으로 나눈다면, 초기의 예수 어록은 후자를 지지하는 경향에 서 있었다고 볼 수 있다.

후기 어록과 이야기

✿

앞서 살펴보았던 초기의 핵심 어록과 일화는 계속하여 보태어지고, 대대로 전해졌다. 어떤 어록은 내용이 추가되며 주석이 붙었고, 또 어떤 어록은 짧아지기도 했다. 이제부터 후기 어록에 영향을 미친 또 다른 지적 풍조들을 살펴보려고 한다. 후기 어록은 대체로 수준이 높고 정교하게 만들어졌다. 이는 아다브(순수문학) 사조가 무슬림 복음에도 영향을 미치기 시작했던 시점을 확실히 보여준다. 초기 아다브 작품 중에서 가장 방대한 어록 모음집은 이븐 꾸타이바가 쓴《이야기백과 Uyun al-Akhbar》이라는 문학 선집에 들어 있다. 이븐 꾸타이바는 무슬림 복음서뿐 아니라 그리스도교 복음서를 상당히 정확하게 번역한 많은 어록을 전하면서, 이상하게도 양자 간의 여러 유사한 점에 대해서 특별히 언급하지 않았다.[54] 이븐 꾸타이바에게는 금욕주의 요소도 여전히 남아 있다. 초기의 아다브 작품집 중 가장 잘 알려진 이 선집에서 맨 처음 등장하는 어록은 다음과 같다. "메시아(그에게 평화가 있기를)가 말했다. '이 세상은 다리다. 이 다리를 건너라. 그러나 다리에 얽매이지는 말아라.'"(99), "가운데 있되 가장자리를 향하여 걸어가라."(101)[55] 이들 어록은 대체로 금욕주의 관점으로부터 훨씬 폭넓은 윤리와 아다브 사조의 시각으로 옮겨가고 있는 듯 보인다. 이러한 변화는 격언집이라고도 불리며 이븐 알무깟파를 비롯한 이전 시대 작가들의 작품에 기원을 두고 있는 지혜문학 장르가 성숙기로 접어드는 3/9세기와 시기적으로 일치한다. 그는 페르시아의 지혜문학을 수려한 솜씨로 번역하였는데, 여기에 그리스 현자와 철학자들의 어록과 일화가 첨가되었다. 이 어록 가운데 대부분은 예수 어록처럼 이슬람화했는데, 이는 또한 이 어록이 무슬림 경건주의 및 윤리와 조화를 이루게 되었음을 뜻한다.[56] 따라서 예수는 금욕주의자들의 수호성인에 더하여 바른 행동거지와 예의의 모범이 되었는데, 다음 이야기에서 그 면모를 볼 수 있다. "그리스도가 자신을 모욕했던 한 무리 사람들 곁을 지나가며 그들에게 복을 빌어주었다. 그는 자신을 모욕했던 또 다른 무리를 지나가며 똑같이 행동했다. 제자 한 명이 물었다. '스승님은 사람들이 모욕하면 할수록 그들을 더 축복하시는데 어떻게 그렇게 하실 수 있습니까?' 그리스도가 말했다. '사람들은 제 안에 있는 것만을 밖으로 드러낼 수 있는 법이다.'"(100)[57]

또한 3/9세기에 무슬림 복음은 시아파 경향에서 많은 영향을 받았다. 이 책에도 여러 시아파 작품이 들어 있는데, 여기 담긴 예수 이미지에서는 몇 가지 특징을 찾아볼 수 있다. 이러한 시아파의 모습을 이해하기 위해서는 먼저 쿠파Kufa를 기억해야 한다. 무슬림 복음의 탄생지로 추정되는 쿠파는 시아파가 생겨나는 데 매우 중요한 의미를 지니는 공간이기도 했다. 초기 시아파 사상의 여러 흐름 가운데에는 예수와의 비교를 통해 신학적 논쟁을 뒷받침하려는 경향이 자리하고 있었다. 가령 2/8세기 일부 시아파는 《꾸란》의 예수가 하늘로 승천했듯이 자신들의 이맘 역시 죽은 것이 아니라 단지 눈에 보이지만 않는 것뿐이라고 주장했다. 다른 시아파들은 아기 예수가 요람에서 말을 했다는 《꾸란》의 내용에 빗대어 아기 이맘이 완전한 지성을 지녔음을 옹호하였다. 무함마드의 손자 후세인의 순교는 시아파에게는 민감하고 중요한 사건이었다. 후세인이 순교한 이후 신비스러운 탄생과 어머니로부터 물려받은 예언자 직분, 영적인 계보의 측면에서 그를 예수와 비교하는 수많은 전통이 생겨났다. 풍부한 우주생성론적^{cosmogenic} 사변을 담은 시아파의 사상은 여러 조명설^{照明說}의 위계와 거기서 파생되어 나온 다양한 갈래를 두드러지게 했고, 심지어 어떤 시아파(예를 들면 이스마일파를 말함)는 다른 시아파들이 보기에 삼위일체와 같은 그리스도교 개념을 거의 받아들였다고 할 정도로 나아갔다.⁵⁸ 그러나 전체적으로 시아파 예수 어록은 시아파만의 특성을 보여주는 면도 있지만 (이 점은 2부 해설 부분에서 지적할 것이다) 수니파 예수 어록의 정신과도 크게 다르지 않다고 할 수 있다.

후세인 우마야 칼리파조에 대항하여 반란을 일으켰으나 전투에서 전사하였는데, 시아파에서는 그의 희생을 기려 순교자로 모신다.
조명설 시아파에서는 최고 지도자를 뜻하는 '이맘'을 하느님의 빛을 전하는 존재, 죄가 없는 존재로 보는데, 그는 반드시 알리의 후손이어야 한다.

이런 여러 분위기의 영향으로 무슬림 복음은 그 형태가 다양해지기 시작하였다. 예수는 이제 사람과 동물, 자연과의 만남에서 성직자로서 맡은 바 임무를 수행하는 모습을 보여준다. 때로는 복음서 정경에 나온 비유나 우화가 각색되어 예수가 이야기 속 등장인물로 나오기도 한다.[59] 기원이 확실치는 않지만 근동 지역 그리스도교 구전 전승에 뿌리를 두었다고 보이는 이야기도 더 많아졌다. 이 이야기에서는 예수를 자연의 왕으로 묘사하거나 동물, 산, 돌, 해골 등 자연의 대상과 대화를 나누는 이로 묘사한다. 여기서 예수는 강력한 능력을 가졌으며 상황에 적절하게 대응한다. 마치 하느님이 창조하신 세상의 비밀을 그야말로 밝혀내는 것처럼 보인다. 그리고 자연은 그가 신성한 지혜와 자비심을 가진 해석자이며 증인임을 분명히 드러내준다. "예수가 힘들게 새끼를 낳는 암소 옆을 지나고 있었다. 소가 말했다. '오 하느님의 말씀이신 분! 하느님께서 저의 출산을 돕도록 기도해주세요.' 예수가 기도했다. '영혼에서 영혼을 만들어내는 창조주이시며 영혼에서 영혼을 만들어내는 조물주이시여, 이 암소의 출산을 도와주소서.' 그러자 암소가 새끼를 낳았다." 또한 예수가 병의 치유법을 알려주는 이야기도 많이 나온다. "예수가 한 마을을 지나고 있었는데 한 남자와 그의 아내가 서로 소리를 지르며 싸우고 있었다. 예수가 물었다. '무슨 일입니까?' 남자가 말했다. '오 하느님의 예언자여, 이 사람은 제 아내입니다. 아내는 훌륭하고 덕을 갖춘 사람이지만 저는 그녀와 헤어지고 싶습니다.' 예수가 말했다. '그 이유를 제게 말씀해주십시오.' 남자가 말했다. '제 아내는 나이가 많지도 않은데, 얼굴에 주름이 너무 많습니다.' 예수가 여자를 보며 말했다. '여인이여, 얼굴을 예전처럼 되돌리고 싶습니까?' 그녀가 대답했다. '그렇습니다.' 예수가 말했다. '음식을 한꺼번에 과하게 먹지 않도록 주의하십시오. 음식이 뱃속에 지나치게 쌓이면 얼굴은 매끄러움을 잃게 됩니다.' 여자가 그대로 하자 얼굴이 예전으로 돌아갔다.”[60] 자연에 대한 관심과 더불어 사회적 돌봄과 헌신에 대한 이상 또한 이야기에 삽입되어 이전에 그를 대표하던 극단적 금욕주의와 은수자隱修者 이미지가 균형을 갖추게 된다. “예수가 어떤 사람을 만나서 이렇게 물었다. '무엇을 하고 있습니까?' 그가 대답했다. '제 모든 것을 하느님께 바치고 있습니다.' 예수가 물었다 '누가 당신을 보살펴주고 있습니까?' 그가 대답했다. '저의 형제입니다.' 예수가 말했다 '당신의 형제가 당신보다 하느님께 더 많은 것을 바치고 있군요.”[61]

지금까지 금욕주의자 성인, 자연을 다스리는 자, 기적을 행하는 사람, 치유자, 사회적이며 윤리적 모범이 되는 예수의 모습을 차례로 살펴보았다. 무슬림 복음은 전체적으로 확장되면서 후대의 경향과 이미지를 속속 흡수하고 있다. 이븐 꾸타이바 시대 이후 얼마 뒤, 이슬람 초기 200년 간 생겨난 여러 전통 가운데 특히 금욕주의 전통을 물려받은 수피적 경향은 예수를 가장 적합하고 친근한 영성을 가진 인물로 받아들이기 시작했다.[62] 이는 분명 종교라는 나무에 달린 신비주의적이고 종종 초규범적인 성격의 가지가 이웃 나무의 유사한 가지와 가장 가깝게 얽히는 현상을 보여준다. 그리하여 유대인-그리스도인-무슬림 문맥에서 신비주의를 표현한 구절 하나를 무작위로 골랐을 때, 어느 종교 전통에서 비롯했는지 간혹 알 수 없는 경우도 생긴다. 이슬람 신비주의에서 나오는 예수는 그리스도교 복음서의 예수와 구별하기가 쉽지 않은데, 그 이유 중 하나는 분명 그리스도교 복음서가 무슬림 학자들에게 점차 친숙해졌기 때문일 것이다.[63] 게다가 복음을 설교하는 예수는 수피 설교가 wa'iz의 역할을 하기에 부족함이 없어 보인다. 그 모습은 다음 이야기에 잘 나타난다. "예수가 이스라엘인들에게 가르침을 전하였다. 그러자 그들은 눈물을 흘리며 옷을 찢기 시작했다. 예수가 말했다. '너희들 옷이 무슨 잘못이 있는가? 대신 너희 마음을 돌아보고, 그 마음을 탓하라.'" 또는 "죽임당한 모든 이들은 심판의 날에 그 원한을 풀 것이다. 다만 이 세상에 의해 죽임당한 사람은 세상이 그에게 죗값을 물을 것이다."[64] 현대 서구의 그리스도교 신학자들은 《꾸란》에서 예수의 별칭을 하느님의 '말씀'과 '영'이라고 하며 이를 지나치게 중시하는 경향에 반대하기도 한다. 그러나 수피 문헌에서 이 별칭은 예수의 이미지 체계에서 매우 핵심적 위치에 있다. 실제로 위대한 수피 이븐 아라비는 그에게 경의를 표하기 위해 '성인들의 봉인 Khatam al-Awliya'이라는 새로운 칭호를 부여하기도 하였다.[65]

이에 따라 예수 어록은 아부 딸리브 알마키가 쓴 《마음의 양식 Qut al-Qulub》, 아부 누아임 알이스바하니Abu Nu'aym al-Isbahani가 쓴 《성인 이야기 모음집Hilyat al-Awliya'》과 같은 고전 수피 문헌에 새롭게 나타나게 된다. 알가잘리 시대에 아랍 이슬람 문헌 중 예수 어록으로 추정되는 수많은 어록이 알가잘리의 대작 《종교 연구의 부흥Ihya' Ulm al-Din》에 담겨 있다. 여기서 예수는 수피 의식 속에 가장 탁월한 마음의 예언자로 소중히 자리 잡고 있다. 《종교 연구의 부흥》의 〈윤리에 관한 장〉에서 알가잘리는 마음의 신비를 온전히 이해하는 과정에 대해 설명하고 그 가장 내밀한 본질은 인간의 지성이 닿을 수 없는 곳에 있다고 주장한다. 따라서 이러한 신비를 표현할 비유와 우화amthal가 필요해진다. 《종교 연구의 부흥》에서 예수 어록이 우위를 점하는 것은 인간의 마음을 가장 직관적으로 설명해주기 때문이다. 물론 예수는 수피 세계에서 유일한 중심인물은 아니다. 이 세계에는 우선 수피 정신의 첫 번째 창시자인 무함마드가 있다. 다음으로는 알가잘리가 무함마드의 가장 심오한 해석자라고 평가한 알리가 있다.[66] 이 외에도 알주나이드, 사흘 알투스타리, 이브라힘 이븐 아드함과 같은 위대한 수피들의 스승이 있다. 그러나 예수 어록은 특유의 운율과 집약적 특성으로 인하여, 수많은 《하디스》의 내용을 하나로 엮어주면서 알가잘리 도덕 논증의 중요 지점에 거듭 등장한다.

무슬림 예수의 이러한 특별한 면모를 더 뚜렷하게 그려보기 위해서 알가잘리의 《종교 연구의 부흥》에서 〈인간의 영혼에 대한 장〉을 간략히 짚고 넘어가겠다. 알가잘리가 보는 영혼은 본디 구조에 있어서는 플라톤적이고, 작용은 아리스토텔레스적이다. 그러나 플라톤-아리스토텔레스적 요소는 단지 대략의 윤곽만 보여주는 구성의 소재일 뿐이다. 영혼이 활동하는 영역은 본질적으로 한쪽에 계획niyya이 또 다른 한쪽에는 하느님의 전능하심이 자리 잡고 있다. 또한 영혼과 사탄은 끝없이 투쟁한다. 알가잘리는 영혼을 사방에서 날아오는 화살에 맞은 목표물로, 그리고 또 한편으로는 사탄에게 둘러싸인 요새로 비유한다. 영혼에게 가장 큰 유혹은 단순히 악한 일을 하는 것이 아니라 하느님 아닌 다른 것에 관심을 쏟는 일이다. 사탄의 속삭임은 결코 멈추지 않으며 이는 가장 성스러운 사람에게도 예외가 아니다. 속삭임은 때로는 조롱하고 비웃는 모습으로, 이번 한 번만이라도 하고 싶은 대로 해보라는 권유로, 쉬운 선택을 하라는 유혹으로, 때로는 화를 북돋기도 하면서 갖가지 눈치 채기 어려운 모습으로 나타난다. 사탄의 유혹에 빠지지 않기 위해서는 경솔함과 부주의함al-'ajala wa'l-khiffa의 유혹에 빠지지 않도록 우리를 지켜주고 계시는 하느님에 대한 마음을 놓치지 말아야 한다.

이러한 이유로 인해 예수는 모든 예언자들 가운데 도덕적 전형으로 특별히 적합한 인물이다. 가령 그리스도교 복음서에서 두드러지는 예수와 사탄의 투쟁은 그것이 어떻게 하나의 경향으로 이슬람 신비주의로 흘러들어갔든 간에 초기 그리스도교 의식意識이 형성되는 데에 분명 결정적 영향을 미쳤을 것이다.[67] 알가잘리는 이들 예수 어록과 일화를 다수 인용할 뿐 아니라 이를 설명할 필요도 있다고 여겼다. 다음 이야기는 그러한 예이다. "예수가 돌에 머리를 기대고 있을 때 사탄이 그 옆을 지나갔다. '그러니까, 예수여, 당신은 이 세상의 돌에 만족하는가?' 예수가 그 돌을 들어 사탄에게 던지며 말했다. '이 돌을 가져가거라. 이 돌과 함께 세상도 가져가거라! 내게는 그 어떤 것도 필요 없다.'" 알가잘리는 이 부분에서 이렇게 평한다. "사실 예수가 잠잘 때 베개로 사용하려 돌을 가졌음은 이미 세상에서 소유물을 가졌음을 의미하며, 이는 사탄이 나쁘게 이용할 수 있는 여지를 만들어준 것이다. 따라서 밤에 기도하면서 주변에 머리 누일 돌을 본 사람은 계속하여 자고 싶고 머리를 그 위에 얹고 싶은 유혹을 받고 있다고 할 수 있다. 돌이 아니었다면 이 문제가 그에게 생기지 않았을지도 모른다. 이 모든 것은 돌 때문이다! 하물며 사치스러운 베개와 침대, 아름다운 정원을 가진 사람이라면 어떠하겠느냐? 그러한 사람이 하느님께 예배할 마음이 언제 들겠느냐?"[68]

나오는 말

✿

1부에서 필자는 무슬림 복음이 담고 있는 역사적, 문화적 맥락을 폭넓게 독자들에게 소개하고자 하였다. 명확하게 짚고 넘어가야 할 부분이 아직 몇 가지 남아 있다.

첫 번째는 이 복음의 이슬람 요소와 관련이 된다. 예수는 항상 무슬림 예언자로 간주되는데 이 점을 항상 염두에 두어야 한다. 그는 결국 이슬람 환경에서 형성된 인물이기 때문이다. 이 사실을 강조하려는 듯 여러 일화에서 《꾸란》을 낭송하고 그 내용을 설명하며, 무슬림 식으로 기도하고 메카로 순례 가는 예수를 묘사한다. 또한 많은 어록이 예수의 인간적 면모뿐 아니라 무기력함도 강조한다. 그럼에도 여전히 무슬림의 일반적 감수성과 완전히 조화되지 않는 어록과 일화가 남아 있다. 가령 예수와 돼지의 이야기가 그러하다. "돼지 한 마리가 예수 곁을 지나갔다. 예수가 말했다. '안심하고 지나가거라.' 누군가 그에게 물었다. '하느님 영이여, 당신은 어떻게 돼지에게 그렇게 말할 수 있습니까?' 예수가 대답했다. '나는 내 혀가 악한 것에 길드는 것이 싫다.'" 또한 십자가에서 예수가 최후의 기도를 올리는 모습을 묘사하는 이야기도 등장한다. 또 다른 이야기에는 예수가 한 사람의 꿈에 나타나 자신이 실제로 십자가형에 처해졌다고 주장하는 내용도 담겨 있다. 이처럼 이슬람의 예수는 무슬림들이 만들어낸 작품이지만 자신을 만들어낸 이들의 엄격한 정통 교리와는 일정한 거리를 유지하고 있는 듯 보인다. 무함마드 시절에 나온 전통에서는 무함마드가 예수와 특별히 가깝다는 점을 강조한다. 어떠한 예언자도 그 둘 사이의 공백 기간에 나타나지 않았기 때문이다. 무함마드의 생애에서 가장 잘 알려진 사건은 그가 승리를 거두고 메카로 입성했을 때 모든 우상을 파괴하라고 명령한 직후 카바 신전 안에 있는 동정녀 마리아와 아기 예수 상을 마주한 일이다. 그는 망토로 이 상을 덮으며, 이를 제외한 나머지 다른 형상은 모두 부수라고 명했다. 여러 사료에서는 이를 특별한 존경이 담긴 행위로 설명한다.[69]

두 번째는 비교종교학에서 무슬림 복음이 차지하는 중요성과 관련된다. 이슬람 예수는 결국 특별한 환경에서 여과되고 전승된 인위적 창작물이라 할 수 있다. 비록 예수를 만들어진 창작물이라 여긴다 하더라도, 하나의 종교가 경건주의를 강화하려고 다른 종교에서 뛰어난 영성을 지닌 이상적 인물을 빌려오며 확장해나갔던 특이한 사례로 볼 수 있다. 종교사나 사상사 연구자들에게 이러한 현상은 매우 흥미롭고 또 조사해볼 가치가 있다. 이는 역사적으로 이슬람과 그리스도교의 만남을 보여준다는 사실과 별개로, 오늘날 우리에게도 종교 문화가 어떻게 총체적으로 서로 영향을 주고받아 스스로를 풍부하게 하고 공존할 방법을 배웠는지를 보여준다.

공존은 마지막 세 번째 지점이다. 이러한 상호작용의 과정은 더 깊은 종교적 혹은 신학적 현실, 즉 그리스도교와 이슬람이 보완을 필요로 한다는 사실을 내포한다. 무슬림 복음에 나오는 이슬람 예수는 꾸며낸 것이라고까지 말할 수도 있을 것이다. 앞서 시도했듯이 그를 만들어낸 사람이나 만들어낸 이유까지도 알아낼 수 있다. 그럼에도 예수는 여전히 탁월한 종교적 인물로 남아 있으며, 거의 자연스럽게 두 종교의 환경을 넘어선다. 한 종교는 그를 크게 키워주었고, 또 한 종교는 그를 자기 종교 안으로 받아들였다. 오늘날 중동과 유럽 일부 지역에서는 여전히 그리스도교와 이슬람교 사이에 긴장이 존재하는 가운데, 이들이 서로에게 훨씬 더 열려 있었고 서로의 신앙고백을 더 잘 알고 있었던, 그리고 보다 더 서로를 신뢰했던 시대와 전통을 기억하는 일은 분명 유익할 것이다.

'일깨우기'(《꾸란》에서 매우 소중한 표현이다) 위하여 여기 모아놓은 무슬림 복음은 어느 정도 충격과 참신함을 준다는 장점이 있다. 이 글에 나온 예수는 한편으로 그리스도론 교리를 벗어버리고, 또 한편으로는 초超역사, 초超종교라고까지 볼 수 있는 속성을 부여받았다. 무슬림 전승에서 예수는 그들이 매우 헌신하고 사랑하는 경외의 대상이다. 그는 《꾸란》에서 말하는 예언자 직분nubuwwah을 수행하면서 이슬람 전통 안으로 성큼 들어서서, 논쟁을 끝내고 신앙

고백과 증언의 일치를 모색하는 모든 이들에게 일갈하는 생생하고
살아 있는 도덕적 목소리가 되었다.

The Muslim Jesus: Sayings and Stories in Islamic Literature

제2부

무슬림예수

예수가 제자들에게 말했다.

"나를 따르는 사람들이 서로를 알아볼 수 있는 표식은

서로 사랑하는 것이다."

그리고 그는 제자 예슈아에게 이렇게 말했다.

"주님을 위해서라면 너는 온 마음을 다해 그 분을 사랑해야 한다.

그리고 네 이웃을 네 자신처럼 사랑해야 한다.

Abu Hayyan al-Tawhidi, *Risala fi al-Sadaqa wa al-Sadiq*

✿

1　예수가 어떤 사람이 도둑질하는 모습을 보고 그에게 물었다. "당신이 도둑질을 했소?" 그가 대답했다. "모든 것 가운데 가장 찬양받으실 그분께 맹세할 수 있습니다. 절대 아닙니다!" 예수가 말했다. "나도 그분을 믿소. 내가 잘못 본 모양이오."

함만 이븐 무납비흐는 이슬람 이전 시대 문학 전통에서 전설적 권위를 지닌 와흐브^{Wahb}의 형제이다. 현대 《하디스》 편집자는 이 이야기가 현존하는 가장 오래된 《하디스》 모음집에서 비롯했다고 보고 있다.[1] 편집자의 주장대로라면 무슬림 세계에서 예수에 관한 이야기는 1/7세기 사이에 사람들 사이에 퍼지기 시작했다는 뜻이다.

이 이야기는 심각한 죄를 짓더라도, 그리고 그 죄가 명백하더라도 신앙이 가장 중요하다는 사실을 강조하고 있다. 이는 사회적 화합을 위해서는 법적인 판단을 유보하는 편이 좋다는 뜻이다. 따라서 판결이 나기 전까지는 죄인에게 유리하도록 해석해야 한다.

이 이야기에는 정치적 함의도 담겨 있다. 예컨대 통치자는 아무리 명백한 죄인이라도 그 심판을 하느님께 맡겨야 한다는 것이다.

Hamman ibn Munabbih (d.131/748), *Sahifat Hamman ibn Munabbih*, p.24 (no.41). Cf. Muslim, *Sahih*, 7:97; al-Turtushi, *Siraj al-Muluk*, p.434; Ibn al-Salah, *Fatawa wa Marsà'il ibn al-Salah*, 1:181-182; Majilisi, *Bihar al-Anwar*, 14:702 (변형); (Asin, p.579, no.184; Mansur, no.208; Robson, p.59).

✿

2   예수가 말했다. "말을 조심하고, 분수에 맞는 집에 살며, 자신이 지은 죄 때문에 눈물 흘리는 사람에게 복이 있을 것이다."

압달라 이븐 알무바라크는 유명한 《하디스》 학자로, 그는 특별히 금욕주의 전통에 관심이 많다.[2] 위 예수의 말은 산상설교 어투를 따르고 있다. 특히 "복이 있을 것이다"(아랍어로 tuba)라는 표현은 예수가 말하는 방식 그대로인데, 앞으로도 자주 등장할 것이다.

'Abdallah ibn al-Mubarak (d.181/797), *Kitab al Zuhd wa al-Raqà'iq*, pp.40-41 (no.124). Cf. Ibn Abi al-Dunya, *Kitab al-Samt wa Adab al-Lisan*, pp.189-190 (no.15); Ibn Hanbal, *Kitab al-Zuhd*, p.229 (no.850) (예수 대신 'Abdallah b.'Umar); Al-Qushayri, *al-Risala*, p.68 (예수 대신 무함마드); Ibn ʿAsakir, *Sirat*, p.151, no.158; and al-Zabidi, *Ithaf al-Sada al Muttaqin*, 7:456 (순서 재조정) (Asin, p.597, no.217; Mansur, no.254; Robson, p.61).

✿

3   예수가 사람들에게 말했다. "마음이 모질어지지 않도록, 하느님에 대한 이야기가 아니면 많이 말하지 마라. 모진 마음은 하느님과 멀리 떨어져 있지만, 너희는 그것을 알지 못한다. 주인인 양 사람들 죄를 캐지 마라. 차라리 하인인 듯 사람들 죄를 보아라. 사람은 병든 자와 건강한 자로 나눌 수 있다. 건강한 자는 병든 자에게 자비를 베풀고, 건강을 주신 하느님께 감사 드려라."

이 이야기에는 여러 계명이 섞여 있다. "쓸데없이 말하지 마라"와 "말다툼하지 마라"는 내용은 《꾸란》이 가진 정서와 통한다. 주장과 그 주장에 반론을 제기하는 과정에서는 모진 마음이 생겨나기 쉽다. 모진 마음은 완고함을 낳고 결국에는 이단까지 낳는다. "너희는 그것을 알지 못한다.(아랍어로 와 라킨 라 탈라문wa lakin la taʾlamun)"는 말 또한 《꾸란》의 표현 방식과 비슷하다. 이어 나오는 주인과 하인에 관한 계명은 도덕적 판단에 대한 경고이다. 이는 카리지파Khawarij와 같은 초기 이슬람의 금욕주의 무슬림 종파를 겨냥한 말이다. 이들은 큰 죄를 지은 죄인들과는 어울리지 않았으며 그들을 불신자不信者라고 불렀다.

'Abdallah ibn al-Mubarak (d.181/797), *al-Zuhd*, p.44 (no.135), Cf. Abu Rifa'a, *Kitab Bad al-Khalq*, p.196; Iban 'Abd Rabbihi, *al-'Iqd al-Farid*, 3:143 (Asin, p.541, no.112; Mansur, no.10; Robson, p.51-52 일부); al-Samarqandi, *Tanbih al-Ghafilin*, p.139를 보라. (Asin, p.558, no.142; Mansur, no.42; Robson, p.55-56); Abu Nu'aym, *Hilyat al-Awliya*, 6:58; Ibn 'Asakir, *Sirat*, p.162, nos.178ff

✿

4 예수가 말했다. "단식하는 날에는 머리와 수염에 성유를 바르고 입술을 닦아 다른 사람들이 네가 단식하는지 알지 못하게 하여라. 오른손이 한 일을 왼손에게는 숨겨라. 기도할 때에는 문에 가림막을 쳐라. 하느님이 뜻하시는 대로 살듯이 뜻하시는 대로 기도하여라."

이 말의 핵심 내용은《성서》의 복음서에서 나왔다. 복음서에는 바리새인을 겨냥한 말로 나오지만 여기서는 모든 위선자를 대상으로 하고 있다. 복음서의 이야기가 이슬람화하는 과정에서 이런 식으로 내용이 일부 빠지기도 한다. 맨 마지막 말 "하느님이 뜻하시는 대로 살듯이 뜻하시는 대로 기도하여라"는 앞의 말과 연결되지 않는 것처럼 보인다. 이야기가 이슬람식으로 바뀌는 과정에서 나타난 결과인 듯하다.

Abdallah ibn al-Mubarak (d.181/797), *al-Zuhd*, pp.48-49 (no.150). Cf.

al-Ghazali, *Ihyā' Ulum al-Din*, 3:287; Ibn 'Asair, *Sirat*, p.175, no.201. (Asin,

p.389, no.55; Mansur, no.137; Robson, p.46).

5 가브리엘이 예수에게 나타나 말했다. "하느님의 영이여, 당신에게 평화가 깃들기를!" 예수가 말했다. "하느님의 영이여, 또한 당신께도 평화가 깃들기를!" 다시 예수가 물었다. "오 가브리엘! 그때[3]는 언제 오나요?" 가브리엘이 날개를 펄럭이더니 대답했다. "그 질문을 받은 저는 질문하신 당신보다 잘 아는 바가 없습니다. 그 날은 하늘과 대지 위에 무겁게 놓여 있어 어느 날 갑자기 올 것입니다. 하느님만이 그 때가 언제인지를 계시할 수 있으십니다."

카리지파 이탈자들이라는 뜻을 지니는 이슬람 최조의 정치, 종교적 당파이다. 경건한 무슬림은 누구나 지도자가 될 수 있다고 주장하여 다른 분파와 대립하였다.

이 이야기는 《꾸란》 7장 187절 내용을 고쳐 쓴 것이다. 《꾸란》 에서 '그 때'를 묻는 사람은 무함마드이다. "그 날은 하늘과 대지 위에……"와 "하느님만이 그 때가……"라는 두 문장은 《꾸란》을 그대로 인용한 말이다. 이 이야기에서는 예수에게 인간을 넘어서는 특별한 힘이나 지식이 있지 않다는 점을 분명히 말하고 있다. 《하디스》에도 이와 비슷한 내용이 나온다. 어떤 사람이 무함마드에게 그 때에 대해서 묻자 그는 "그 질문을 받은 사람은 질문한 사람보다 잘 아는 것이 없습니다"라고 대답한다. 예수가 존경받는 예언자이긴 하나 그도 한낱 인간에 불과하다는 《꾸란》의 관점을 강조하고 있다.

'Abdallah ibn al-Mubarak (d.181/797), *al-Zuhd*, p.77 (no.228). Cf. Qur'an

7:187; (Asin, p.585, no.198; Mansur, no.244; Robson, p.92).

6 예수는 그 때에 관한 이야기가 나올 때면 언제나 두려워하면서 이렇게 말했다. "마리아의 아들이라고 해서 그 때에 관한 이야기가 나올 때에 침착할 수 있는 것은 아니다."

이 이야기는 앞 이야기와 밀접하게 연관되어 있으면서도 그 내용을 다른 방식으로 보여준다. 여기서도 예수가 그 때와 관련된 상황에서 얼마나 무기력한지가 강조된다. 즉 그는 그 때가 언제 올지 모를뿐더러 다른 사람들처럼 그 때에 대해 공포를 느끼는 존재이다.

Abdallah ibn al-Mubarak (d.181/797), *al-Zuhd*, pp.77-78 (no.229). Cf.

Ibn 'Asakir, *Sirat*, p.121, no.100.

✿

7 예수가 제자들에게 말했다. "너희들이 나에게 주는 대가와 같은 것 이외에는 너희가 가르치는 이들로부터 대가를 받지 마라. 땅에서 나온 소금은 상하지 않는다. 무엇이든 소금을 뿌리면 상하는 일을 막을 수 있지만, 소금이 상하면 어찌할 방도가 없다. 너희가 자주 범하는 어리석은 행동이 두 가지 있다. 하나는 별일이 아닌데도 크게 소리 내어 웃는 일이고, 또 하나는 밤새 깨어 있지도 못했으면서 아침 늦게까지 자는 것이다."

진정한 스승은 대가 없이 가르쳐준다는 생각은 소크라테스가 살던 시기에도 있었고, 유대교 전통과《성서》복음서, 이슬람 윤리에도 있다. "나는 너에게 계시에 대한 대가를 요구하지 않는다"

는 말은《꾸란》26장에도 다섯 번이나 나온다. '땅에서 나온 소금'
은《성서》복음서에 나오는 말이지만 이 이야기는 거기서 한 걸음
더 나아간 교훈을 전해준다. 실제로 무슬림 복음의 이야기에는《성
서》복음서에서 비유를 통해 여러 해석의 가능성을 남겨둔 이야기
를 보다 명확하게 보여주거나, 특정한 내용으로 해석한 것이 많다.
마지막 부분 "너희가 자주 범하는 어리석은 행동이 두 가지 있다"
는 말은 앞에 나온 이야기들과는 다른 내용이다. 지켜야 할 예의범
절에 대한 이야기로서(아다브 형식), 깨어 있으라는 계명은 믿는 이
들에게 밤새 깨어 기도하라고 권하는 말로 보인다. 서로 다른 세 가
지 말이 하나로 묶여 있다고 본 이븐 알무바라크의 주장도 설득력
이 있다. 아침 늦게까지 자지 말라는 표현과 비슷한 내용은 헤르
츠^{J. H. Hertz}가 쓴《미슈나^{Mishnah}》해설서인《선조들의 어록^{Pirkey}
Aboth: Saying of the Fathers》(p.45, no.14)에도 나온다.

'Abdallah ibn al-Mubarak (d.181/797), *al-Zuhd*, p.96 (no.283). Cf. Ibn
Hanbal, *al-Zuhd*, p.144 (no.478), p.147 (no.491); al-Samarqandi, *Tanbih*,
p.70 (순서 재조정) (Asin, p.553, no.132; Mansur, no.32; Robson, p.54-55); Ibn
'Abd al-Barr, *Jami' Bayan al-'Ilm*, 1:185 (예수 아님), Ibn 'Asakir, *Sirat*, p.190,
no.231.

$\mathcal{8}$ 예수가 제자들에게 말했다. "여러 왕들이 너희에게 지혜를 남겨주었듯이 너희도 그들에게 이 세상을 넘겨주어라."

이슬람 초기의 중요한 정치적 상황이 담긴 말로,《성서》복음서의 계명 "카이사르의 것은 카이사르에게 돌려주어라"에 영향을 받은 것으로 보인다. 이 말은 이슬람 역사에서 왕과 울라마(이슬람 종교학자) 간의 대립이 중요한 사건들을 야기하리라는 점을 암시한다. 또한 왕과 울라마는 각자 맡은 영역이 달라야 함을 주장하고 있다. 왕에게 세상을 넘겨준다는 말은 정치적으로는 정적주의의 입장이지만 실제 역사에서는 이슬람 초기, 울라마와 칼리프 사이에 이미 갈등이 시작되고 있었다. 이러한 전형적인 예는 유명한 학자이자 금욕주의자였던 알하산 알바스리의 삶에서 찾아볼 수 있다.[4, 5] 예수의 여러 어록 가운데에는 알하산이 말했으리라 추정되는 것들이 많은데, 앞으로 자주 등장할 것이다.

Abdallah ibn al-Mubarak (d.181/797), *al-Zuhd*, p.96 (no.284). Cf. Ibn Hanbal, *al-Zuhd*, p.144 (no.475); al-Samarqandi, *Tanbih*, p.190 (전체 내용을 담음); Ibn 'Asakir, *Sirat*, p.135, no.123 (Asin, p.563, no.147; Mansur, no.48; Robson, p.90).

《미슈나》 유대인들이 구전되어 전해지던 토라를 편집해놓은 책
선조들의 어록 기원전 4세기–서기 3세기까지 활동한 여러 유대교 현자들의 어록을 모은 책

9   예수가 말했다. "아담의 아들아, 네가 베푼 선행은 잊어버려라. 그분께서는 잊지 않고 다 기억하신다." 그러고는 다음 (《꾸란》) 구절을 낭송했다. "'선행을 베푼 사람에게 잊지 않고 상을 내리신다.' 나쁜 일을 했다면 네 눈앞에 그 일이 항상 머물게 하라." 이븐 알와라끄는 말했다. "너의 눈 가까이에 있게 하라."

첫 문장은 《성서》 복음서에서 남이 알지 못하게 선행을 베풀라고 한 말과 비슷한 취지의 내용이다. 또한 무슬림 입장에서 보면 예수가 《꾸란》 구절을 낭송한 일이 그리 부자연스러운 건 아니다. 《꾸란》은 유일한 책이며 《꾸란》에 나오는 모든 예언자는 곧 무슬림이다. 이븐 알와라끄의 주석이 후에 첨가되었다.[6] 다음 10번과 11번 이야기에도 편집 주석이 삽입되어 있다.

Abdallah ibn al-Mubarak (d.181/797), *al-Zuhd*, p.101 (no.301). Cf. Ibn 'Asakir, *Sirat*, p.168, no.190.

✿

10   예수가 말했다. "오! 제자들아, 죄인을 미워하는 대신 하

느님 사랑을 구하라. 죄인과 거리를 두는 대신 하느님께 가까이 가
라. 죄인에게 분노하는 대신 하느님 은혜를 구하라." 그(말리크)가
말했다. "나는 예수가 어떤 '계율'을 처음 말했는지 모른다." 제자들
이 말했다. "하느님의 영이여, 그러면 우리는 누구와 가깝게 지내야
합니까?" 그가 대답했다. "그를 보면 하느님이 생각나고 그 말을 들
으면 아는 것이 늘고, 그 행동을 보면 천국에 가고 싶게 하는, 그런
이와 가까이 하여라."

　　무슬림 복음에서는《성서》복음서와 달리 죄인과 함께 어울리
는 예수의 모습은 자주 보이지 않는다. 무슬림 복음 속 예수는 오히
려 훨씬 더 엄격하고 금욕적인 면이 부각된다. 그러나 81번 이야기
에서는 다른 모습도 볼 수 있다.

　　'말리크'는 예수에 대한 많은 이야기를 전해준 초기 쿠파의 전
통주의자 말리크 이븐 미그왈^{Malik ibn Mighwal}(159/775~776년 사망)을
가리킨다. 이 이야기의 일부는 무함마드의 일화에도 나오는데, 위
에 나온 이븐 아빌 둔야의《성인에 관한 책^{Kitab al-Awliya'}》을 보면
된다. 이는 아랍 지혜문학 속 현자 루끄만의 이야기와 비슷하다. 그
는 이슬람 이전 시대의 현자였으며《꾸란》31장에도 그의 이름이
나온다. 루끄만이 아들에게 들려준 긴 가르침은 매우 유명하다.[7]

'Abdallah ibn al-Mubarak (d.181/797), *al-Zuhd*, p.121 (no.284). Cf. Al-

Jahiz, *al-Bayan wa al-Tabyin*, 1:399 and 3:175; Ibn Abi'l Dunya, *Kitab al-Awliya in Mawsu'at Rasa'il*, 4:17, no.25 (일부, 무함마드 관련); Ibn 'Abd Rabbihi, *al-'Iqd*, 3:143 (마지막 부분만) (Mansur, no.7); Ibn 'Abd al-Barr, *Jami'*, 1:126, al-Ghazali, *Ihya'*, Ibn 'Asakir, *Sirat*, p.179, nos.208ff (Asin, p.358, no.15; Mansur, no.100; Robson, pp.43–44).

✿

11   예수는 그를 따르는 사람들에게 이렇게 말하곤 했다. "모스크들을 너희 집과 같이 생각하고 집은 잠시 머무는 장소로 여겨라. 광야에서 자라는 식물을 먹고 이 세상으로부터 조용히 벗어나라." 샤리크는 말했다. "내가 술라이만에게 그걸 말했더니 그는 '깨끗한 물을 마시라'고 덧붙였다."

이슬람 초기에 널리 퍼져 있던 방랑하는 금욕주의자 예수의 이미지가 담긴 이야기다. 예수는 아무것도 소유하지 않고 이곳저곳을 돌아다니며 땅에 기대어 살아간다. 시간이 지나면서 이런 어록은 좀 더 다듬어진 형태로 발전하고, 무슬림 문학에서 예수가 살던 방식을 묘사하는 주요 이미지로 자리 잡는다. 믿는 이들을 이 땅 위의 순례자로 보는 생각은 《성서》 복음서에도 나오는 개념이지만 "조용히"(혹은 "때 묻지 않은 신앙으로") 세상에서 벗어나려는 모습은 이슬람 예수의 가장 뚜렷한 특징이다. "깨끗한 물을 마시라"는 말은 "몸을 깨끗이 하라"는 의미를 상징적으로 표현했다고 이해할 수 있다. 또한 모스크(아랍어로 masjid)는 무슬림이 예배하는 원초적 공간이라는 의미로 쓰였다.

샤리크Sharik(177/794년 사망)는 유명한 판관이며 전통주의자이다. 술라이만 이븐 알무기라Sulayman ibn al-Mughira(165/781~782년 사망)는 바스라의 전통주의자이다.

'Abdallah ibn al-Mubarak (d.181/797), *al-Zuhd*, pp.198 (no.563). Cf. Ibn
'Abd Rabbihi, *al-'Iqd*, 3:143; Ibn 'Asakir, *Sirat*, p.138, no.128 (Asin, p.541,
no.111; Mansur, no.9; Robson, p.73).

12　예수가 말했다. "참는 자에게 불행은 머지않아 사라질 것이며, 죄지은 이에게는 곧 불행이 닥쳐올 것이다."

'인내'는 이슬람뿐 아니라 다른 금욕주의 전통에서도 꼭 필요한 특징이다. 이 이야기는 정서상 고대 근동의 지혜문학에 속하지

술라이만 솔로몬의 이슬람식 표기
모스크 이슬람교의 예배당. 아랍어로 단수 masjid, 복수 masajid.

만 한 문화 전통에서 나왔다고 하기는 어렵다. 여기에는 스토아학파의 특징도 일부 보인다. 또한 예수의 말은 단어의 도치를 이용하여 대구 형식을 취하는 아랍어 표현을 잘 보여준다.

Abdallah ibn al-Mubarak (d.181/797), *al-Zuhd*, pp.222 (no.627). Cf. Ibn 'Asakir, *Sirat*, p.198, no.241.

✿

13 예수가 말했다. "평범한 사람에게서는 쉽게 볼 수 없는 네 가지 덕목이 있다. 예배하는 마음의 단초가 되는 침묵, 신 앞에서의 겸손, 세속에 대한 금욕적 태도, 청빈이 그것이다."

위와 같이 특징을 열거하는 방식은 아다브의 전형적 스타일이다. 또한 내용을 암기하기 쉽도록 돕는 장치이기도 하다. 무함마드도 이와 비슷한 말을 한 적이 있다.

'Abdallah ibn al-Mubarak (d.181/797), *al-Zuhd*, pp.222 (no.629). Cf. Ibn Abi al Dunya, al-Samt, pp.573-574 (n.647); al-Samarqandi, *Tanbih*, p.77 (변형); Ibn 'Asakir, *Sirat*, p.142, no.139 (Asin, p.554, no.135; Mansur, no.35; Robson, p.55).

✿

14   예수가 무너진 건물 잔해를 지나가다 이렇게 말했다. "참담한 폐허여! 사람들은 다 어디로 갔는가?" 무너진 건물에서 답하는 소리가 들렸다. "하느님의 영이여, 모두 멸망해버렸습니다." 그 목소리는 이렇게도 말했다. "하느님을 위하여 노력하십시오. 하느님의 명령이 진실하니 당신도 진실로 그분을 찾으려 노력해야 합니다."

무슬림 복음에는 예수가 자연에게 질문하고 무너진 건물과 이야기하는 장면이 여러 번 나온다. 이것은 이슬람 예수를 특징짓는 또 다른 면모로,《꾸란》에 나온 폐허가 된 마을 이미지나《하디스》에서 무함마드가 폐허를 대하는 장면을 연상시킨다. 이 이야기는 금욕주의와 분명한 관련이 있지만, 무함마드가 예언자로서 겪은 경험과 예수를 더 가까이 연관 지으려는 의도도 엿보인다. 자주 인용되는 무함마드의《하디스》에 나온 내용에서는 예수를 무함마드와 가장 가까운 예언자라고 말하기도 한다.[8]

Abdallah ibn al-Mubarak (d.181/797), *al-Zuhd*, p.225 (no.640). Cf. Ibn Hanbal, *al-Zuhd*, p.282 (no.1057) (예수 대신 'Abdallah b. 'Umar); Ibn 'Asakir, *Sirat*, p.183, no.215.

✿

15   예수가 말했다. "너의 배를 채우기 위해서가 아니라 하느님을 위해 노력하라. 날아다니는 새들을 보아라. 그들은 애써 곡식을 수확하고 땅을 일구지 않지만 하느님은 먹을 것을 주신다. 네가 '우리는 새들보다 더 많이 먹어야 한다'고 말한다면 이 소들은 어떠한가. 이들이 야생이거나 가축이거나 상관없이, 곡식을 수확하고 땅을 일구지 않아도 하느님은 양식을 마련해주신다. 이 세상에서 필요 이상의 여분을 경계하여라. 그 여분은 하느님 눈에 혐오스러운 것이다."

이 말의 핵심은 《성서》의 복음서에서 나왔다. 교훈은 매우 분명하다. 앞에 7번 이야기와 비교해보는 것도 좋다. 첫 문장(하느님을 위해 노력하라)과 마지막 문장(이 세상에서 필요 이상의 여분을 경계하여라)이 전체 이야기의 핵심이라고 할 수 있다.

'Abdallah ibn al-Mubarak (d.181/797), *al-Zuhd*, p.291 (no.848). Cf. Ibn Abi al Dunya, *Kitab al-Qana'a in Mawsu'at Rasa'il*, 1:71, no.173에서 발췌; al-Samarqandi, *Tanbih*, p.168 (변형) (Asin, p.563, no.146; Mansur, no.47; Robson, p.72–73); Abu Hayyan, *al-Imta' wa al-Mu'anasa*, 2:127; al-Ghazali, *Ihya'*, 4:260 (약간 변형) (Mansur, no.163); Ibn 'Asakir, *Sirat*, p.166, no.187.

❈

16   예수는 하늘로 올라가기로 되어 있던 그 밤에 제자들에게 말했다. "하느님의 책(을 가르치는 것)으로 생계를 해결하지 마라. 그것을 삼가면 하느님은 너희를 세상 (어떤 것)보다 낫고, 모든 것을 갖춘 돌로 된 설교단에 설 수 있게 해주실 것이다." 압드 알잡바르도 이렇게 말했다. "《꾸란》에는 하느님이 말씀하신 자리들이 있다. 《꾸란》에 의하면 '그곳은 권능으로 충만하신 왕 곁의 영광스러운 곳이다.'" 예수는 그러고 나서 하늘로 올라갔다.

역시 앞에 7번 이야기를 참고해볼 수 있다. 마지막 부분에 삽입된 주석은 《꾸란》 54장 55절에 나온다. 여기서 말하는 설교단은 물론 천국에 있다. 압드 알잡바르 이븐 우바이드 이븐 살만'Abd al-Jabbar ibn 'Ubayd ibn Salman(112/730년 사망)은 《하디스》 학자였으며 본디 그리스도교인이었다고 한다.

Abdallah ibn al-Mubarak (d.181/797), *al-Zuhd*, p.507 (no.1447).

❈

17   예수가 다음과 같은 질문을 받았다. "하느님의 영이며

말씀이신 분이여, 사람들을 가장 잘못된 길로 이끄는 이는 누구입니까?" 예수가 대답했다. "잘못된 생각을 품은 학자이다. 학자가 잘못되면 그로 인하여 많은 사람이 잘못된 길로 빠져들 것이다."

　　"하느님의 영이며 말씀"이라는 예수의 호칭은 《꾸란》에서 나온 말이며 후기 어록으로 갈수록 더 자주 나온다. 학자에 관한 이 이야기는 정치적, 신학적으로 중요한 의미를 담고 있는데, 곧 학자들의 사회적 책임이 중대함을 뜻한다. 이 이야기가 널리 퍼졌던 초기 압바스 칼리파조 시기, 학자들은 특별한 계층으로 부상하고 있었다. 아바스의 칼리프들은 새 왕조의 기반을 세우기 위해 학자들 환심을 사려고 노력했다. 학자들 입장은 여러 가지로 갈라졌는데, 새 정권에 호의적인 이들도 있는가 하면 정권의 정당성에 의문을 제기하는 이들도 있었다. 이 이야기는 학자가 매우 신중한 태도를 취해야 함을 뚜렷이 제시하며, 한편으로는 자신의 종교적 지식과 사회적 특권을 마음대로 휘둘러 새 정권에 봉사하기를 자청하는 학자를 암암리에 비판하는 내용까지 담고 있다.[9]

　　'Abdallah ibn al-Mubarak (d.181/797), *al-Zuhd*, p.520 (no.1474). Cf. al-'Amiri, *al-Sa'ada wa al-Is'ad*, p.169; al-Makki, *Qut al-Qulub*, 1:174 (Asin, p.545, no.122; Mansur, no.24; Robson, p.52); al-Mawardi, Adab al-Dunya wa al-Din, p.30; Ibn 'Asakir, *Sirat*, p.190, no.232 (약간 변형).

✡

18 자카리야[10]의 아들인 요한이 예수를 만나, 그에게 이렇게 물었다. "어떻게 하면 하느님의 은총을 받고 노여움을 사지 않을 수 있습니까?" 예수가 말했다. "화내지 마시오." 요한이 물었다. "왜 화를 내고 또 거듭해서 화를 내게 됩니까?" 예수가 대답했다. "자만심, 맹신, 오만함을 비롯하여 자신을 대단하게 생각하기 때문에 그렇소." 요한이 말했다. "또 하나 물어봐도 되겠습니까?" 예수가 대답했다. "원하는 것을 물어보시오." "왜 간음하는 마음을 품고 또 거듭해서 간음하는 마음을 품게 됩니까?" 예수가 대답했다. "어떤 것을 보면 마음 안에 무언가가 들어오게 되오. 들어온 그 무엇은 마음으로 하여금 즐거움만을 찾고 자기 멋대로 하게 만들지요. 이로 인해 점차 조심성이 없어지고 죄도 커지고 마오. 자신의 것이 아니면 보지 마시오. 보지 않으면 생각도 나지 않고 듣지 않으면 고민할 필요도 없기 때문이오."

무슬림 복음서에는 예수와 요한에 대한 이야기가 여러 번 나오는데, 이 책 39번, 53번, 54번, 124번, 236번, 239번, 287번 이야기에서

압바스 칼리파조 우마야 칼리파조의 뒤를 이어 750-1258년에 이슬람 세계를 지배했던 왕조
자카리야 세례자 요한의 아버지로 《성서》에서는 스가랴, 즈가리야, 즈가르야로 부르고 있으며 유대교 사제직을 수행하던 사람이다.

볼 수 있다. 아다브에서 문답 형태는 매우 자주 나온다. 또한 두 현자가 만나 지혜를 나누는 모습은 그리스 문학의 철학자들 이야기에서도 볼 수 있다. 예수와 요한이 만나 나누는 대화는 그리스 문학에 나오는 철학자들의 대화와도 비슷하다. 이런 식의 만남은 124번 이야기에서도 한 번 더 나온다. 이슬람 전통에서는 예수와 요한을 실제 사촌지간이라고 본다. 《꾸란》에서는 부주의함(아랍어로 Ghafla)이 죄를 짓는 예비 행위가 된다고 본다.

'Abdallah ibn al-Mubarak (d.181/797), *al-Zuhd*, appendix p.12 (no.44).

Cf. al-Turtushi, *Siraj*, p.252; and al Ghazali, *Ihyà*, 3:168 (더 짧은 버전)

(Asin, p.366, no.31; Mansur, no.116; Robson, p.45).

19   예수 당대에 가뭄이 든 때가 있었다. 문득 구름 한 점이 지나가 예수가 하늘을 올려다보니 그 구름 위에 타고 날아가는 천사가 보였다. 예수가 소리쳤다. "어디로 가시오?" 천사가 대답했다. "어떤 사람이 소유한 땅으로 갑니다." 예수는 길을 가다가 천사가 말한 바로 그 남자가 삽으로 수로를 보수하는 모습을 보았다. 예수가 물었다. "더 바랐소?"(이 말은 "비가 더 내리기를 바랐소?"라는 뜻이다.) 남자가 대답했다. "아닙니다." "비가 덜 내렸으면 했소?" 남자

가 대답했다. "아닙니다." "올해 수확은 어떠했소?" 그가 대답했다. "수확은 무슨 수확이요? 해충이 다 망치고 있습니다." 예수가 물었다. "작년에는 어땠소?" "땅의 3분의 1은 땅과 소 그리고 가족을 위해서, 3분의 1은 가난한 이들과 여행하는 이들을 위해서, 나머지 3분의 1은 저를 위해서 썼습니다." 예수가 말했다. "이 셋 가운데 어느 땅 덕분에 더 큰 상을 받을지 나는 모르겠소."

처음부터 끝까지 온전한 형태로 보존된 첫 번째 이야기다. 예수는 신앙심 깊고 끈기 있는 농부를 만난다. 농부는 무슬림으로서 자선을 베풀 의무보다 더 많은 재산을 나누어주었으므로 예수에게도 인정받고 천사에게도 상을 받을 만한 자격이 있다. 형태상 이 이야기는 비유로 처음 만들어진 듯하다. 《성서》의 복음서에서는 예수가 직접 비유를 통해 이야기하는 장면이 많이 나오지만, 여기서는 예수가 이야기 속 인물로 등장하여 교훈을 직접 말해주지 않고 우회적으로 표현하는 형태로 바뀌었다. 이는 무슬림 복음의 여러 이야기에서 볼 수 있는 전형적인 모습이다. 이와 비슷한 것으로는 신앙심 깊은 이집트 그리스도교인 양치기에 관한 이야기가 있다.[11]

'Abdallah ibn al-Mubarak (d.181/797), *al-Zuhd*, appendix p.32 (no.126). 텍스트 여러 곳에서 빈 부분이 있음. Cf. Ibn Abi al Dunya, *Kitab Islah al-Mal, in Mawsu'at Rasa'il*, 2:96, no.322에서 발췌 (변형).

$\maltese$

20 　제자들이 예수에게 물었다. "말씀해주십시오. 하느님을 가장 공경하는 이는 어떤 사람입니까?" 예수가 대답했다. "다른 이의 칭찬을 바라지 않고 하느님을 위해 일하는 사람이다." 그들이 물었다. "하느님을 따라 사는 법에 대해 진심 어린 조언을 해줄 수 있는 이는 어떤 사람입니까?" 예수가 말했다. "사람에 대한 의무보다 하느님에 대한 의무를 먼저 하고, 사람의 일보다 하느님의 일을 더 먼저 하는 사람이다. 이 세상일과 저 세상 일 중 하나를 선택해야 하는 상황에서, 그는 저 세상 일을 먼저 하고 난 다음 이 세상일에 관심을 돌릴 것이다."

　여기서도 아다브에서 많이 나오는 문답 형태로 대화가 진행되고 있다.

Abdallah ibn al-Mubarak (d.181/797), *al-Zuhd*, appendix p.34 (no.134).
(텍스트가 한 군데에서 약간 재구성되었음) Cf. Ibn 'Asakir, *Sirat*, p.171, no.195.

21 　그리스도가 제자들과 함께 강을 지나는 길에 큰 썩은 뱀을 보았다. 황금같이 반짝이며 색이 아름다운 새 한 마리가 날아와 근처에 앉았다. 그 새가 몸을 털자 깃털이 떨어졌다. 그러자 붉은 색이 도는 맨살이 드러나며 보기 흉한 모습이 되었다. 또 웅덩이 쪽으로 날아가 끈적끈적한 진흙탕에 뒹굴자 검고 흉한 모습이 되었다. 그러다 흐르는 물에 몸을 씻고 떨어진 깃털이 있는 곳으로 가서 깃털을 다시 붙이자 원래 아름다운 모습으로 돌아왔다. 죄인이 종교를 버리고 죄에 빠지는 것도 이와 같다. 죄를 회개하는 일은 얕은 시냇물에 더러움을 씻는 것과 비슷하다. 몸을 씻고 떨어진 깃털을 다시 붙이는 일은 죄인이 종교를 다시 믿는 것을 말한다. 이 이야기는 비유이다.

　이 이야기는 이해하기 쉽지 않다. 본문 중 여러 군데 빠진 부분이 많아 글을 재구성하여 이해하기도 어렵다. 다만 자연에 존재하는 것들과 우연히 만나 이야기가 전개되며, 윤리상 문제와 실존적 상황을 나타내는 다양한 요소가 포함되어 있는 점은 분명하다. 여기에서 강은 생명을 나타내고, 큰 뱀은 죄를 상징한다. 죄 지은 인간은 추한 새로, 신앙을 지닌 인간은 깨끗하고 근사한 새로 나온다. 19번 이야기와 마찬가지로 예수가 참여 관찰자로 등장한다. 이슬람에서 《성서》 복음서의 예수를 재해석할 필요를 느낀 데에는, 추종자들이 예수를 자의적으로 해석해 왜곡한 부분을 "지워"내려는 의도가 어느 정도 작용했을 것이다. 이러한 모습은 《꾸란》에서도 볼 수 있다. 이는 이 비유를 단순한 우화로 남겨놓는 것이 아니라 온전히 해석하여 그 안에 담긴 깊은 뜻을 드러내야 함을, 곧 아크바르 Akhbar(준배설화체)로 보아야 함을 의미한다. "이 이야기는 비유이다"라는 마지막 문장은 "비유는 이런 식으로 이해되어야 한다"는 뜻이 담겼다고 볼 수 있다.

'Abdallah ibn al-Mubarak (d.181/797), *al-Zuhd*, appendix pp.44–45 (no.171). 텍스트가 여러곳에서 빈 부분이 있지만 Ibn 'Asakir, *Sirat*, p.201, no.247에서 재구성되었다.

✿

22   예수가 말했다. "천국을 사랑하고 지옥을 두려워하는 마음을 지니면 어려움이 닥쳐도 견뎌낼 수 있으며 (하느님의) 종이 세속의 안락함에 마음을 빼앗기지 않게 해준다."

"세속의 안락함"은 "이 세상에서 안정된 자리에 있는 상태"로 바꿔 읽을 수 있다.

Abdallah ibn al-Mubarak (d.181/797), *al-Zuhd*, appendix p.46 (no.175).

al-Ghazali, *Ihyaʾ*, 4:180 (전체 버전); Ibn ʿAsakir, *Sirat*, p.136, no.125

(Mansur, no.152).

✦

23   제자들이 예수에게 와서 말했다. "하느님의 영이며 말
씀이시여, 우리 조상이자 노아의 아들인 셈을 우리에게 보여주시
어 우리 믿음을 하느님께서 더 확고히 하시도록 해주십시오." 예수
는 그들과 함께 셈의 무덤에 가서 말했다. "오 노아의 아들 셈이여,
하느님께서 허락하셨으니 대답하시오!" 셈은 하느님 도움으로 일
어나 우뚝 솟은 야자나무처럼 섰다. 예수가 말했다. "셈, 당신은 몇
년을 살았소?" 그가 대답했다. "4천 년을 살았습니다. 2천 년은 예
언자로 살았고 그 후로도 2천 년을 더 살았습니다." 예수가 물었다.
"당신 눈에 세상은 어떠했소?" 셈이 대답했다. "세상은 두 개의 문
이 있는 집과 같았습니다. 저는 한쪽으로 들어갔고, 다른 쪽으로 나
왔습니다."

이븐 히샴은 현존하는 가장 오래된 무함마드 전기를 쓴 작가이
자 편집자이다. 이 이야기는 아라비아 고전 문학 작품집에 들어 있
는데, 이 책의 진위 여부나 저자는 확실치 않은 부분이 많다.[12] 셈이
나오는 다른 부활 이야기는 59번 이야기의 참고문헌을 보라.

오늘날 중동에는 노아처럼 《성서》에 나오는 인물의 무덤으로 여겨지는 장소가 곳곳에 있다. 이 무덤 가운데에는 길이가 50미터 가까운 곳도 있다. 셈이 등장하는 또 다른 이야기에서는, 예수가 최근에 죽은 사람뿐 아니라 옛날에 죽은 사람도 되살릴 수 있는지 제자들이 그 능력을 시험해보기도 한다. 이슬람 전통에서 셈은 가장 장수한 예언자이다.[13] 그러한 셈이 이 이야기에 등장하여, 이 세상의 삶에 큰 의미를 두지 말라고 설교하는 예수의 말에 더욱 힘을 실어주고 있다.

'Abd al-Malik ibn Hisham (d.218/833), *Kitab al-Tijan*, p.27. Cf. Waqidi,
Maghazi, 1:121; Ibn Abi al-Dunya, *Kitab Dhamm al-Dunya, in Mawsu'at*
Rasa'il, 2:110-111, no.229에서 발췌.

24   이 말이 예수에게 계시되었다. "나라의 지배자가 어린 소년이라면 그 땅은 저주받을 것이다."

무함마드 이븐 사으드는 《하디스》 학자이자 이슬람 문학 최초 인명사전의 저자이다.[14] 이 계시(아랍어 본문에는 "예수의 입을 통하여" 라고 되어 있다)는 분명 정치와 관련이 있다. 무아위야 1세의 손자인 무아위야 2세와 관련된 역사적 상황과 맥락이 닿으리라 추정된다. 어린 후계자의 계승 문제 등으로 인해 이슬람 역사상 첫 번째 위기로 일컬어지던 시기였다. 무아위야 2세는 십대부터 병약한 체질이었는데 왕위에 오르고 얼마 되지 않아 죽었다. 왕위는 그 당시 이미 노인이었던 마르완 1세에게 이어졌고 그러한 위기 속에서 제2차 내전(682~695년)이 시작되었다. 그 시기의 깊은 분열과 갈등 상황은 《하디스》에 종말론적 모습으로 많이 그려져 있다. 또한 〈전도서〉 10장 16절에도 "어린 아이가 왕이 되었을 때 그 나라에는 화가 있을 것이다"라는 말이 나온다.[15]

Muhammad ibn Sa'd (d.230/845), *al-Tabaqat al-Kubra*, 6:29.

25 하느님이 예수에게 계시하셨다. "예수야, 너 자신을 꾸짖어라. 그 후에 다른 사람을 꾸짖어라. 그게 어렵다면 내 앞에서만이라도 겸손해라."

아흐마드 이븐 한발은 초기 이슬람 역사의 기념비적 인물이다. 그는 《하디스》 학자이자 법학자였으며 유력한 정치인이었다. 수니 이슬람의 4대 법학파 가운데 하나인 한발리Hanbali 학파도 그의 이름을 따서 만들어졌다.[16] 그러나 현존하는 그의 저서는 보존 상태가 그리 만족스럽지 못하다. 이 이야기의 출처는《금욕의 책Kitab al-Zuhd》과《신앙의 책Kitab al-Wara'》이라는 두 사료인데 둘 다 초기 이집트 판을 검증 없이 옮겨 적었을 뿐더러 철자 오류도 아주 많은 편이다. 현재는 원문의 이러한 결점을 보완하려는 노력이 곳곳에서 이루어지고 있다.

이 이야기는 이슬람 용어로 '하디스 꾸드시hadith qudsi', 곧 신성한 계시라고 한다. 이는 이 말을 하는 화자가 하느님 자신이기 때문이다.[17] '하디스 꾸드시'는 대개 무함마드에게 계시되지만 다른 예언자에게 계시된 것도 많다. 예수에게 설교한 말을 그대로 실천하라는 성스러운 충고가 내려졌다는 내용이지만, 더 나아가 예수는 조언이 필요 없는 존재가 아니라 인간이며 필요하다면 하느님께 충고도 듣는 존재라는 내용을 담고 있다. 이것은《꾸란》에 나온 하느님께서 예수에게 하신 말씀의 핵심과 어조에 가장 부합하는 내용이다.

Ahmad ibn Hanbal (d.241/855), *Kitab al-Zuhd*, p.93 (no.300). Cf. al-Qushayri, *al-Risala*, p.117; al-Ghazali, *Ihya*, 1:68; and 동일저자, *Ayyuha al-walad*, p.140 (Asin, p.352, no.7; Mansur, no.190; Robson, p.78).

26 예수가 제자들(혹은 그를 따르던 사람들이라고도 한다)과 함
께 무덤 앞에 서 있었다. 그 안에는 죽은 사람이 누워 있었다. 제자
들은 무덤이 어둡고 쓸쓸하며 좁다고 했다. 그러자 예수가 말했다.
"너희가 있던 어머니의 자궁은 여기보다 더 좁았다. 하느님께서 (당
신의 자비하심을) 펼치고 싶으시다면, 그렇게 하실 것이다."

무덤가에서 나누는 지혜에 관한 담화는 그리스와 고대 페르시
아 문학에서 흔히 볼 수 있다. 그 가운데 알렉산더 대왕이 임종할
때 곁에 있던 일곱 현자에 관한 이야기가 가장 유명하다. 이 이야기
는 여러 고전 아랍문학 선집에 나온다. 예수가 제자들에게 했던 위
로의 말은 무슬림들이 하느님께 위로 받는 《꾸란》의 구절(3장 103절,
139장, 7장 86절, 22장 5절)과 형식이 비슷하다.

Ahmad ibn Hanbal (d.241/855), *al-Zuhd*, p.93 (no.301). Cf. Ibn 'Asakir,

Sirat, p.203, no.250.

27 그리스도가 말했다. "높은 곳에 계시는 분, 찬양과 영광

받으실 하느님 이름을 자주 불러라. 그리고 그분께 순종하여라. 너희 중 한 명만 기도해도 충분하다. 하느님을 진심으로 기쁘게 해드리기 위해서는 이렇게 기도하여라. '오 하느님, 제 죄를 용서해주시고, 제 삶을 새롭게 하여주소서. 해로운 것으로부터 저를 안전하게 지켜주소서, 오 하느님!'

예수가 했던 여러 기도 가운데 하나이다.

Ahmad ibn Hanbal (d.241/855), *al-Zuhd*, p.93 (no.302).

✥

28   예수가 말했다. "믿는 자는 복을 받고, 또 복을 받을 것이다. 하느님은 그가 죽은 후에 자손들까지도 보살펴주실 것이다."

Ahmad ibn Hanbal (d.241/855), *al-Zuhd*, p.93 (no.304). Cf. al-Zabidi, *Ithaf*, 8:440 (Mansur, no.256)

✥

29   예수가 말했다. "오른손으로 베푼 일은 왼손에게도 숨겨

라. 기도할 때는 가림막을 쳐라. 하느님의 뜻대로 살라. 그분 뜻대로
은총을 받을 것이다."

4번 이야기 설명을 참고하라.

Ahmad ibn Hanbal (d.241/855), *al-Zuhd*, p.94 (no.307).

30   예수가 이런 질문을 받았다. "하느님의 예언자여, 왜 당
신은 필요할 때 나귀를 타지 않았습니까?" 예수가 대답했다. "하느
님 보시기에 나로 하여금 하느님에 대한 관심이 멀어지도록 만드
는 것은 주시지 않을 터이다. 그것 없이도 나는 영광스럽기 때문이
다."

이 이야기에서 예수가 받은 질문은 종려주일[18]에 예루살렘으
로 입성하는 사건을 암시하고 있다. 그런데 예수는 그 사건과 관련
된 답이 아니라 하느님께 모든 것을 온전히 맡긴 금욕주의자처럼
대답을 하고 있다.

종려주일 부활주일의 바로 전 주를 일컬어 종려주일이라고 하는데 예수가 예루살렘에 나귀를 타고
입성할 때 많은 이들이 종려나무 가지를 흔들어 환영한 것에서 유래했다.

Ahmad ibn Hanbal (d.241/855), *al-Zuhd*, p.94 (no.309). Cf. Ibn Abi al-

Dunya, *Kitab Dhamm al-Dunya, in Mawsu'at Rasa'il*, 2:69, no.130에서 발췌,

al-Ghazali, *Ihya*, 4:320 (Asin, p.414, no.86; Mansur, no.168; Robson, p.73),

Ibn 'Asakir, *Sirat*, p.130, nos.114, 115; Ibn al-Jawzi, *Dhamm al-Hawa*, p.641

and al-Damiri, *Hayat al-Hayawan al-Kubra*, 1:229

✿

31   예수가 제자들에게 말했다. "내가 진실로 너희에게 말한다. 너희는 이 세상도 저 세상도 원하지 않는구나." 그들이 말했다. "하느님의 예언자시여, 그 말이 무슨 뜻인지 설명해주십시오. 저희는 둘 중 하나는 원한다고 생각해왔습니다." 그가 말했다. "이 세상을 원했다면 너희는 보물 열쇠를 지닌 이 세상의 주님께 복종해야만 했다. 저 세상을 원했다면 그 땅의 주인인 주님께 복종했어야 했다. 그때 그분은 저 세상을 너희에게 주었을 것이다. 그런데도 너희는 그 어떤 것도 원하지 않는구나."

"내가 진실로 너희에게 말한다"는 《성서》의 복음서에서 예수가 말하는 방식을 의도적으로 따라한 구절로서, 이 이야기에 권위를 부여하려는 의도가 담겼다. 이 세상도 저 세상도 원하지 않는다는 말은, 인간은 선택의 순간에 변덕스럽고 마음을 잡지 못하며 갈

팡질팡하여 쉽게 결정하지 못한다고 보는 《꾸란》의 인간관을 생각
나게 한다. 이 내용과 관련된 부분은 《꾸란》 3장 152절, 4장 137절, 17
장 11절, 30장 7절에 나와 있다.

Ahmad ibn Hanbal (d.241/855), *al-Zuhd*, pp.94-95 (no.310).

✿

32   예수가 말했다. "너희가 예배하는 모습에서는 왜 진정성
을 찾을 수 없는가?" 그들이 말했다. "하느님의 영이여, 진정으로
참다운 예배를 드리기 위해서는 어떻게 해야 합니까?" 예수가 말
했다. "하느님 앞에서 겸손한 마음을 지녀야 한다."

하느님 앞에서의 겸손은 예배 때 가장 핵심적 덕목이다. 그 반
대말은 아랍어로는 키브르kibr, 즉 자만심인데 《꾸란》에서는 이를
가장 큰 죄로 꼽는다. 《꾸란》에서는 일부 그리스도교인들이 겸손
하고, 키브르가 없음을 칭찬하는 내용도 있다. 《꾸란》 5장 82절을
참조하라.

Ahmad ibn Hanbal (d.241/855), *al-Zuhd*, p.95 (no.312).

33 예수가 말했다. "하늘에 보물을 쌓아라. 사람 마음은 보물이 있는 곳에 머물기 때문이다."

《성서》의 복음서를 그대로 번역한 내용이지만 역사적으로 그 의미가 중요하므로 여기에 포함시켰다. 무슬림들이 아랍어로 번역된 복음서나 성구집聖句集을 접할 수 있었다는 사실을 보여주는 초기 사례이기 때문이다.[19]

Ahmad ibn Hanbal (d.241/855), *al-Zuhd*, p.95 (no.313). Cf. Ibn Abi al-Dunya, *Kitab Dhamm al-Dunya, in Mawsu'at Rasa'il,* 2:25, no.31에서 발췌, Ibn 'Asakir, *Sirat*, p.184, no.218; Ibn 'Arabi, al-Futuhat al-Makkiyya, 2:812 (Asin, p.583, no.192; Mansur, no.223; Robson, p.60).

34 사탄이 예루살렘에서 예수를 알아보고 이렇게 말했다. "너는 죽은 자를 살릴 수 있다고 말했다지? 정말 그렇게 할 수 있다면 하느님께 이 산이 빵이 되도록 해달라고 청해보아라." 예수가 말했다. "모든 사람이 빵만 먹고 사는가?" 사탄이 말했다. "네가 말한

대로라면 이 자리에서 뛰어내려보아라. 천사가 널 받아줄 것이다."
예수가 말했다. "하느님께서는 자신을 시험하지 말라고 명하셨다.
그분께서 나를 구해주실지 아닐지는 나도 모르기 때문이다."

아랍어 원문에서는 "수도자"가 화자로 나와 이 이야기를 들려
주는데, 이야기에 권위를 부여하기 위해서인 듯하다.《성서》복음
서의 핵심 사건인 사막에서 유혹받는 이야기로서, "그분께서 나를
구해주실지 아닐지는 나도 모르기 때문이다"라는 마지막 문장과
같이 이슬람식으로 변형되었다. 무슬림 편집자가 예수의 인간적
무기력함을 강조하기 위하여 개입한 것으로 보인다.

Ahmad ibn Hanbal (d.241/855), *al-Zuhd*, pp.95-96 (no.314). Cf. Ibn al-

Jawzi, Kitab al-Adhkiya', p.37 (변형) (Mansur, no.212).

35   제자들이 자신들의 예언자가 어디 있는지 찾지 못하고
밖에서 헤매다가 그가 물 위를 걷는 모습을 보았다. 한 사람이 말했
다. "하느님의 예언자여, 우리가 당신께 걸어가도 되겠습니까?" 그
가 대답했다. "그렇게 하여라." 그 제자는 한 걸음 한 걸음 예언자에
게 다가갔지만 결국 가라앉았다. 예수가 말했다. "믿음이 부족한 이

여, 손을 내밀어라. 아담의 아들이 곡식 한 알이나 티끌만 한 믿음이 라도 있다면 물 위를 걸을 수 있을 것이다."

《성서》의 복음서에 나오는 기적 이야기이다. 그러나 인명과 지명은 빠져 있는데, 무슬림 복음에서는 이런 경우가 많다. 사람이나 장소를 익명으로 처리하는 이유는 분명치 않으나, 《꾸란》의 예수 이야기에도 구체적 지명이나 인명이 나오지 않는 이유와 같을 것이다.

Ahmad ibn Hanbal (d.241/855), ***al-Zuhd***, p.96 (no.315). Cf. Ibn Abi al-Dunya, *Kitab al-Yaqin, in Mawsu'at Rasa'il*, 1:22-23, no.11에서 발췌, Ibn 'Asakir, *Sirat*, p.116, no.94; (Cf. Asin, p.586, no.160; Mansur, no.58; Robson, pp.90-91[변형]).

✡

36 예수가 말했다. "너에게 친절한 사람에게 친절한 것은 자선을 베푸는 일이 아니다. 선을 선으로 갚는 것은 당연하기 때문이다. 너에게 해를 입히는 사람에게 친절히 행동하는 것이 자선이다."

〈마태오복음〉 5장 46절 내용을 재구성하였다.

Ahmad ibn Hanbal (d.241/855), *al-Zuhd*, p.96 (no.317) and p.142 (no.469).

Cf. Ibn 'Asakir, *Sirat*, p.155, no.166.

37   하느님께서 예수에게 계시하셨다. "오 예수야, 나는 네가 가난한 이들을 사랑하고 자비로운 마음을 베풀도록 해주었다. 그러니 네가 그들을 사랑하면 그들도 너를 사랑하며 영적 인도자로 받아들일 것이다. 너도 그들을 동료이자 제자로 받아들여라. 다음 두 가지를 명심하여라. 심판의 날에 나와 대면하는 사람은 누구나 이 두 가지를 갖추어야 한다. 그것은 지금까지 행한 일 중 가장 순수하게 행한 일과 내가 가장 좋아할 일이다."

이것 또한 '하디스 꾸드시'다.(25번 이야기 설명을 참고) 예수를 "가난한 이들의 영적 인도자"(아랍어로 이맘imam)라고 한 것은 순수 이슬람식 표현이다. 이는 이슬람 전통에서 다른 예언자와 구별되어 예수에게만 부여된 특징이다. "가난"(아랍어로 마사킨masakin)은 초기 무슬림 금욕주의자와 수피 집단에서 중요하게 여겼던 말이다. 이 이야기는 이후 더욱 관련이 깊어지는 수피와 예수의 초기 관계를 보여주는 사례이다. 수피들은 예수를 스스로 본받아야 할 영적 모범으로 삼았다. "두 가지"는 가난한 이들에 대한 사랑과 이들에게 자비심을 베푸는 것을 뜻한다.[20]

Ahmad ibn Hanbal (d.241/855), *al-Zuhd*, p.97 (no.320).

38 　그 때에 관한 이야기가 나올 때면 예수는 언제나 여자처럼 고뇌에 빠져 소리 내어 울었다.

6번 이야기 설명을 보라. 여자처럼 소리 내어 우는 예수는 신성과는 거리가 먼 무기력한 모습을 강조한다. 《꾸란》에서는 그 때란 하느님만이 아신다고 말한다. 《꾸란》 7장 187절을 참고하라.

Ahmad ibn Hanbal (d.241/855), *al-Zuhd*, p.97 (no.321).

39 　예수가 요한을 만나 말했다. "저에게 가르침을 주십시오." 요한이 말했다. "화를 내지 마시오." 예수가 대답했다. "저는 그렇게는 할 수 없습니다." 요한이 말했다. "부유하게 살지 마시오."

예수가 대답했다. "그렇게는 할 수 있을 듯합니다."

18번 이야기를 참고하라. 이 이야기에서 주고받는 대화 역시 예수의 인간적 결점을 잘 보여준다. 예수는 부유하게 살려는 마음은 기꺼이 버릴 수 있지만 분노는 참을 수 없는 존재로 그려진다.

Ahmad ibn Hanbal (d.241/855), *al-Zuhd*, p.97 (no.322). Cf. al-Ghazali, *Ihya'*, 3:161 (약간 변형) (Asin, p.366, no.30; Mansur, no.115; Robson, p.64).

40 예수는 길을 가며 하느님께 순종하는 마음으로 이렇게 외쳤다. "제가 여기 있습니다. 당신의 종, 당신 종인 여인의 아들, 당신 종의 딸." 그의 앞으로 야자나무로 만든 고삐가 달린 낙타를 타고 예언자들 70명이 지나갔다. 그들은 그때까지 줄곧 카이프Khayf의 모스크에서 기도하고 나오는 길이었다.

이해하기 쉽지 않은 이야기지만, 이때 예수는 자신 앞으로 지나가는 모든 예언자들처럼 무슬림이었고, 따라서 여러 무슬림 의례 가운데 순례를 행하던 중이었다고 짐작된다.[21] 모세도 같은 모스크로 순례를 갔다고 한다.[22] 카이프의 모스크는 메카 밖 미나

Mina에 있다. 야자나무로 만든 고삐는 무함마드에 대한 경의를 표현하는 의미를 지닌다.[23] 다시 말해 이 이야기는 초기 예언자들이 가장 위대한 마지막 예언자에게 경의를 표하는 내용이라고 볼 수 있다. 숫자 70은 《성서》와 이슬람 문헌에 자주 나오는 숫자이다. 〈루가복음〉 10장 1절에서 예수의 70제자라는 말이 나오기도 하고, 《하디스》에서는 이슬람이 70개 분파로 갈라진다고도 하였다.

Ahmad ibn Hanbal (d.241/855), *al-Zuhd*, pp.97–98 (no.324).

41 예수가 말했다. "오 제자들아, 너희 중 누가 파도 위에 집을 지을 수 있겠는가?" 그들이 말했다. "하느님 영이여, 누가 그렇게 할 수 있겠습니까?" 그가 말했다. "세상을 조심하고 그 위에 너의 집을 짓지 마라."

〈마태오복음〉 7장 24절부터 27절을 반영한 내용이다. 《성서》 복음서의 비유가 다시 직접 질문하는 형태로 바뀌었고 이에 따라 교훈도 명쾌해졌다.

Ahmad ibn Hanbal (d.241/855), *al-Zuhd*, p.98 (no.325). Cf. Ibn Abi al-

Dunya, *Kitab Dhamm al-Dunya, in Mawsu'at Rasa'il,* 2:156, no.370에서 발췌;

al-Ghazali, *Ihya',* 3:201 (Asin, p.373, no.40; Mansur, no.124; Robson, p.67).

�֍

42

예수가 말했다. "내가 진실로 너희에게 말한다. 천국을 물려받고 싶은 사람은 거친 빵을 먹고, 맹물을 마시고, 개와 함께 거름더미에서 자는 것만으로 충분히 만족할 것이다."

현대 교육을 받은 무슬림들에게는 가장 잘 알려진 예수의 말일 것이다. 참고로 67번과 113번은 이 내용을 다른 형태로 변형한 이야기다. 여기에는 금욕주의 가운데서도 가장 이상적인 모습이 담겨져 있다. 무함마드도 세상을 거름더미라고 묘사한 적이 있다.[24]

Ahmad ibn Hanbal (d.241/855), *al-Zuhd,* p.98 (no.326). Cf. Ibn Qutayba, 'Uyun al-Akhbar, 2:363; Ibn Abi al-Dunya, *Kitab Dhamm al-Dunya, in Mawsu'at Rasa'il,* 2:75, no.138에서 발췌; Ikhwan al-Safa', *Rasa'il Ikhwan al-Safa',* 3:34; and al-Ghazali, *Ihya',* 4:180 (Asin, p.400, no.70; Mansur,

미나 메카에서 5km 떨어져 있는 지역으로 이슬람 전통에서는 이곳을 아브라함이 아들 이스마일 대신 숫양을 제물로 바친 장소로 본다. 가까이에 메디나인들의 무리가 최초로 무함마드에게 충성을 서약했던 장소인 아까바'Aqabah 언덕이 있으며 시내에는 카이프 사원이 있다. 순례 기간 중 순례자들이 이곳에서 예배를 올린다.

no.152; Robson, p.70) (짧은 버전).

43 예수가 말했다. "모르던 것을 알게 되더라도 그에 따라 행하지 않으면 아무 소용이 없다. 아는 것을 따라 행하지 않으면, 지나친 지식은 오히려 자만심만 키운다."

지식'ilm과 행위'amal는 초기 아다브 작품과 금욕주의 전통에서 자주 짝을 이루어 등장하는 소재다. 이와 비슷한 내용이 〈마태오복음〉 5장 19절에도 나온다. 초기 《하디스》 학자 중에는 지식을 쌓는 일(예를 들면 《하디스》에 관한 지식)이 선행ʾamal으로 연결되지 않으면 아무 소용이 없고 오히려 위험할 수 있다고 생각한 이들도 있었다.[25] 예수의 다른 어록도 같은 맥락에서 이해할 수 있다. 무함마드나 알리, 다른 무슬림도 이와 비슷한 어록을 남겼다.[26]

Ahmad ibn Hanbal (d.241/855), *al-Zuhd*, p.98 (no.327). Cf. al-Ghazali, *Ihyaʾ*, 1:69-70 (짧은 버전) (Asin, p.353, no.9; Robson, p.43).

44   예수가 말했다. "시간은 사흘 주기로 돈다. 그것은 이미 지나가버렸고 후회되는 어제, 생계를 꾸려가는 오늘, 어떻게 될지 알지 못하는 내일이다. 모든 일은 세 가지로 구분된다. 그것은 분명 옳기에 따라야만 하는 일과, 분명 옳지 않아 피해야 하는 일, 그리고 불확실하여 하느님 결정을 따라야 하는 일이다."

이슬람의 아다브, 금욕주의 문헌, 와사야^{wasaya}(유언장) 등에서는 시간이라는 주제를 날[日]로 구분하기도 한다. 이중에는 이슬람 이전 시대 현자들이 남긴 어록이나 일화도 있다.[27]

Ahmad ibn Hanbal (d.241/855), *al-Zuhd*, p.98 (no.328). Cf. al-Jahiz, *al-Bayan*, 2:35; al-Mawardi, *Adab*, p.127; al-Ghazali, *Ihya'*, 4:389; Ibn 'Asakir, *Sirat*, p.158, no.171 (Asin, p.420, no.96; Mansur, no.178, Robson, p.49[두번째 부분]).

✿

45   예수가 말했다. "나에게는 위로가 필요하다. 내 마음은 연약하고 자신도 없다."

〈마태오복음〉 11장 29절 내용을 반영한 말이다. 예수의 인간적 약함이 또다시 두드러지게 나타난다.

Ahmad ibn Hanbal (d.241/855), *al-Zuhd*, p.98 (no.329). Cf. Ibn 'Asakir, *Sirat*, p.71, no.60.

✿

46   예수가 말했다. "배운 것을 행하고 지식을 전했던 이는 누구나 천국에서 높게 평가받을 것이다."

43번 이야기를 참조하여라. "천국에서 높게"라는 표현은 《성서》의 복음서에도 나온다. 누가 가장 높은 사람인지 논쟁하는 장면은 〈루가복음〉 22장 24절에서 나오며, 〈마태오복음〉 5장 19절, 18장 1절부터 4절에서도 비슷한 내용을 볼 수 있다. '지식을 전했다^{allama}'고 해석한 부분은 "지식을 얻다^{alima}"로도 해석이 가능하다.

Ahmad ibn Hanbal (d.241/855), *al-Zuhd*, pp.98–99 (no.330). Cf. Ibn 'Abd al-Barr, *Jami*, 1:124, al-Ghazali, *Ihya*, 1:17 (Asin, p.349, no.1; Mansur, no.89; Robson, p.42). Ibn 'Asakir, *Sirat*, p.186, nos. 221ff.; al-Abshihi, *al-Mustatraf*, 1:19.

47 예수가 이런 질문을 받았다. "어떻게 물 위에서 걸을 수 있습니까?" 예수가 대답했다. "믿음이 확고하기 때문이다." 그러자 그들이 말했다. "저희에게도 굳센 믿음이 있습니다." 예수가 물었다. "너희 눈에는 저 돌과 진흙과 금이 모두 똑같이 보이느냐?" 그들이 대답했다. "아닙니다." 예수가 말했다(혹은 그는 이렇게 말했던 것 같다). "내 눈에는 모두 같다."

35번 이야기와 비교해보라. 이 이야기는 〈마태오복음〉 14장 22절부터 나오는 물 위를 걷는 예수 이야기를 문답 형식으로 재구성하였다. 믿음의 실천적 의미가 무엇인지 분명히 보여주는 내용으로, 따라서 자연스럽게 이 세상 것을 무의미하게 보는 말로 마무리된다.

Ahmad ibn Hanbal (d.241/855), *al-Zuhd*, p.99 (no.331). Cf. al-Makki, *Qut*, 1:263 (온전한 버전) (Mansur, no.29); Asin, p.378, no.49; Mansur, no.58, Robson, p.69 (변형, 짧은 버전). Ibn Abi al-Dunya, *Kitab al-Yaqin, in Mawsu'at Rasa'il*, 1:37, no.40에서 발췌; Al-Qushayri, *al-Risala*, p.118 (일부, 무함마드에게서 나옴).

48　어떤 이가 예수에게 와서 말했다. "선을 가르치는 분이여, 당신은 알지만 저는 모르는 것, 제게는 이롭고 당신에게도 해롭지 않은 것을 가르쳐주십시오." 예수가 물었다. "그게 무엇일 것 같은가?" 그가 말했다. "어떻게 하면 하느님 앞에 진정으로 충실한 종이 될 수 있습니까?" 예수가 대답했다. "그건 쉬운 문제다. 온 힘과 노력을 다하여 진심으로 하느님을 사랑하고 섬겨야 한다. 그리고 너 자신처럼 네 이웃을 사랑하여라." 그가 말했다. "선을 가르치는 분이여, 누가 제 이웃입니까?" 예수가 대답했다. "아담의 모든 자식들이다. 남이 바라지 않는 일을 하지 마라. 그렇게 하면 하느님 앞에서 진실로 충실해질 수 있다."

〈마태오복음〉 22장 34절부터 40절까지 내용을 바꾸어 표현한 이야기다.

Ahmad ibn Hanbal (d.241/855), *al-Zuhd*, p.99 (no.332).

✤

49　예수가 제자들을 위하여 음식을 준비하였다. 그들을 불

러 먹이고 시중들며 이렇게 말했다. "너희도 가난한 사람에게 이처럼 하여라."

가난한 이들의 수호자로 나오는 예수의 모습은 37번 이야기를 참고하라. 이 이야기는 〈마태오복음〉 26장 18절부터 나오는 최후의 만찬에서 성찬식에 관한 내용을 빼고 무슬림식으로 새롭게 고쳐 쓴 것이다.

Ahmad ibn Hanbal (d.241/855), *al-Zuhd*, p.99 (no.333).

50 예수는 죽은 이들을 다시 살리기 위해 사자使者들을 보내며 이렇게 말하였다. "필요한 말을 적당한 때에 해라. 그리고 떨림과 눈물을 발견할 때에는 기도하여라."

〈마태오복음〉 10장 5절부터의 내용으로 예수가 제자들에게 준 가르침이다. 떨림과 눈물은 이슬람 초기부터 수피와 금욕주의자의 표시로 자주 사용되었으며, 여기서는 진실한 신앙인을 알아보는 표시로 쓰였다.

Ahmad ibn Hanbal (d.241/855), *al-Zuhd*, p.99 (no.334).

❖

51　예수가 제자들에게 말했다. "내가 진실로 너희에게 말한 다." 그리고 그는 자주 이렇게 말하곤 했다. "내가 진실로 너희에게 말한다. 너희 가운데 가장 불행하다고 슬퍼하는 이는 이 세상에 가 장 애착이 많은 사람이다."

　예수의 말하는 방식을 모방하여 메시지를 분명하게 전달해주 는 말이다. 이 말이 나온 기원은 정확하지는 않지만 여러 종교와 금 욕주의 전통의 교훈적 태도를 보여주며, 스토아학파와도 비슷한 면이 있다. 분명 여기 나오는 예수는 《성서》의 복음서에 나오는 예 수보다 훨씬 더 금욕적인 무슬림 예수의 상㑞을 강화해준다.

Ahmad ibn Hanbal (d.241/855), *al-Zuhd*, p.100 (no.338). Cf. Abu Nu'aym,

Hilyat, 4:67 (Mansur, no.67).

❖

52　제자들이 말했다. "오 예수님, 누가 '두려움이나 슬픔이

전혀 없는 전능하신 하느님의 친구들'입니까?" 예수가 대답했다. "다른 이들이 세상의 겉만 볼 때 세상의 중심을 들여다볼 줄 아는 사람이며, 다른 이들이 곧 지나갈 현재를 볼 때 세상의 끝을 기다리는 사람이다. 그들은 자신이 두려워하는 것이 스스로를 망치리라 염려하여 세상을 지우고, 자신이 아는 것이 스스로를 버릴까 염려하여 이를 포기한다. 따라서 그들은 한때나마 중요히 여겼던 이 세상의 많은 재산도 중시하지 않는다. 재산을 들먹이는 순간 이미 지나가고 있으며, 거기서 얻은 기쁨도 곧 슬픔이 되어버린다. 그들은 정당한 이유 없이 이 세상에서 돈을 벌 수 있는 기회를 거부하고 명예를 얻을 기회도 거절한다. 그들에게 세상은 이미 낡았고 누더기가 되어버렸지만 애써 새로 고치려 하지 않는다. 그들을 둘러싼 세상은 곧 폐허가 될 터이지만 다시 세우지 않는다. 그들 마음에서 세상은 이미 죽었고, 다시 살리지 않는다. 그들은 내세를 이루기 위하여 이 세상 것을 버린다. 그들은 영원히 지속될 것과 바꾸기 위해 이 세상을 팔아버린다. 그들이 이 세상을 거부하니 그 안에 진실한 행복이 있다. 그들은 이 땅 위에서 흉하게 망가지고 죽어버린 사람들을 본다. 그리고 다시 죽음에 대해 말하기 시작하고 삶을 말하지 않는다. 그들은 빛을 찾고, 빛을 통하여 반짝이는 하느님을 사랑하고 하느님에 대해 말하는 것을 좋아한다. 경이로움은 그들과 연결되어 있고 그들은 경이로운 것들과 연결되어 있다. 하느님의 책은 그들을 통하여 세상에 알려지고, 그들은 그 책에 따라 행동한다. 하느님의 책은 그들에 대해 이야기하고, 그들은 책에 대해 이야기한다. 책에 관한 앎은 그들을 통해서 나오고 그들은 그 책에서 깨달음을 얻는다. 그들은 이미 얻은 것보다 더 많은 것을 바라지 않는다. 그들이 바라는 것은 평화뿐이며 그들이 피하는 것은 두려움밖에 없다."

"하느님의 친구들(아랍어로 아울리야 알라awliya' Allah)"이라는 말은 초기 금욕주의자와 수피들이 쓰던 전문용어다. "두려움이나 슬픔이 전혀 없는 전능하신 하느님의 친구"라는 말은《꾸란》10장 62절에서 나온 말이다. 예수도《꾸란》의 이 구절을 언급한 적이 있다. 9번 이야기를 참조하여라. 이 이야기에서는《꾸란》에서 하느님 말씀을 전하는 예언자에 합당한 어투를 보여주기 위하여 대구, 대조, 병렬 등 정교하게 다듬어진 아랍어 문학 표현을 사용해 세심히 신경 쓴 흔적이 엿보인다. 예수의 여러 면모 중 말솜씨가 뛰어난 예언자의 모습을 보여주는 부분이다. '폐허'욕망을 버리는 것"겉모습과 실재實在'는 모두 무슬림 복음에서 자주 등장하는 주제다.

Ahmad ibn Hanbal (d.241/855), *al-Zuhd*, pp.100−101 (no.339). Cf. al-Jahiz, *al-Bayan*, 3:140; Ibn 'Abd Rabbihi, *al-'Iqd*, 3:144 (Mansur, no.13); Abu Nu'aym, *Hilyat*, 1:10 (Mansur, no.63); al-Mawardi, *Adab*, p.112; Ibn 'Asakir, *Sirat*, p.199, no.245.

✿

53   요한과 예수가 만났을 때, 요한은 예수에게 이렇게 말했다. "저를 위하여 하느님께 용서를 구해주십시오. 그대가 저보다 더 낮기 때문입니다." 예수가 대답했다. "그대가 나보다 낮소. 나는 내게 평화가 있기를 빌었지만 하느님께서는 당신에게도 평화가 있다고 말씀하시는군요." 하느님은 두 사람의 장점을 알고 계셨다.

예수와 요한의 또 다른 이야기로 《꾸란》의 맥락에서 당시 시대를 그려보고 있다. "저는 제게 평화가 있기를 빌었다"는 문장은 《꾸란》 19장 33절에 나온다. 또한 《꾸란》 19장 15절에서는 하느님께서 요한에게 평화를 말씀하신다. 결론 부분은 요한과 예수의 겸손함으로 인해 두 사람이 하느님과 관계를 회복하여 평화를 얻는 것으로 마무리된다.

Ahmad ibn Hanbal (d.241/855), *al-Zuhd*, p.122 (no.392).

✿

54   간통죄를 범한 남자가 예수에게 불려오자 예수는 사람들더러 그에게 돌을 던지라고 명했다. 그러면서 예수는 말했다. "그

러나 죄를 지은 사람은 돌을 던져서는 안 된다." 자카리야의 아들 요한을 제외한 모든 사람이 손에서 돌을 놓았다.

《성서》의 복음서에 나오는 간통한 여인에 관한 이야기를 다르게 각색하였다. 복음서의 여인은 남자로 바뀌었다. 그렇게 바뀐 이유나 결말이 썩 명확하게 표현되어 있지는 않다. 다만 앞 이야기에서 요한을 칭찬했듯이 여기서도 요한과 같은 예언자의 죄 없음을 강조하려던 것이라고 본다면 어느 정도 납득이 된다.

Ahmad ibn Hanbal (d.241/855), *al-Zuhd*, p.122 (no.394).

55 예수가 말했다. "하느님은 이방인들을 가장 사랑하신다." 그러자 그는 이런 질문을 받았다. "누가 이방인입니까?" 예수가 대답했다. "(온전한) 믿음으로 (세상에서) 벗어나려는 사람이다. 그들은 심판의 날에 나와 함께 있을 것이다."

"온전한 믿음으로 세상에서 벗어나려는 사람"이라는 구절은 11번 이야기의 주석을 참고하라. 믿음을 가진 이방인의 이미지는 근동 지역 그리스도교 문학에 자주 나온다. 이 이야기의 바탕에는 은

둔적 삶의 태도가 깔려 있다.《성서》의 복음서에 나오는 예수는 은둔자가 아니었으나 여기서는 은둔자들의 수호자로 나온다. 이슬람은 유명한 무함마드의《하디스》를 참고하여 이 글을 만들어냈는데, 거기서 무함마드는 "이슬람은 '이방인'으로 생을 시작하여 '이방인'으로 끝낸다"고 하였다. 이는 초기 무슬림 성자 압달라 이븐 우마르'Abdallah ibn 'Umar(73/693년 사망)에게서 나온 말이기도 한데, 여기에는 정치적 의도도 숨어 있다. 이슬람 세계가 갈등 상황에 처해 있을 때 진실한 신자는 "온전한 믿음으로" 갈등에서 벗어나야 한다는 뜻이다.

Ahmad ibn Hanbal (d.241/855), *al-Zuhd*, pp.124 (no.402). Cf. al-Ghazali, *Ihyà*, 3:271; and al Suhrawardi, '*Awarif al-Maàrif*, 1:265 (둘 다 예수 대신 무함마드가 들어가 있다).

56 예수가 말했다. "이 세상 노예들아, 물질로 자비를 베푸는 일보다 그동안 네가 잘못했던 사람들에게 잘해주는 편이 더 낫다."

〈마태오복음〉 6장 1절부터 나오는 예수의 자선에 대한 가르침을 반영한 내용이다.

Ahmad ibn Hanbal (d.241/855), *al-Zuhd*, p.141 (no.466).

✿

57   예수가 말했다. "홀로 머물러라. 남과는 잘 지내고, 자신과는 불편하게 지내라. 남에게 칭찬이든 비난이든 받으려 애쓰지도 말아라. 네가 해야 할 바를 해라."

다른 사람과는 잘 지내고 자신과 불편하게 지내라는 것은 소크라테스 이전 시대부터 있던 윤리적 정서이다.

Ahmad ibn Hanbal (d.241/855), *al-Zuhd*, p.142 (no.467); Ibn Abi al-Dunya, *al-Samt*, pp.615-616 (no.743); and Miskawayh, *al-Hima al Khalida*, p.180.

✿

58   하느님께서 예수에게 계시하셨다. "나에게만 온 관심을 쏟아라. 나를 너의 내세를 위한 보물로 삼아라. 나를 믿으면 내가 충

분히 베풀어줄 것이다. 너의 주인 이외에 누구도 섬기지 마라. 그렇지 않으면 내가 너를 버릴 것이다."

이것은 또 다른 '하디스 꾸드시'(신성한 하디스)다. 또한 단순한 아다브 양식으로 쓰인 기도인 듯도 하다.

Ahmad ibn Hanbal (d.241/855), *al-Zuhd*, p.142 (no.468).

59 예수가 형제 한 명을 만나러 나선 길에서 어떤 남자를 만났다. 그가 예수에게 말했다. "당신의 형제가 죽었습니다." 그 말을 듣고 예수는 다시 방향을 돌려 집으로 돌아왔다. 그 형제의 딸들이 예수가 되돌아갔다는 이야기를 듣고 찾아와서 말했다. "하느님의 예언자여, 아버지가 돌아가신 일보다 당신이 되돌아간 것이 더 견디기 힘듭니다." 그가 말했다. "가서 그의 무덤을 보여주시오." 그들은 나가서 예수에게 무덤을 보여주었다. 예수가 큰 소리로 죽은 자를 부르자 그가 무덤 밖으로 나왔는데 머리가 회색으로 변해 있었다. 예수가 물었다. "그대는 내 형제가 아니오?" 그가 대답했다. "그렇습니다." "당신은 죽었다고 했는데 대체 무슨 일이 일어난 것이오?" 그가 대답했다. "당신의 목소리를 듣고 (최후 심판의 날에 들릴)

큰 외침이라고 생각했습니다." 그 광경을 지켜보던 그의 부인이 이렇게 말했다. "당신을 잉태했던 배와 당신을 먹인 젖에 복이 있을 것입니다." 예수가 말했다. "하느님께 하느님의 책으로 가르침을 받았으면서도 오만해지지 않고 죽은 그에게 축복이 있을 것이다."

이 이야기의 배경이 되는 《성서》 복음서의 구절은 〈루가복음〉 7장 1절부터 17절, 11장 27절, 〈요한복음〉 11장이다. 큰 외침Sayha은 이슬람 고유의 요소이다. 《꾸란》 11장 67절에는 세상 끝 날에 굉음이 내려온다고 하였다. 이날 예수는 종말을 주관하는 역할을 맡는다. 여인의 축복에 대해 예수는 하느님의 책으로 답한다. 이 책에 관해서는 《꾸란》 85장 22절에서 언급하는데, 땅으로 전해진 모든 신성한 계시들은 "잘 보전된 서판al-Lawh al-Mahfuz"의 형태로 천상에도 있다고 한다.

Ahmad ibn Hanbal (d.241/855), *al-Zuhd*, pp.142-143 (no.470). Cf. 같은 책, pp.96-97 (no.318), p.97 (no.319); Ibn Abi al-Dunya, *Kitab man Asha ba'da al Mawt, in Mawsu'at Rasa'il,* 3:53, no.59 (죽은자의 이름은 노아의 아들 셈이다.); al-Samarqandi, *Tanbih*, p.10 (약간 변형); Ibn 'Asakir, *Sirat,* p.90, no.80 and p.152, nos. 160, 161 (변형) (Asin, p.552, no.131; Mansur, no.31; Robson, p.109); and al-Ghazali, *Ihya*, 3:328 (일부) (Asin, p.390, no.56; Mansur, no.138; Robson, pp.46).

✿

60　　　예수가 말했다. "나는 세상을 정면으로 무너뜨리고 그 뒤에 앉겠다. 나에게는 언젠가 죽게 될 아이도 없고 곧 무너질 집도 없다" 그들이 예수에게 물었다. "선생님을 위한 집 한 채 마련하지 않으실 겁니까?" 그가 대답했다. "홍수가 지나는 길에 내 집을 세워라." 그들이 말했다. "그러면 그 집은 오래가지 않을 텐데요." 그들은 이렇게도 물었다. "부인도 맞아들이지 않으실 겁니까?" 그가 대답했다. "언젠가 죽게 될 부인을 얻어 무엇을 하겠는가?"

이 이야기처럼 결혼에 반대하는 정서는 초기 이슬람 윤리에는 맞지 않지만, 아부 딸리브 알마키와 같은 일부 수피 작가의 글에서는 드물지 않게 볼 수 있다.

집에 관한 질문은 110번과 302번 이야기와 비교해보라. 그리스 철학자 디오게네스가 했던 비슷한 질문이 아랍 지혜문학에도 나온다. "그는 이런 질문을 받았다. '당신은 쉴 수 있는 집을 왜 구하지 않습니까?' 그가 대답했다. '집은 편히 쉬기 위해 필요하지만, 나는 집이 없기에 편하다.'"[28]

Ahmad ibn Hanbal (d.241/855), *al-Zuhd*, p.143 (no.471). Cf. Ibn Abi al-Dunya, *Kitab Dhamm al-Dunya, in Mawsu'at Rasa'il,* 3:26-27, nos.32, 33,

34에서 발췌; Ibn ʿAbd Rabbihi, *al-ʿIqd*, 3:173 (일부); Ibn ʿAsakir, *Sirat*,

p.141, no.136 (변형) (Asin, p.543, no.118; Mansur, no.17; Robson, p.73–74).

✿

61 예수가 말했다. "가장 큰 죄는 세속적 사랑이다. 여자는 사탄의 올가미다. 술은 모든 악으로 가는 열쇠다."

예수는 술 마시는 행위를 비난하고 있는데, 여기서 예수가 "무슬림" 예언자이기 때문이다. 바스라의 금욕주의자 말리크 이븐 디나르^{Malik ibn Dinar}(130/748년경 사망)도 이와 비슷한 이야기를 했다.

Ahmad ibn Hanbal (d.241/855), *al-Zuhd*, p.143 (no.472). Cf. Ibn Abi al-

Dunya, *Kitab Dhamm al-Dunya, in Mawsuʿat Rasaʾil*, 2:170, no.416에서 발췌

(예수 대신 Malik ibn Dinar).

✿

62 예수가 말했다. "세속의 애정은 모든 죄의 뿌리다. 세상의 재물은 가장 위중한 병이다." 그들이 물었다. "왜 그것이 병입니까?" 그가 말했다. "그 병에 걸린 이는 오만과 자만심을 피할 수 없

다." 그들이 말했다. "어떻게 피할 수 있겠습니까?" 예수가 대답했다. "재물을 갖고자 노력하는 일은 하느님의 말씀으로부터 멀어지게 만든다."

이 문답은 다음 이야기와 마찬가지로 재물에 대한 비판이며 《성서》의 복음서의 내용을 반영하고 있다.

Ahmad ibn Hanbal (d.241/855), *al-Zuhd*, p.143 (no.473). Cf. Al-Jahiz, *al-Bayan* 3:191; al-Makki, *Qut*, 1:263, al-Raghib al-Isfahani, *Muhadarat al-Udaba*, 1:512; Ibn ʿAsakir, *Sirat*, p.145, no.146.

✿

63 예수가 말했다. "내가 진실로 너희에게 말한다. 천국에는 부자를 위한 자리가 없다. 부자가 천국에 들어가기보다 낙타가 바늘귀 통과하기가 더 쉽다."

낙타와 바늘귀의 비유는 《꾸란》 7장 40절에도 나온다. 이처럼 《꾸란》에는 적은 수이긴 하지만 《성서》 복음서의 비유를 글자 그대로 가져온 말도 있다.

Ahmad ibn Hanbal (d.241/855), *al-Zuhd*, p.143 (no.474).

❖

64. 예수가 제자들에게 말했다. "오 제자들아, 돼지에게 진주를 던져주지 마라. 돼지에게 진주는 아무 소용이 없다. 지혜를 바라지 않는 사람에게 지혜를 나눠주지 마라. 지혜는 진주보다 값지며 지혜를 거부하는 사람은 누구라도 돼지보다 못하다."

여기서도 《성서》의 복음서에 나온 말을 더 명확히 표현하며, 함축된 내용을 자세히 설명해주고 있다.

Ahmad ibn Hanbal (d.241/855), *al-Zuhd*, p.144 (no.477). Cf. al-Ghazali, *Ihya*, 1:63 (약간 변형) (Asin, p.350, no.4; Mansur, no.92; Robson, pp.42-43).

❖

65. 그리스도가 말했다. "하느님께 네 전부를 바치고 아담의 자식들에게 빛이 되고 싶다면 네게 잘못한 이를 용서하고, 너를 찾아오지 않던 사람도 아플 때는 찾아가고, 너를 함부로 대했던 사람에게 친절하며, 네 돈을 갚지 않는 이에게 돈을 빌려주어라."

이 말에는 《성서》의 복음서에 들어있는 여러 계명이 녹아들어 있다. 〈마태오복음〉 5장 16절과 42절을 참조하여라.

Ahmad ibn Hanbal (d.241/855), *al-Zuhd*, pp.144~145 (no.480). Cf. Abu Nu'aym, *Hilyat*, 5:238~239 (Mansur, no.73).

✿

66   예수가 제자 한 명과 함께 아피끄의 길the Pass of Afiq을 지나고 있었다. 한 남자가 그 길을 막고 지나지 못하게 했다. "내가 너희를 한 대씩 치기 전에는 너희는 이 길을 지나갈 수 없다." 그를 만류하려 애써봤지만 허사였다. 예수가 말했다. "그렇다면 내 뺨을 쳐라." 그 남자가 예수의 뺨을 한 대 치고 보내주었다. 그러고는 제 자에게 말했다. "너도 맞기 전에는 이 길을 지나갈 수 없다." 그러나 제자는 이를 거부했다. 예수가 이 모습을 보고 그 남자에게 자신의 다른 뺨을 내주었다. 그는 예수의 다른 쪽 뺨을 때리고 그제야 그들을 보내주었다. 그때 예수는 이렇게 말했다. "오 하느님, 이 일이 당신을 기쁘게 했다면 저도 기쁩니다. 그러나 당신께 기쁜 일이 아니었다면, 당신은 마땅히 의로운 분노를 내리시겠지요."

아담의 자식 인간을 가리킴

다른 뺨도 내주라던 《성서》의 복음서에 나오는 계명을 좀 복잡하게 재구성한 이야기다. 고전 아랍 지리학자들에 따르면 아피끄의 길은 요르단의 가우르^{Ghawr} 계곡으로 가는 산길이었다고 한다. 어떤 무슬림 전승에서는 아피끄를 예수가 세상 끝나는 날에 적그리스도를 죽이게 될 장소라고 본다.[29] 마지막에 나온 예수의 말은 감정을 자제한 자신의 행동에 대해 정당성을 부여하고 있다.

Ahmad ibn Hanbal (d.241/855), *al-Zuhd*, pp.145 (no.481).

67 예수가 제자들에게 말했다. "나는 너희에게 거친 빵을 먹이고 세상으로부터 무사히 벗어나도록 할 것이다. 내가 진실로 너희에게 말한다. 이 세상 달콤함은 이 세상 너머 쓴 맛과 같으며, 이 세상 쓴 맛은 이 세상 너머 달콤함과 같다. 하느님을 진실로 찬양하는 자는 이 세상에서 편하게 사는 사람이 아니다. 내가 진실로 너희에게 말한다. 너희 중 가장 악한 자는 이 세상 것을 사랑하고 그것을 올바른 품행보다 우선시하는 학자이다. 그러한 그의 행위는 모든 사람을 그와 같이 행동하도록 만들 것이다."

거친 빵은 가난한 자의 음식이다. 거친 빵을 먹으라는 명령은 다른 이야기에서도 찾아볼 수 있다. 113번, 136번, 146번 이야기가 그러하다.[30] 세속적인 학자에 대한 공격이 더욱 심해졌다.

Ahmad ibn Hanbal (d.241/855), *al-Zuhd*, p.145 (no.482). Cf. Ibn Abi al-Dunya, *Kitab Dhamm al-Dunya, in Mawsu'at Rasà'il*, 2:153, no.361에서 발췌; al-Makki, *Qut*, 1:256, (일부); Ibn 'Asakir, *Sirat*, p.165, no.184.

❈

68   예수가 말했다. "나는 너희를 깨우치기 위해 가르친다. 그리고 너희 자만심이 커지지 않게 하려 가르침을 멈출 때도 있다."

학자의 자만심은 무슬림 복음에서 자주 비판하는 내용이다.

Ahmad ibn Hanbal (d.241/855), *al-Zuhd*, p.145 (no.483). Cf. Ibn 'Abd al-Barr, *Mukhasar Jami' Bayan al-'Ilm*, p.100 (전체 버전)1:185 (예수 아님) (Asin, p.567, no.156; Mansur, no.87; Robson, p.57).

❈

69   그리스도가 말했다. "내가 하는 것이 아니라 당신이 하

시는 것입니다. 내가 바라는 것이 아니라 당신께서 바라시는 것입니다."

〈마태오복음〉 26장 39절을 다르게 표현한 말이다.

Ahmad ibn Hanbal (d.241/855), *al-Zuhd*, pp.145-146 (no.484).

✿

70 예수가 들은 말 가운데 그 무엇도 "그 가난한 사람"보다 그에게 더 소중한 말은 없었다.

37번 이야기를 보라.

Ahmad ibn Hanbal (d.241/855), *al-Zuhd*, p.146 (no.485). Cf. al-Makki,

Qut, 1:263, al-Ghazali, *Ihya'*, 4:191-192 (전체 버전) (Asin, p.402, no.73;

Mansur, no.155; Robson, p.71).

✿

71 제자들이 말했다. "하느님의 그리스도여, 하느님의 집을 보십시오. 이 얼마나 아름답습니까!" 그가 대답했다. "아멘, 아멘.

내가 진실로 너희에게 말한다. 하느님께서는 사람들의 죄 때문에 이 모스크의 돌 하나도 다른 돌 위에 남기지 않고 완전히 무너뜨리실 것이다. 하느님께 금과 은과 이 돌들은 아무 소용이 없다. 그분께서는 이보다 마음의 순수함을 더 소중히 여기신다. 그러한 이들을 통해 하느님은 세상을 이루신다. 그러나 사람들 마음이 순수하지 않다면 하느님은 세상을 무너뜨리신다."

〈마태오복음〉 24장 1절에 나오는 "성전"이 여기서는 "모스크"가 되었다. 11번 이야기를 보라.

Ahmad ibn Hanbal (d.241/855), *al-Zuhd*, p.146 (no.486). Cf. al-Ghazali, *Ihyà*, 3:396 (Asin, p.392, no.62; Mansur, no.144; Robson, p.47)

72 예수가 말했다. "사탄은 세속의 것을 따라다닌다. 재물에는 사탄의 기만이 따라다닌다. 변덕에는 사탄의 유혹이 따라다닌다. 탐욕은 궁극적으로 사탄의 힘을 따라다닌다."

Ahmad ibn Hanbal (d.241/855), *al-Zuhd*, p.146 (no.487). Cf. Abu Nuʿaym, *Hilyat*, 5:252; Ibn ʿAsakir, *Sirat*, p.148, no.151 (Mansur, no.75).

✿

73 예수가 말했다. "오 제자들아, 자신을 파괴하여 세상을 찾지 말고, 세상에 있는 것을 버려서 구원을 찾아라. 벌거벗고 세상에 나와, 알몸으로 떠나게 될 것이다. 내일 무엇을 먹을지 걱정하지 말고, 하루하루를 살아라. 내일은 내일의 걱정이 있을 것이다. 하느님께서 그날그날 일용할 양식을 주시기를 기도하여라."

벌거벗고 세상에 나왔다는 표현은 〈욥기〉 1장 21절에 나온다. 나머지는 〈마태오복음〉 6장 34절을 고쳐 쓴 것이다.

Ahmad ibn Hanbal (d.241/855), *al-Zuhd*, p.146 (no.488). Cf. Ibn Abi al-Dunya, *Kitab Dhamm al-Dunya, in Mawsúat Rasàil,* 2:68, no.128에서 발췌.

✿

74 예수가 말했다. "하느님, 저는 더 이상 하기 싫은 것에서 벗어날 수가 없으며 바라는 바를 이룰 수도 없습니다. 사태事態가 저들 손으로 넘어갔지만 저는 제가 한 일로 고난을 받게 되었습니다. 저보다 더 가난한 사람은 없습니다. 적이 저를 비웃지 않게 하소서. 그리고 벗이 제게 등 돌리지 않게 하소서. 제 믿음이 저를 파괴

하지 않게 하시고, 제게 잔인한 이들한테 저를 넘기지 마소서."

예수의 무기력한 모습이 생생하다. 그 모습은 〈욥기〉나 〈미가〉에 나오는 푸념과도 닮았다. 8세기 학자이자 금욕주의자였던 바크르 알무자니Bakr al-Muzani도 이와 비슷한 이야기를 했다고 전해진다.[31]

Ahmad ibn Hanbal (d.241/855), *al-Zuhd*, pp.147 (no.490). Cf. 같은 책, pp.146-147 (no.489)l Miskawayh, *al-Hikma*, p.131; al-Ghazali, *Ihyā'*, 1:324 (Asin, p.355, no.11; Mansur, no.98; Robson, p.81); Ibn 'Asakir, *Sirat*, p.122, no.103.

✿

75 예수가 가난한 삶의 태도를 비웃는 이스라엘인들에게 말했다. "가엾은 자들아, 너희는 재물 때문에 길을 잃었구나. 너희는 가난하게 살려고 노력하면서 하느님께 복종하지 않는 사람을 본 적이 있는가?"

미가 이사야 예언자와 같은 시대에 활동한 예언자로 가난한 민중과 어울리며 부자들을 꾸짖었다.

재물의 유혹에 대한 충고는 〈마태오복음〉 13장 22절 내용을 반영한 것이다.

Ahmad ibn Hanbal (d.241/855), *Kitab al-Wará*, no.228. Cf. al-Jahiz, *al-Bayan*, 3:155.

✿

76 예수가 방랑 생활을 하던 때 갑자기 하늘이 열리고 비가 쏟아져 내려 동굴로 피신했다. 거기에서 양치기 한 사람을 만나 자리를 내주고는 덤불 속으로 들어갔는데, 거기에도 사자가 웅크리고 앉아 있었다. 예수가 고개를 들어 말했다. "주님, 당신은 나를 제외한 모든 이들에게 피할 곳을 주셨군요." 하느님께서 예수에게 계시하셨다. "오 예수여, 너의 피난처는 내 옆이며, 내 왕좌의 그늘 아래이고, 내 자비가 머무는 곳이다. 나는 너를 어여쁜 처녀 수천 명과 결혼시키고, 그 결혼식에서 천년 동안 사람들을 배불리 먹일 것이다." 최후 심판의 날에 우는 자는 이렇게 외칠 것이다. "와서 하느님의 친구인 이 고행자의 결혼식에 참석하라."

이 이야기의 기원에 대해서는 아신의 주석을 참고하라.[32] 그런데 왜 양치기인가, 왜 사자인가 하는 문제에 대해서도 생각해보아야 하지 않을까? 그들은 광야에 살면서 예수가 방랑 생활을 할 때 동료가 되어주었던 것은 아닐까? 한편 하느님은 예수에게 이 세상에서의 고행이 다음 세상에서 충분히 보상받게 되리라는 뜻의 말을 한다. 즉 그 보상은 천국에 계시는 하느님과 완전히 합일하는 것이다. 신성하게 마련된 결혼에는 이러한 의미도 담겨 있다. 예수는 영원히 독신으로 남지는 않을 것이다. 결혼을 장려하는 사회에서도 일부 금욕주의 수피들은 독신을 더 선호하였다. 그러한 극단적 금욕주의가 내포하는 이단의 위험에 대한 두려움을 이 이야기에서 엿볼 수 있다.

Ahmad ibn Hanbal (d.241/855), *al-Warā*, no.318. Cf. Ibn ʿAsakir, *Sirat*, p.134, no.121; al-Antaki, Tazyin al-Aswaq, 1:71; and al-Zibidi, Ithaf, 8:87 (변형) (Asin, p.370, no.37; Robson, p.66).

77 예수가 하늘로 올라가던 날, 그는 양털 옷과 고무줄 새총, 신발 두 켤레 외에는 아무것도 남기지 않았다.

한나드Hannad는 금욕주의 전통을 수집했던 중요한 초기 수집가였다.[33] 예수가 남기고 간 물건에 대한 묘사는 〈마르코복음〉 6장

7절부터 9절의 내용을 반영한 것이다. 이 글은 초기 이슬람에서 예수의 외모와 그가 지녔던 물건을 어떻게 생각했는지 보여준다. 미드라아midra'a는 금욕주의자와 수피가 선호하던 양털 옷이다. 이집트 사막에 살던 그리스도교 금욕주의자들이 이 세상에서 지니던 물건도 이와 비슷하다.[34]

Hannad ibn al-Sariyy (d. 243/857), *Kitab al-Zuhd*, no.553, Cf. Ibn 'Asakir, *Sirat*, p.134, no.122 (변형).

78   예수는 나뭇잎을 뜯어 먹고, 거친 옷을 입었으며, 어두워지면 어디에서든 잠을 청했다. 그는 언젠가는 죽게 될 자식이 없었으며, 언젠가는 무너질 집도 없었고, 저녁을 위해 점심을, 점심을 위해 저녁을 남기지 않았다. 그는 이렇게 말하곤 했다. "그날그날 먹을 양식이 나온다."

60, 73번 이야기를 참고하라. 이 글은 예수의 일상생활과 습관을 상세하게 보여준다. 그날그날 먹을 양식을 얻으리라는 주제는 〈마태오복음〉 6장 25절부터 34절 내용을 반영한 것이다.

Hannad ibn al-Sariyy (d. 243/857), *Kitab al-Zuhd*, no.559, Cf. Kalabadhi, *al-Ta'arruf li-Madhhab Ahl al-Tasawwuf*, p.7; al-Ghazali, *Ihyā*, 4:220 (일부); al-Shhrawardi, 'Awarif, 2:249 (Asin, p.405, no.77; Mansur, no.158; Robson, p.71); Ibn 'Asakir, *Sirat*, p.124, nos.108ff.

✦

79 그리스도가 울고 있는 사람들을 우연히 만나 이렇게 물었다. "이 사람들은 왜 울고 있소?" 그러자 이런 대답을 들을 수 있었다. "자신들이 지은 죄가 두려워서입니다." 그리스도가 말했다. "죄의식을 버리시오. 그러면 용서받을 것이오."

자히즈는 고전 아랍 이슬람 세계에서 독보적 위치를 차지했던 작가이다. 그는 당대 인문학과 과학을 두루 섭렵했다고 한다.[35]

지금까지의 예수 이야기는 대부분 두 개의 원原사료에서 나왔다. 하나는 이븐 알무바라크의 것이고 다른 하나가 이븐 한발의 것이다. 이들의 글은 금욕주의 어조가 강하다. 그 사료들이 그러한 성격과 관심사를 지닌 것은 놀랄 만한 일은 아니다. 그러나 점차 아다브 사조가 대개는 반사회적 특징을 띠는 엄격한 금욕주의의 자리를 잠식하게 된다. 따라서 이제부터 윤리적 행동, 예의범절, 사회적 교류에 관한 이야기가 많이 등장할 것이다. 예수의 말에도 미묘한 변화가 나타난다. 점점 더 화려해지고 상징이나 경구epigram도 많아진다. 금욕주의 특징은 완전히 폐기되지는 않고, 예의 바른 품행의 외양을 갖춘다. 또한 예수는 점차 무슬림 아디브Adib(문인이나 현자)의 모습을 띠고 엄격한 금욕주의 특성은 잃는다.

이 이야기에서 예수는 회개자al-Tawwabun라고 볼 수 있는 무리를 꾸짖는다. 이슬람 역사에서 회개자란 알리와 그 가족을 버렸던 일을 슬퍼했던 초기 시아파를 말한다. 알리는 예언자의 사촌이자 사위였고 후에 이슬람의 4대 칼리프가 된 인물로 시아파가 충성과 애정을 다했던 중심 인물이다. 자히즈는 보통 과도한 종교적 행위religious excess에 호의적이지 않았고, 특히 시아파에서 그렇게 하는 것을 싫어했으므로 이 글에서는 회개자 무리를 간접적으로 암시한다고도 볼 수 있다. 예수의 말에도 약간의 빈정거림이 담겨 있는데, 전형적 유머 혹은 풍자적 표현이거나 아디브에게 어울리는 표현인 듯하다.[36]

Abu 'Uthman al-Jahiz (d.255/868), *al-Bayan wa al-Tabyin*, 1:399 and 3:167. Cf. Abn 'Abd Rabbihi, *al-'Iqd*, 2:268 (Mansur, no.3); 같은 책, 3:181 (Asin, p.543, no.119; Mansur, no.18; Robson, p.52); and Miskawayh, *al-Hikma*, p.153.

80   그리스도가 자신을 모욕했던 이스라엘 사람들 무리를 지나가고 있었다. 그들이 악한 말을 할 때마다 예수는 선한 말로 대답했다. 순수한 시몬이 그에게 말했다. "저들이 악한 말을 할 때마다 항상 선한 말로 대답해주실 겁니까?" 그리스도가 말했다. "사람은 자신이 간직한 것을 사용한다."

이 이야기는 올바른 행동과 예의에 대해 말하려는 것이 분명하다. 여기에는 〈마태오복음〉 5장 22절 내용이 반영되어 있다. 예수는 기지를 발휘하여 시몬의 질문에 대답하는데, 어쩌면 이때 예수는 미소를 지었을 것만 같다. 또한 이 시기에는 이야기에 다른 인물(가령 여기에서 시몬처럼)이 등장하기 시작하여, 이야기가 더욱 생생하게 전개되고 있음을 볼 수 있다. 이 글에서 '순수한'이라고 번역한 아랍어 al-safi는 사도 베드로를 의미하는 al-safa(반석)가 잘못 표기된 것일 수도 있다.

이집트 사막의 교부들은 겸손한 마음을 갖추는 방법으로, 모욕을 겪어낼 수 있는 힘을 기르라고 가르쳤다는 내용도 알아둘 필요가 있다.

반석   예수의 열두 제자 가운데 한 명인 베드로는 원래 시몬이었으나 예수가 그에게 반석이라는 뜻을 지닌 케파 (아람어)라는 새 이름을 지어주었는데 이를 고대 그리스어로 옮기면 페트로스가 되어 여기서 오늘날 우리가 부르는 이름 베드로가 나왔다.

Abu ʿUthman al-Jahiz (d.255/868), *al-Bayan*, 2:177. Cf. Ibn Qutaybam

ʿ*Uyun*, 2:370; Ibn ʿAsakir, *Sirat*, p.156, no.169.

✿

81   창녀의 집에서 나오는 예수를 보고 어떤 이가 이렇게 말했다. "하느님의 영이여, 이 여인의 집에서 무엇을 하고 계십니까?" 그가 대답했다. "의사는 아픈 사람을 돌보러 다닌다."

〈마태오복음〉 9장 12절, 21장 31절 내용을 참조하여라.

Abu ʿUthman al-Jahiz (d.255/868), *al-Bayan*, 3:140 (Asin, p.537, no.104;

Mansur, no.237; Robson, p.50). Cf. Ibn Qutayba, ʿ*Uyun*, 2:370

✿

82   예수가 말했다. "세상은 사탄의 농장이고 사람들은 그의 농부이다."

세상이 사탄의 농장이라는 말은 자주 나오는 표현은 아니다. 그러나 부분적으로는 예수의 비유에서 영향을 받은 듯하다.

Abu 'Uthman al-Jahiz (d.255/868), *al-Bayan*, 3:140-141. Cf. Ibn 'Abd

Rabbihi, *al-'Iqd*, 3:143 (Asin, p.543, no.117; Mansur, no.8; Robson, pp.84-85).

✿

83   예수가 말했다. "이 세상 노예들아, 너희는 불행하다! 너희 행동은 원칙과 얼마나 모순되며, 변덕은 이성과 얼마나 모순되는가! 너희 말은 병을 치료하는 약이지만 너희 행동은 치료할 수 없는 병이다. 너희는 손이 닿는 곳에 좋은 잎과 달콤한 열매가 달린 포도나무가 아니라, 잎도 별로 없고 가시가 많으며 손이 닿지도 않는 아카시아 나무와 같구나! 이 세상 노예들아, 너희는 불행하다! 좋은 일은 누구나 쉽게 할 수 있다 여기며 발밑에 깔아뭉개고, 이 세상 일은 닿을 수 없다 여기며 머리 위에 한참 이고 있구나. 너희는 신앙심 깊은 노예도 아니고 그렇다고 훌륭한 자유인도 아니다. 죄 많은 노동자들아, 너희는 불행하다! 너희는 임금을 받고도 일은 망치고 있다. 이제 곧 너희가 가장 두려워하는 일을 겪게 되리라. 일을 맡기신 분께서 너희가 망친 일과 너희가 받은 임금을 보게 될 터이니. 이 악의 채무자들아, 너희는 불행하다! 너희는 빚을 갚기 전에 선물로 어떻게 해보려 하고, 쓸데없는 일은 굳이 나서서 하려 들지만 정작 해야만 할 일은 하지 않는구나. 빚을 받아야 하는 사람은 너희가 그 빚을 다 갚기 전까지는 선물을 받지 않을 것이다."

이 말은 〈마태오복음〉 23장 13절에서 예수가 바리새인에게 했던 비난을 떠오르게 한다. 운율과 대구를 잘 맞추어 표현하고 있으며, '쓸데없는 일nawafil'과 같은 말에서 이슬람의 흔적을 추적해볼 수 있다. 《성서》 복음서의 바리새인이 여기서는 "이 세상 노예"로 바뀌었다.

Abu ʿUthman al-Jahiz (d.255/868), *al-Bayan*, 3:157. Cf. Ibn ʿAbd Rab-bihi, *al-ʿIqd*, 3:173 (Asin, p.540, no.110; Mansur, no.15; Robson, p.73).

84 예수가 말했다. "너는 이 세상을 위해 일하지만 사실 이 세상에서는 일하지 않아도 대가를 받을 수 있다. 그러나 너는 저 세상을 위해서는 정작 일하지 않는구나. 저 세상에서는 일하지 않으면 아무런 대가도 받지 못할 것이다."

이것과 다음 이야기는 아다브의 전형을 보여주며, 단어 순서를 바꾸어 도치를 훌륭하게 표현한 잘 짜인 이야기다.

Abu ʿUthman al-Jahiz (d.255/868), *al-Bayan*, 3:166. Cf. Ibn Abi al-Dunya, *Kitab Dhamm al-Dunya, in Mawsuʿat Rasaʾil,* 2:165, no.401 (전체 버

전)에서 발췌; Ibn 'Abd Rabbihi, *al-'Iqd*, 3:143 (Asin, p.543, no.113; Mansur, no.11; Robson, p.73); 같은 책, 3:209; al-Mawardi, *Adab*, p.101; Ibn 'Asakir, *Sirat*, p.195, no.237.

❋

85   그리스도가 말했다. "오직 이 세상에서만 하느님께서 불복종을 허락하셨으며 세상을 버려야만 그분 은총을 받을 수 있다. 이 사실이 바로 이 세상이 하느님께 얼마나 사소한 것인지를 보여주는 증거이다."

Abu 'Uthman al-Jahiz (d.255/868), *al-Bayan*, 3:166.

❋

86   예수가 제자들에게 말했다. "사람은 이 세상에서 네 단계를 지쳐 창조된다. 그중 처음 세 단계에서는 편안함을 느끼지만, 네 번째 단계에서는 악의로 가득 차서 하느님께서 자신을 버렸다고 생각하게 된다. 첫 단계에서 사람은 배, 자궁, 태반이라는 세 어둠에서 태어난다. 하느님께서는 뱃속 어두운 구멍에 있는 그를 보살피신다. 그는 어두운 배에서 밖으로 나온 다음 발이나 다리가 아

니라 손을 써서 힘껏 젖으로 달려들어야 했으며 그것이 자신의 살과 피가 될 때까지 마셨다. 젖을 뗄 때 비로소 셋째 단계에 접어드는데, 이 단계에서 그는 합법적으로 혹은 불법적으로 돈을 번 부모로부터 음식을 받아먹는다. 부모가 죽으면 사람들은 그를 불쌍히 여겨 어떤 이는 먹을 것을 주고, 어떤 이는 마실 것을 주며 또 어떤 이는 잠자리를 마련해주고 어떤 이는 입을 것을 준다. 넷째 단계에 접어들어 강하고 똑바로 서는 남자가 되면 이제 앞으로 무엇을 받게 될지 몰라 두려워진다. 그래서 전능하신 하느님께서 자신을 버릴까 싶은 두려운 마음에 사람들을 공격하고, 사람들의 신뢰를 배신하고, 남이 가진 것을 훔치고, 그 재산을 빼앗는다.

인간 삶의 네 단계와 인간이 죄를 범하게 되는 과정을 자세히 설명하는 글이다. 삶의 단계는 자주 볼 수 있는 주제다. 죄는 하느님의 은혜를 받지 못한다고 느끼는 자포자기 상태, 절망의 산물이다.

Abu 'Uthman al-Jahiz (d.255/868), *al-Mahasin wa al-Addad*, pp.82-83, Cf. Abu Hayyan, *al-Imta' wa al-Mu'anasa*, 2:127; and al-Bayhaqi, *al-Mahasin wa al-Masawi'*, p.309. (Asin, p.537, no.105; Mansur, no.236; Robson, pp.50-51). Cf. Ibn Abi al-Dunya, *Kitab al-Qana'a wa'l Ta'affuf, in Mawsu'at Rasa'il*, 1:57, no.126에서 발췌, Ibn 'Asakir, *Sirat*, p.170, no.193.

❈

87　하느님이 예수에게 말했다. "이제 내가 너에게 종교 공동체를 보낼 것이다. 그들은 인내와 지식은 갖추지 못했더라도 내가 그들에게 관대할 때 감사와 찬미를 드리며 내가 관대함을 보여 주지 않을 때에도 기다리며 만족해한다." 예수가 물었다. "오 하느님, 그렇지만 인내와 지혜로운 마음 없이 그들은 어떻게 그럴 수 있습니까?" 하느님께서 대답하셨다. "내 인내와 지혜의 일부를 그들에게 허락했기 때문이다."

　하느님께서 예수에게 말한 공동체는 명백히 이슬람 공동체를 가리킨다. 무슬림들은 무함마드의 등장에 〈마태오복음〉 23장 34절을 유리하게 인용하였다. 이는 무함마드가 메카에서 메디나로 옮겨간 히즈라에도 적용된다. 하느님께서 이슬람 공동체를 특별히 여기시는 장면에서 예수는 증인 역할을 한다. 예수가 하느님께 던진 질문은 이슬람 이전 아라비아 시대에 관한 것으로, 그 시대는 인내hilm와 지식ʿilm이 부족했던 듯하다. 이슬람에서는 당시를 자힐리 시대(자힐리야, Jahiliyyah)라고 불렀는데, 자힐리Jahili는 폭력적이고

자힐리 시대 이슬람 이전의 아라비아 반도는 지중해와 동방을 잇는 무역이 발달하였고 고대로부터 내려온 다신교가 지배하고 있었다. 이 지역이 이슬람으로 개종하기 이전의 시기를 자힐리야 시대라고 하는데 '무지', '야만'이라는 의미가 담겨 있다.

무지하다는 뜻이다.

(Asin, p.601, no.224; Mansur, no.238.)

✿

88   예수가 이런 질문을 받았다. "선생님 행동 가운데 가장
잘했다고 생각하는 일은 무엇입니까?" 예수가 대답했다. "내 마음
에 관심거리가 아닌 것은 쳐다보지도 않는 것이다."

Abu ʿUthman al-Jahiz (d.255/868), *Kitab Kitman al-Sirr*, 1:162, Cf. Abu

Nuʿaym, *Hilyat*, 1:227 (Mansur, no.64).

✿

89   예수는 하느님의 영감을 받아 이 땅의 왕들에게 자신의
제자들을 보냈다. 가까운 곳으로 가게 될 이들은 뜻을 따르겠다고
했지만 멀리 갈 제자들은 내켜하지 않았다. "저는 제가 갈 곳에 사
는 사람들이 쓰는 말을 모릅니다." 예수가 말했다. "오 하느님, 당신
께서 제게 명하신 것을 제자들에게 전했지만 그들이 제 말을 듣지
않습니다." 하느님께서 그에게 계시하셨다. "내가 어려움을 겪지
않도록 해주겠다." 그래서 하느님은 모든 제자들이 파견된 땅에서

쓰는 말을 할 수 있게 하셨다.

초기 이슬람 시대 이집트의 역사가인 이븐 압드 알하캄은 《하디스》 학자와 역사가를 여럿 배출한 가문에서 태어났다. 이 이야기는 12명 제자를 파견하는 내용(〈마태오복음〉 10장)을 재구성하여 만들었으며, 오순절(〈사도행전〉 2장 1절부터 13절)에 관해 말하고 있다고도 볼 수 있다. 여기서 하느님은 어찌할 줄 모르는 예수에게 도움을 준다.

Ibn 'Abd al-Hakam (d.257/870), *Kitab Futuh Misr*, p.45.

90 그리스도가 그를 따르는 사람들에게 말했다. "사람들이 너희를 머리로 임명하여도 꼬리처럼 하여라."

이븐 꾸타이바는 자히즈와 동시대에 살았지만 그보다는 젊었다. 그는 유명한 문인으로서 명시들을 편집했고, 비평가였으며, 《하

오순절 모세가 시나이 산에서 율법을 받은 날로 유대인이 전통적으로 기념하던 날이다. 그런데 사도행전에서는 예수가 돌아가신 뒤 오순절 날 제자들이 모여 있었는데 성령의 은혜를 받아 다른 지방의 언어를 말할 수 있게 되었다고 말한다. 이로써 제자들은 각 지역으로 파견되어 복음을 전할 수 있게 된다.

디스》학자였고, 역사와 비무슬림 종교에도 폭넓은 관심을 가졌다. 그가 수집한 예수의 어록과 일화는 전반적으로 중요한 가치를 지닌다. 이처럼 그는 실제 《성서》의 복음서와 여기 번역된 비복음서 자료를 같이 인용한 최초의 무슬림 작가로 볼 수 있다.

〈마태오복음〉 23장 11절부터 12절과 20장 27절에 위와 비슷해 보이는 내용이 나오지만 정확하게 대응하는 복음서 구절은 없다. 이 이야기는 무슬림 통치자를 초기 칼리프와 같이 겸손하게 행동하도록 일깨우려는 정치적 의도를 담고 있다고 볼 수 있다. 이런 점에서 초기 이슬람 시대를 이슬람의 황금기라 보는 이미지는 이븐 꾸타이바 시대의 법학자와 역사가에 의해 형성되었다고 볼 수 있다. 예수도 그러한 이미지를 강화하기 위한 목적으로 인용되었을 것이다.

Abdallah ibn Qutayba (d. 271/884), *'Uyun al-Akhbar*, 1:266.

91   예수가 어떤 사람을 만나서 이렇게 물었다. "무엇을 하고 있소?" 그가 대답했다. "제 모든 것을 하느님께 바치고 있습니다." 예수가 물었다. "누가 당신을 보살펴주고 있소?" 그가 대답했다. "저의 형제입니다." 예수가 말했다. "당신의 형제가 당신보다 하

느님께 더 많은 것을 바치고 있군요."

이 이야기는 사회적 연대와 자비의 원리가 개인적으로 혼자 드리는 예배보다 우선한다는 내용을 담고 있다. 예수는 홀로 떨어진 금욕주의자가 아니라 도움이 필요한 사람을 돌보는 사람이며, 순수한 신앙을 통해 이 세상에서 벗어나려는 사람의 수호성인이 아니라 공동체에 대한 책임감이라는 덕목을 칭찬하며 사회에 헌신하는 인물로 그려진다.

'Abdallah ibn Qutayba (d. 271/884), *'Uyun*, 1:327. Cf. Ibn 'Abd Rabbihi, *al-'Iqd*, 2:371 (Asin, p.539, no.109; Mansur, no.5; Robson, p.51); al-Ghazali, *Ihya*, 2:64; Ibn 'Asakir, *Sirat*, p.202, no.249.

92 그리스도가 말했다. "곤란한 상황에 처한 이들을 놔두고 언제까지 밤길을 가는 여행자들에게 길을 가르쳐주겠느냐? 종교에 대한 지식을 많이 알 필요는 없지만 네가 해야 할 일은 많다."

종교적 지식과 선행을 대비시키고 있는 43번 이야기를 보라. 이 이야기의 첫 부분은 〈마태오복음〉 15장 14절과 23장 16절부터 나오는 바리새인에 대한 비난을 다르게 표현한 것이다.

Abdallah ibn Qutayba (d. 271/884), *'Uyun*, 2:127. Cf. Ibn 'Asakir, *Sirat*, p.185, no.219.

✿

93 그리스도가 말했다. "남을 험담하기 좋아하며, 모임에서 높은 자리를 차지하고, 잔치에 초대받으며, 저 혼자 음식을 다 먹는 학자를 하느님께서는 가장 싫어하신다. 내가 진실로 너희에게 말한다. 그런 사람은 이 세상에서 죗값을 받을 것이며 하느님은 심판의 날에 그를 크게 벌하실 것이다."

〈마태오복음〉 23장 5절부터 6절에는 율법학자와 바리새인이 잔치에서 높은 자리 차지하기를 좋아한다고 나온다. 이 글에서는 비난의 대상이었던 율법학자와 바리사이파 사람들이 이슬람 종교학자로 바뀌었다.

Abdallah ibn Qutayba (d. 271/884), *'Uyun*, 2:127. Cf. Miskawayh, *al-Hikma*, p.125.

94   "종말의 날the end of time에 이슬람 종교학자들이 있을 것이다. 그들은 금욕에 대해 설교하지만 자신은 금욕하지 않는다. 내세를 간절히 원하게 만들고도 자신은 바라지 않는다. 통치자들을 만나지 말라 해놓고 스스로는 그러지 못한다. 그들은 부자와 가까이하고 가난한 이와는 거리를 둔다. 낮은 자에게서 뒷걸음질치고, 강한 자에게는 아첨한다. 그들은 폭군이며, 자비로운 하느님의 적이다."

    무함마드 《하디스》 가운데에는 세상의 종말과 이와 관련된 '상징'을 이야기하는 내용이 많다. 그중 많은 수가 종말의 날에 벌어질 상황을 묘사하고 있다. 그날 기존 관습은 모두 거꾸로 뒤집힐 것이다. 여기서 '이슬람 종교학자'는 다시 한 번 공격의 대상이 된다. 이들의 행동은 〈마태오복음〉에서 예수가 꾸짖던 바리새인의 행동을 생각나게 한다. 이 이야기는 통치자의 마음에 들기 위해 자신의 진실성을 파는 등 학자로서의 진정한 소명이 전도된 무슬림 학자를 더욱 직접적으로 비판한다.

'Abdallah ibn Qutayba (d. 271/884), *'Uyun*, 2:129–130. Cf. Ibn 'Abd

Rabbihi, *al-'Iqd*, 2:227 (Asin, p.539, no.108; Mansur, no.2; Robson, p.84). Ibn

Qutayba의 글에서 어록은 다소 애매하게 "선조"(*qala ba'd al-salaf*)에게
나왔다고 되어있다; Ibn 'Abd Rabbihi의 글에서는 예수에게서 나온
것으로 되어 있다.

✿

95   예수가 말했다. "하느님을 언급하지 않고 떠드는 사람은
지껄이는 것에 지나지 않는다. 스스로 돌아보지 않고 반성하는 사
람은 부주의한 사람이다. 반성 없이 침묵하는 사람은 단지 시간을
낭비하고 있을 뿐이다."

이것은 전형적인 아다브 지혜문학 작품이다. 또한 알하산 알바
스리와 같은 초기 금욕주의자와 이븐 알무깟파와 같은 합리주의자
성인에게도 많은 영향을 받은 것처럼 보인다. 이 이야기는 이슬람
지역이나 비이슬람 지역에서 과거의 현자나 예언자와 관련이 있는
양식 혹은 그들에게 어울리는 양식의 운율로 이루어진 산문saj' 형
식을 갖추고 있다.

'Abdallah ibn Qutayba (d. 271/884), *'Uyun*, 2:178. Cf. al-Samarqandi,
Tanbih, p.78 (전체 버전) (Asin, p.554, no.136; Mansur, no.36; Robson, p.55)

✤

96 "내가 진실로 너희에게 말한다. 지혜의 말을 하는 사람과 이를 듣는 사람은 서로 협력자이다. 이들보다 더 현명하다고 불릴 만한 사람은 지혜를 실천하는 사람이다. 내가 진실로 너희에게 말한다. 만약 네가 어두운 밤에 타르로 빛을 밝힐 램프를 찾았다면 그 냄새가 아무리 지독해도 분명 불을 켤 터이다. 지혜도 이와 같아서 지혜를 지닌 사람을 발견하면 그 사람이 누구든지 그 지혜를 얻어 와야 한다."

이 말은 〈마태오복음〉 5장 14절부터 16절 그리고 7장 24절부터 26절을 부분적으로 다시 쓴 이야기다. 여기에 지혜의 빛(히끄마)과 대조되어 나쁜 냄새가 나는 기름이라는 요소가 새롭게 들어갔다. 〈마태오복음〉의 '빛'이라는 상징은 히끄마로 대체되었다. 예수의 말은 앞서 나온 51번 이야기와 같이 예수가 말하는 방식을 차용하여 '진실성'을 획득하고 있다. 무함마드의 《하디스》에는 이 이야기처럼 사방에서 지혜를 얻는다는 내용이 여러 번 나온다. 《꾸란》에 따르면 히끄마는 인간이 종교적 신앙을 받아들이는 데에 필요한 것이다. 이후 히끄마는 더욱 엄밀하게 합리적, 과학적 의미를 띠며 종교적 지식이라는 뜻의 일름'ilm과 대비되는 말로 사용된다. 여기서 예수는 지성知性의 수호자이면서도 어둠 속에서 빛나는 선행의 수호자이기도 하다.

'Abdallah ibn Qutayba (d. 271/884), *'Uyun*, 2:268. Cf. Ibn 'Abd al-Barr, *Mukhtasar Jami' Bayan al-'Ilm*, p.96 (일부) (Asin, p.567, no.155; Mansur, no.86; Robson, pp.56-57)

✤

97 예수가 동료들에게 말했다. "너희가 진실로 나의 형제이
고 친구라면 사람들에 대한 미움과 적대감에 익숙해져라. 원하는
바를 포기하지 않고서는 찾고자 하는 것을 얻을 수 없기 때문이다.
미워하는 대상을 용서하지 않으면 사랑하는 대상도 갖지 못할 것
이다."

이 이야기에서 앞의 내용과 뒤의 내용은 서로 잘 어울리지 않
는 듯하다. 앞의 글은 〈마태오복음〉 10장 34절부터 39절을 반복한
내용이다. 뒷부분은 욕망을 무시하라고 가르치는 금욕주의나 스토
아학파의 경향에 속하는 것으로 보인다.

'Abdallah ibn Qutayba (d. 271/884), *'Uyun*, 2:268. Cf. Ibn Abi al-Dunya, *Kitab Dhamm al-Dunya* in *Mawsu'at Rasa'il*, 2:104, no.214 (전체 버전)

에서 발췌; Ibn ʿAsakir, *Sirat*, p.178, no.207.

✿

98 "눈으로 보는 것에 마음을 두지 않고 마음의 눈으로 볼
줄 아는 사람에게 복이 있을 것이다."

이 멋진 글은 《성서》 복음서에는 정확하게 대응되는 말이 없
다. 그럼에도 이 글의 간결하면서도 심오한 표현 안에는 예수다움
이 담겨 있다.

ʿAbdallah ibn Qutayba (d. 271/884), *ʿUyun*, 2:268.

✿

99 그리스도가 말했다. "이 세상은 다리다. 이 다리를 건너
라. 그러나 다리에 얽매이지는 말아라."

아주 유명하고 많이 인용되는 글이다.[37] 이븐 꾸따이바와 같은
시기에 살았던 알무바라드는 이 이야기가 알하산 알바스리에게서
나온 것이라고 보았다.

'Abdallah ibn Qutayba (d. 271/884), *'Uyun*, 2:328. Cf. al-Mubarrad, *al-Kamil*, 1:98; Ibn 'Abd Rabbihi, *al-'Iqd*, 3:173 (약간 변형) (Mansur, no.16), al-Makki, *Qut*, 1:256; al-Ghazali, *Ihya'*, 4:218 (Asin, p.376, no.46; Mansur, no.128; Robson, p.68); and al-Zabidi, *Ithaf*, 9:332 (전체 버전) (Mansur, no.156).

✿

100 그리스도가 자신을 모욕했던 한 무리 사람들을 지나가며 그들에게 복을 빌어주었다. 그는 자신을 모욕했던 또 다른 무리를 지나가며 똑같이 행동했다. 제자 한 명이 물었다. "스승님은 사람들이 모욕하면 할수록 그들을 더 축복하시는데 어떻게 그렇게 하실 수 있습니까?" 그리스도가 말했다. "사람들은 제 안에 있는 것만을 밖으로 드러낼 수 있는 법이다."

80번 이야기를 보라.

'Abdallah ibn Qutayba (d. 271/884), *'Uyun*, 2:370. Cf. Ibn 'Abd Rabbihi, *al-'Iqd*, 2:276 (Mansur, no.4), al-Turtushi, *Siraj*, p.257; al-Ghazali, *Ihya'*, 3:175 (Asin, p.367, no.32; Mansur, no.117; Robson, pp.45–46).

✿

101   그리스도가 말했다. "가운데 있되 가장자리를 향하여
걸어가라."

　이 수수께끼 같은 명령이 무엇을 의미하는지는 확실치 않다.
내 학생이었던 J. M. 랭Laing은 이 세상 안에 있되 세상에 속하지는
말라는 뜻으로 해석한 적이 있는데 설득력이 있어 보인다. "중용의
공동체community of the center"는 《꾸란》에서 무슬림을 묘사할 때 쓰
는 말이다. 《꾸란》 2장 143절을 보라.

'Abdallah ibn Qutayba (d. 271/884), *'Uyun*, 3:21. Cf. al-Jahiz, *al-Bayan*,

1:256 (예수 대신 'Ali b. Abi Talib); al-Mubarrad, *al-Kamil*, 1:210 (변형); Ibn

'Asakir, *Sirat*, p.149, no.152 (Robson, p.62).

✿

102   그리스도가 말했다. "네가 눈길을 주지 않는다면 간
통을 저지를 일은 없다."

　〈마태오복음〉 5장 26절부터 29절의 내용을 다르게 표현한 문

장이다. 그러나 문체는 《꾸란》을 따르고 있다. 《꾸란》 24장 30절부터 31절을 참고하라.

'Abdallah ibn Qutayba (d. 271/884), *'Uyun*, 4:84. Cf. Warram, *Majmu'a*, 1:62 (변형).

✿

103   예수가 힘들게 새끼를 낳는 암소 옆을 지나고 있었다. 소가 말했다. "오, 하느님의 말씀이신 분! 하느님께서 저의 출산을 돕도록 기도해주세요." 예수가 기도했다. "영혼에서 영혼을 만들어내는 창조주시며 영혼에서 영혼을 만들어내는 조물주시여, 이 암소의 출산을 도와주소서." 그러자 암소가 새끼를 낳았다.

예수가 뱀과 이야기하는 장면을 더 보려면 145, 286번 이야기를 보아라. 암소는 《신약성서》에는 한 번도 나오지 않으며 소도 거의 찾기 어렵다. 《신약성서》의 외경 가운데 '사도들의 기록the Apostles' 에는 동물과 말하는 장면이 여러 군데 나온다.[38]

'Abdallah ibn Qutayba (d. 271/884), *'Uyun*, 4:123.

✿

104　예수가 말했다. "창조에 대하여 곰곰이 생각해보니, 그는 창조되지 않는 편이 더 행복했을 것 같다."

　　아부 바크르 이븐 아비 알둔야는 유명한 《하디스》 학자이다. 그는 무함마드를 비롯하여 이슬람계, 비이슬람계 인물들의 금욕주의 전승을 수집하였다. 그는 수많은 예수 어록과 일화를 수집하였는데 모두 온전한 이스나드를 갖추고 있다. 이들 이야기의 기원을 자세히 추적하는 데에는 그의 모음집이 가장 중요한 자료가 된다. 알가잘리를 비롯한 많은 이들이 그가 수집한 예수 어록과 일화를 널리 애용하였다.[39]

　　이 말은 그 안에 담긴 의미를 이해하기가 쉽지 않다. 《성서》에서도 〈마태오복음〉 26장 24절 이외에는 비슷한 부분을 찾기가 어려운데, 유다의 배반과 관련된 내용으로 여겨진다. 외경인 〈도마복음〉과 〈필립보복음〉에서도 비슷한 구절을 찾을 수 있다.[40]

Abu Bakr ibn Abi al-Dunya (d.281/894), *Kitab al-Ashraf*, p.228; Cf. Ibn 'Asakir, *Sirat*, p.123, nos. 104, 105.

✿

105   예수가 말했다. "하느님께서는 나의 증인이시니, 다음 세 가지에 매달리지 않는 종의 마음 안에는 이 세상이 머무를 수 없다. 하나는 노동이다. 노동의 부담은 줄어들지 않을 것이다. 두 번째는 가난이다. 가난에서 벗어날 수 없을 것이다. 마지막은 희망이다. 희망은 실현되지 않을 것이다. 이 세상은 추구하는 자와 그가 추구하는 대상으로 이루어져 있다. 삶이 끝날 때까지 내세를 좇는 사람은 이 세상으로 인해 괴로울 것이고 죽음이 다가올 때까지 이 세상을 좇는 사람은 내세 때문에 괴로울 것이다."

이 말은 목표한 바가 이루어지지 않는 혹은 앞으로도 그 목표를 이룰 수 없는 세상을 이야기하는 듯하다. 이 세상을 추구하는 사람이나 추구하는 대상으로 바라보는 관점은 예수의 말에 자주 나오는 소재다.

Abu Bakr ibn Abi al-Dunya (d.281/894), *Kitab al-Qana'a wa al-Ta'affuf* in *Mawsu'at Rasa'il*, 1:68, no.162에서 발췌. Cf. Ibn 'Asakir, *Sirat*, p.146, nos. 147; al-Zabidi, *Ithaf*, 9:332 (Asin, p.598, no.221; Mansur, no.258; Robson, p.77).

✿

106   이 세상이 예수에게 드러났을 때, 예수는 온갖 장신구로 치장한 이 빠진 노파에게서 이 세상의 모습을 보았다. 예수는 노파에게 물었다. "당신은 몇 남자와 결혼했소?" 노파가 대답했다. "셀 수도 없습니다." 예수가 물었다. "모두 당신보다 먼저 죽었소, 아니면 모두 당신과 이혼했소?" 노파가 대답했다. "둘 다 아닙니다. 내가 그들을 모두 죽였습니다." 예수가 말했다. "아! 가엾은 이들, 그들은 당신 남편이 아니오! 그들은 당신이 전 남편을 차례로 죽인 사실을 몰랐거나 당신을 조심하지 않은 탓에 죽었겠군요."

    무슬림 문화권에서는 아주 유명한 이야기다. 무슬림 금욕주의 문학에도 자주 나오며 많은 금욕주의자들도 이러한 내용을 이야기했다. 치장한 여성의 이미지는 여러 곳에서 볼 수 있다. 《구약성서》에는 〈에제키엘서〉 13장 17절에 나오고 《꾸란》에는 24장 60절과 33장 33절에 여성의 지나친 치장을 비난하는 내용이 나온다. 하지만 아신은 이 이야기가 〈요한복음〉 4장 7절부터와 비슷한 내용이라고 본다. 〈요한계시록〉 17장 1절부터 18절도 참조하라.

Abu Bakr ibn Abi al-Dunya (d.281/894), *Kitab Dhamm al-Dunya* in
Mawsu'at Rasa'il, 2:24, no.27에서 발췌 (여러 무슬림 금욕주의에서 나온

nos. 28, 29, 30에서도 발췌). Cf. al-Ghazali, *Ihyaʾ*, 3:210 (Asin, p.375, no.45;

Mansur, no.127; Robson, p.68). Ibn Hanbal, *al-Zuhd*, p.363 (no.1433, 변형, 예

수 이야기 아님)도 같이 보라.

✿

107 　예수가 말했다. "한 척의 배가 물과 불을 모두 감당할
수 없듯이 믿는 이의 마음은 이 세상과 다음 세상 모두를 사랑할 수
없다."

　　영지주의靈智主義 복음서인 〈필립보복음〉에는 영혼soul과 영
spirit이 "물과 불의 기운으로 이루어져 있다"라고 적혀 있는데, 이
부분을 눈여겨볼 필요가 있다.[41] 이 두 글은 비슷한 형식을 띤 듯 보
이지만 내용을 들여다보면 반드시 그렇지만은 않다. 무슬림 복음
에서는 대체로 영지주의 요소가 뚜렷이 드러나지 않기 때문이다.
〈마태오복음〉 6장 24절에도 이와 외형상 유사해 보이는 부분이 나
오며 출처가 모호한 비슷한 이야기도 있다. 이븐 아비 알둔야는 자
신의 저서에 이 내용을 그대로 옮겨 적었고, 그렇게 〈마태오복음〉
과 비슷해졌다.

　　Abu Bakr ibn Abi al-Dunya (d.281/894), *Kitab Dhamm al-Dunya* in

Mawsu'at Rasa'il, 2:44, no.76에서 발췌. Cf. al-Ghazali, *Ihya',* 3:200 (Asin, p.369, no.35; Mansur, no.120; Robson, p.65).

✿

108   어떤 사람이 예수에게 동행하기를 청하며 이렇게 말하였다. "당신과 함께하는 벗이 되고 싶습니다." 둘은 길을 떠났다. 그들이 음식을 먹기 위해 강둑에 멈추고 보니 그들에게는 빵 세 개가 있었다. 두 개는 먹고 하나는 남겨놓았다. 예수가 물을 먹으러 강에 갔다가 돌아오니 남은 빵 하나가 보이지 않았다. 예수가 그에게 물었다. "누가 빵을 가져갔느냐?" 그가 대답했다. "저는 모릅니다."

그들은 다시 길을 떠났다. 가는 도중 새끼 사슴 두 마리와 있는 암사슴을 보았다. 예수는 어린 사슴 한 마리를 불렀다. 새끼 사슴이 다가오자 예수는 그 사슴을 잡아 그와 함께 구워 먹었다. 그러고 나서 죽은 사슴에게 이렇게 말했다. "하느님의 권능으로, 일어나라." 그러자 사슴은 일어나서 뛰어갔다. 예수가 그를 돌아보며 이렇게 물었다. "너에게 이와 같은 기적을 보여준 하느님의 이름으로 묻는다. 누가 빵을 가져갔느냐?" 그가 대답했다. "저는 모릅니다."

이윽고 그들은 계곡의 물가에 이르렀다. 예수는 남자의 손을 잡고, 함께 물 위를 걸었다. 물 위를 걸으며 예수가 다시 물었다. "너에게 이와 같은 기적을 보여준 하나님의 이름으로 묻는다. 누가 빵을 가져갔느냐?" 그가 대답했다. "저는 모릅니다."

그들은 물이라고는 찾아볼 수 없는 사막에 이르러서 잠시 땅바닥에 앉았다. 예수는 흙과 모래를 긁어모았다. 그리고 이렇게 말했다. "하느님의 권능으로, 황금이 되어라." 그러자 그렇게 되었다. 예수는 황금을 셋으로 나누고 이렇게 말했다. "3분의 1은 내 몫이고 3분의 1은 너의 몫이며 나머지 3분의 1은 빵을 가져간 사람의 몫이다"라고 했다. 그러자 그가 말했다. "그 빵을 가져간 자가 바로 저입니다." 그러자 예수가 말했다. "이 황금은 모두 네 것이다."

예수는 남자와 작별하고 다시 길을 떠났다. 그는 황금을 가지고 홀로 사막에 남았다. 그런데 강도 두 명이 나타나 황금을 뺏고 그를 죽이려고 했다. 남자는 강도들에게 이렇게 말했다. "이 황금을 셋으로 나눕시다. 그리고 당신 둘 중 한 명이 마을에 가서 먹을 것을 좀 사오면 좋겠습니다." 그중 한 명이 마을로 음식을 사러 가면서 이런 마음을 품었다. '내가 왜 저들과 황금을 나누어야 하지? 음식에 독을 타면 내가 모두 가질 수 있을 텐데.' 그는 마을로 가서 생각을 행동으로 옮겼다.

그 사이 남은 두 사람도 음모를 꾸몄다. "왜 우리가 마을로 간 녀석에게 황금 3분의 1을 주어야 하지? 그가 돌아왔을 때 죽이면 우리 둘이 모두 나눠 가질 수 있잖아." 마을로 간 남자가 돌아오자 두 사람은 그를 죽였다. 그리고 그가 가져온 음식을 먹고 두 사람도 죽었다. 결국 사막 한가운데 세 사람의 시신과 황금만이 덩그러니 남았다. 예수가 지나다가 시신과 황금을 보고 함께 있던 사람들에게 말하였다. "이것이 세상이다. 잊지 말아라."

  여러 문화권에서 교훈적 우화는 꾸준히 사랑받아왔다. 이 이야기의 아랍어 원문은 예언자 무함마드에게서 시작하여 알하산 알바스리를 거쳐 전해 내려오고 있다. 원문에서는 다음과 같은 격언으로 시작한다. "당신과 나, 그리고 이 세상은 사막에서 길을 잃고 사지死地에 있는 사람들 무리와 같다." 이 사람들은 푸르른 나무가 우거지고 물이 넘쳐나는 곳으로 무리를 인도하는 한 남자를 만난다. 그는 무리에게 푸르른 나무가 우거지고 물이 넘쳐나는 곳으로 가자고 다시 청한다. 그들이 지금까지 경험해보지 못한 새로운 곳이다. 그렇지만 사람들 대부분은 그의 말을 무시한다. 지금까지 자신들이 행복하게 살아온 옛 장소를 더 좋아하기 때문이다. 그 남자와 믿음을 지닌 소수만이 새로운 곳을 찾아 떠난다. 그를 따르지 않고 남았던 사람은 적에게 공격을 당하여 죽거나 포로가 된다.

Abu Bakr ibn Abi al-Dunya (d.281/894), *Kitab Dhamm al-Dunya* in *Mawsu'at Rasa'il*, 2:49, no.87에서 발췌. Cf. al-Ghazali, *Ihya*, 3:267 (Asin, pp.383-384, no.54; Mansur, no.136; Robson, pp.97-99); al-Makki, *Qut*, 1:255 (Asin, pp.387-388, no.54 quater; Mansur, no.26); al-Turtushi, *Siraj*, pp.79-80; Ibn 'Asakir, *Sirat*, p.95, no.82; al-Abshihi, *al-Mustatraf*, 2:263-264

(Asin, p.385, no.54 bis 그리고 pp.386-387, no.54 ter; 약간 변형).

❀

109 예수가 말했다. "내가 진실로 너희에게 말한다. 환자는 아프기 때문에 음식을 보고도 즐기지 않는다. 마찬가지로 이 세상을 사랑하는 사람은 즐겨 예배드리지 않고 예배가 주는 기쁨에 감사하지 않는다. 내가 진실로 너희에게 말한다. 사람이 짐수레를 끄는 동물에게 짐을 지우지 않고 훈련도 시키지 않으면 점점 성격이 고집불통으로 바뀔 것이다. 마찬가지로 죽음에 대해 이야기하지 않고 예배를 지키려 노력하지 않는다면 마음은 곧 모질고 냉담해질 것이다. 내가 진실로 너희에게 말한다. 물을 담는 가죽부대가 갈라지거나 마르지 않으면 그 안에 꿀을 담을 수도 있다. 마찬가지로 마음도 욕망으로 찢어지거나 탐욕으로 더러워지거나 사치에 둔해지지 않으면 지혜를 담는 그릇이 될 수 있다.

예언이 가진 힘 또는 예언자에 관한 이야기가 담긴 이슬람 문학에서, 예수는 마음의 예언자라고 알려져 있다. 이 이야기는 마음에 대한 예수의 가르침 초기 모습을 보여준다. 마지막 문장에서 '지혜'라고 번역한 단어 히끄마hikmah는 《꾸란》에서 믿음이 함께하는 앎이자 그 믿음을 가능하게 하는 앎을 뜻한다.

109. Abu Bakr ibn Abi al-Dunya (d.281/894), *Kitab Dhamm al-Dunya* in

Mawsi at Rasáil, 2:52, no.90에서 발췌. Cf. al-Ghazali, *Ihya,* 3:267 (Asin,

p.377, no.47; Mansur, no.129; Robson, pp.68-69).

110   예수가 이런 질문을 받았다. "왜 당신은 쉴 집을 구하지 않습니까?" 예수가 대답하였다. "우리보다 앞서 살았던 사람들의 무너진 집이면 충분하다."

앞에 나온 60번 이야기를 보라.

Abu Bakr ibn Abi al-Dunya (d.281/894), *Kitab Dhamm al-Dunya* in

Mawsi at Rasáil, 2:68, no.129에서 발췌. Cf. al-Ghazali, *Ihya,* 3:200

(Asin, p.369, no.36; Mansur, no.121; Robson, p.65).

111   예수가 말했다. "세상이 있었지만 나는 그 안에 없었다. 세상은 앞으로도 있을 것이지만 나는 그 안에 없을 것이다. 확실한 것은 지금 살고 있는 나날들이다. 그 안에서 죄를 짓는다면 나는 참으로 죄 지은 자다."

이 말은 예수의 인간적 면모를 강조하고 있다. 예수가 영원히 존재하는 자임을 부정하면서 한편으로는 예수도 다른 사람에게 죄 지을 가능성이 있음을 보여준다.

Abu Bakr ibn Abi al-Dunya (d.281/894), *Kitab Dhamm al-Dunya* in *Mawsu'at Rasa'il*, 2:105, no.216에서 발췌. Cf. Ibn 'Asakir, *Sirat*, p.182, no.213 (변형).

112   예수가 말했다. "자신이 바라는 것을 바라지 않는 이 와는 함께하려 들지 않는 자가 이 세상의 금욕주의자이다."

자신이 바라는 것을 바라지 않는 사람을 엄격히 피하는 모습 은,《성서》의 복음서에 나오는 예수보다는 초기 무슬림 금욕주의 자들의 전형적인 모습이다.

Abu Bakr ibn Abi al-Dunya (d.281/894), *Kitab Dhamm al-Dunya* in *Mawsu'at Rasa'il*, 2:109, no.225에서 발췌.

113 예수가 한 마을을 지나고 있었을 때 사람들이 마당과 골목 이곳저곳에 죽어 있는 것을 보았다.. 예수는 제자들을 보며 말했다. "이들은 하느님의 분노를 사서 죽었다. 그러지 않았다면 그들은 서로를 땅에 묻어주었을 것이다." 그들이 말했다. "하느님 영이여, 그들에게 무슨 일이 일어났는지 우리가 알 수 있겠습니까?" 예수가 전능하신 하느님께 청했더니 하느님께서는 밤에 그들에게 물어보면 대답해줄 것이라고 계시하셨다. 밤이 오자 예수는 높은 곳으로 올라가 소리쳤다. "마을 사람들이여!" 그들 중 한 사람이 대답하였다. "하느님 영이여, 명하십시오." 예수가 물었다. "당신은 지금 어떤 상태이고 당신에게 무슨 일이 일어났는지 말해줄 수 있겠소?" 그가 대답했다. "저희는 건강한 상태에서 잠자리에 들었습니다. 그런데 깨어나 보니 구덩이 안에 있었습니다." 예수가 물었다. "어쩌다 그렇게 되었소?" 그가 대답했다. "이 세상을 너무 사랑하고 죄인에게 굽실거렸기 때문입니다." 예수가 물었다. "이 세상을 얼마나 사랑하였소?" 그가 대답했다. "아이가 어머니를 사랑하는 것과 같았습니다. 이 세상이 다가오면 행복했고, 멀어질 때 슬펐으며, 세상을 위해 울었습니다." 예수가 물었다. "왜 다른 사람은 내 부름에 답하지 않소?" 그가 대답했다. "그들은 불의 족쇄가 채워진 채 무섭고 사나운 천사들의 감시를 받고 있기 때문에 그렇습니다." 예수가 물었다. "지금 대답하는 당신도 그들 안에 있을 텐데 어떻게 답할 수 있소?" 그가 대답했다. "저는 그들과 같이 있었지만 그들에

게 속해 있지는 않았습니다. 재앙이 그들에게 닥쳤을 때 그 재앙이 제 목숨도 앗아갔습니다. 저는 지옥 벼랑 끝에 매달려 있지만 지옥에서 탈출할 수 있을지 지옥으로 들어갈지는 잘 모르겠습니다." 그러자 예수가 제자들에게 말했다. "빵지 않은 굵은 소금을 친 거친 빵을 먹고 거친 마모직^{馬毛織} 옷을 입고 더러운 곳에서 자는 것이 이 세상에서 안정되게 살고 싶어 하는 사람들보다 진실로 낫다."

예수가 죽은 사람에게 질문하는 부활 이야기다. "무섭고 사나운 천사들"이라는 표현은 《꾸란》 66장 6절에서 나왔다. 이 표현은 초기에 지옥을 설명할 때도 나왔다. 이야기는 우리가 앞서 보았던 계명으로 끝이 난다. 42, 67번 이야기를 참고하라.

Abu Bakr ibn Abi al-Dunya (d.281/894), *Kitab Dhamm al-Dunya* in *Mawsu'at Rasa'il*, 2:128-129, no.282서 발췌. Cf. Ibn Babuya, '*Ilal*, 2:151-152; al-Ghazali, *Ihya'*, 3:201 (Asin, pp.371-372, no.39; Mansur, no.123; Robson, pp.95-96).

114 예수가 말했다. "너는 하찮은 세상을 위해서는 애쓰면서 위대한 천국은 무시하는구나. 너희 모두에게 죽음이 닥칠 것

이다."

　"위대한" 내세와 "하찮은" 세상이 위와 같이 대조적 이미지로
등장하는 이야기는 초기 무슬림 금욕주의 글에서 자주 볼 수 있다.

Abu Bakr ibn Abi al-Dunya (d.281/894), *Kitab Dhamm al-Dunya* in

Mawsūʿat Rasāʾil, 2:129-130, no.286에서 발췌.

115　예수가 말했다. "이 세상 것을 찾는 사람은 바닷물을
마시는 자와 다름없다. 많이 마시면 마실수록 그는 목이 마를 것이
다. 이는 바닷물이 그를 죽게 할 때까지 계속될 것이다."

　바닷물이 쓰다는 내용은 《꾸란》 25장 53절과 35장 12절에 두 차
례 나온다. 이 이야기는 시리아 문학에서도 볼 수 있다.

Abu Bakr ibn Abi al-Dunya (d.281/894), *Kitab Dhamm al-Dunya* in

Mawsūʿat Rasāʾil, 2:146, no.342에서 발췌. Cf. Ibn Handun, *Al-Tadhkira,*

마모직 옷　말이나 낙타의 털로 짠 거친 옷을 말한다. 전형적인 고행자의 차림으로 여겨진다.

1:249, no.638; al-Ghazali, *Ihya*, 3:212 (Asin, p.378, no.48; Mansur, no.130; Robson, p.69); Ibn 'Asakir, *Sirat*, p.147, no.150.

✵

116　예수가 말했다. "오 제자들이여, 이 세상에서 고행자가 되어라. 그러면 두려움 없이 이 세상을 지나갈 수 있을 것이다."

Abu Bakr ibn Abi al-Dunya (d.281/894), *Kitab Dhamm al-Dunya* in *Mawsu'at Rasa'il*, 2:146, no.344에서 발췌.

✵

117　예수가 말했다. "사악한 학자들아 너희는 불행하다! 너희는 끔찍한 세상과 재앙을 가져오는 욕망을 위해, 천국을 헛되이 여기고 심판의 날에 대한 공포를 잊어버리는구나."

앞서 92, 94번 이야기를 참고하라.

Abu Bakr ibn Abi al-Dunya (d.281/894), *Kitab Dhamm al-Dunya* in *Mawsu'at Rasa'il*, 2:158, no.377에서 발췌.

✿

118　예수가 사탄에게 이렇게 말했다고 한다. "여기가 이 세상의 기둥이구나. 사탄은 세상을 향해 나아가며 세상을 요구한다. 나는 사탄과는 그 어느 부분도 나누지 않을 것이며 심지어 내 머리 아래 놓아둘 돌조차 나누지 않을 것이다. 내가 세상을 떠날 때까지 많이 웃지도 않을 것이다."

여기서 "기둥"이라고 번역된 우르쿤urkun은 매우 흥미로운 단어이다. 고전어 사전에서는 이 단어가 어근 rkn에서 비롯했다고 설명하는데 이 말은 지배자나 고위층을 뜻한다. 이 단어는 일반적으로 디흐깐dihqan과 같은 뜻으로 취급되는데, 이 말은 이슬람 시기에도 계속 지위를 유지했던 고대 페르시아 지방 군주를 뜻한다. 그러므로 이 단어가 아랍어에서 나왔는지 그렇지 않은지는 확실치 않다. 한편 이 단어는 영지주의 복음에 등장하는 아르콘archon [42]•과 같은 말로 볼 수도 있다. 이른바 세계의 지배자라 불리는 악마도 그중 하나이다. 머리 아래에 있는 돌의 이미지는 다음 이야기에도 다시 나온다.

아르콘　영지주의 전통에서 최고신인 데미우르고스의 곁에서 인간과 신을 연결해주는 천사나 악마의 역할을 해주는 하위신으로 나온다.

Abu Bakr ibn Abi al-Dunya (d.281/894), *Kitab Dhamm al-Dunya* in

Mawsuʿat Rasāʾil, 2:168, no.409에서 발췌.

❁

119   예수가 돌에 머리를 기대고 있을 때 사탄이 그 옆을
지나갔다. "그러니까, 예수여, 당신은 이 세상의 돌에 만족하는가?"
예수가 그 돌을 들어 사탄에게 던지며 말했다. "이 돌을 가져가거
라. 이 돌과 함께 세상도 가져가거라! 내게는 그 어떤 것도 필요 없
다."

재미있는 이야기다. 예수는 최종적으로 이 세상의 안락함에 굴
복했기에 사탄에게 조롱당한다. 돌이 나오는 또 다른 부분은 앞서
47번과 71번 이야기에 있다.

Abu Bakr ibn Abi al-Dunya (d.281/894), *Kitab Dhamm al-Dunya* in

Mawsuʿat Rasāʾil, 2:168, no.410에서 발췌. Cf. Miskawayh, *al-Hikma al-*

Khalida, p.129 (사탄 대신에 게으름뱅이); al-Ghazali, *Ihyāʾ,* 4:11 (변형)

(Asin, pp.392-393, no.63; Mansur, no.145; Robson, p.70); Ibn ʿAsakir, *Sirat,*

p.127, no.112.

✿

120　　　예수가 이런 질문을 받았다. "저희가 하느님께 사랑
받으려면 어떻게 해야 하는지 알려주십시오." 그가 대답했다. "이
세상을 사랑하지 마라. 그러면 하느님께서 너희를 사랑하실 것이
다."

　　　〈요한복음〉 15장 18절부터 19절을 변형한 이야기다. 세상을 사
랑하지 말라는 계명은 이집트 사막 교부들 이야기에도 자주 나온
다.[43]

Abu Bakr ibn Abi al-Dunya (d.281/894), *Kitab Dhamm al-Dunya* in
Mawsuʻat Rasaʻil, 2:170, no.415에서 발췌. al-Ghazali, *Ihyaʻ,* 3:201 (Asin,
p.373, no.41; Mansur, no.125; Robson, p.67).

✿

121　　　예수가 말했다. "오 제자들이여, 너희 믿음은 온전히
그대로 유지하면서 이 세상이 타락했음을 인정하라. 그것은 이 세
상 사람들이 자신들 세상을 온전히 그대로 유지하면서 종교가 타
락했음을 인정하는 것과 같다."

이 글처럼 앞뒤 단어를 적절히 바꾸어 배치하는 표현은 아다브에 나타나는 특징이다.

Abu Bakr ibn Abi al-Dunya (d.281/894), *Kitab Dhamm al-Dunya* in *Mawsu'at Rasa'il*, 2:179, no.449에서 발췌.

122   예수가 말했다. "하느님께서는 당신 종이 생계유지에 필요한 기술을 배워 자립하는 것은 좋아하신다. 하지만 하느님은 종이 종교적 지식을 생계유지에 필요한 기술처럼 취급하는 것은 좋아하지 않으신다."

인간은 생계를 위하여 일을 해야 한다는 내용은 247번 부활 이야기에 나온다. 한편 종교적 지식은 앞서 여러 어록에서 보았듯이 어마어마한 도덕적 책임을 필요로 한다.

Abu Bakr ibn Abi al-Dunya (d.281/894), *Kitab Isha al-Mal* in *Mawsu'at Rasa'il*, 2:95, no.316에서 발췌.

123 하느님께서는 예수에게 다음과 같은 말을 계시하신 바가 있다. "하느님께서 당신의 자비하심을 드러내 보이실 때, 하느님 종은 그 앞에서 겸손함을 보여드리는 것이 가장 올바르고 마땅히 해야 할 행동이다."

이 말을 한 사람은 에티오피아의 네구스^{Negus}이다. 무슬림 전통에 의하면 그는 이슬람 초기에 메카의 박해를 피해 온 무슬림 무리에게 호의를 베푼 사람이라고 한다. 무슬림들은 어느 날 바닥에 앉아 있는 그를 보았다. 네구스는 그들에게 이제 막 무슬림이 승리했다는 소식을 전해 들었기에 하느님께 감사 기도를 드리고 있었다고 설명한다. 그러고 나서 그들에게 예수의 이 말을 들려주었다. 여러 무슬림 이야기에서 네구스는 무함마드가 전하려던 진리를 알아본 신앙심 깊은 그리스도교인 왕으로 그려진다. 이로 인해 그는 참된 믿음의 전형 혹은 모범이 되었다. 《꾸란》 14장 7절에는 사람들이 하느님께서 베풀어주신 은총에 감사드리면 그 은총은 몇 배로 불어날 것이라고 나와 있다.

Abu Bakr ibn Abi al-Dunya (d.281/894), *Kitab al-Shukr lillah* in *Mawsuʻat Rasaʼil*, 3:53–54, no.127에서 발췌. al-Ghazali, *Ihyaʼ*, 3:332 (Asin, p.391, no.58; Mansur, no.140; Robson, p.78).

✿

124 　자카리야의 아들 요한이 마리아의 아들 예수를 만났다. 예수는 찌푸리고 우울한 표정이었지만 요한은 웃는 얼굴에 즐거운 표정이었다. 예수가 요한에게 말했다. "그대는 걱정이라곤 없는 사람처럼 웃고 있군요." 요한이 예수에게 말했다. "당신은 절망에 빠져 있는 사람처럼 찌푸리고 있습니다." 하느님께서 계시하셨다. "우리는 요한의 행동을 더 사랑한다."

　　예수와 요한이 만난 이 이야기는 절망에 가까운 극단적 금욕주의를 은근히 비판하는 것 같다. 한편 무슬림 독자에게는 하느님의 무한한 사랑을 상기시키는 내용으로 읽힐 수 있다. 끝부분에 하느님 말씀은 어떤 의미에서는 요한이 예수보다 더 칭찬받을 만하다는 뜻이다. 또한 이 이야기는 그리스 철학자 데모크리토스와 헤라크리토스가 만난 유명한 일화를 떠오르게 한다.[44]

Abu Bakr ibn Abi al-Dunya (d.281/894), *Kitab al-Ikhwan,* p.190 (no.136).

Cf. Ibn ʿAbd Rabbihi, *al-ʿIqd,* 6:380 (Asin, p.544, no.120; Mansur, no.21;

Robson, p.108); 같은 책 6:380-381 (Asin, p.544, no.121; Mansur, no.22;

Robson, p.108-109); Abu Hayyan, *al-Basaʾir wa al-Dhakhaʾir,* 7:197 (no.379);

동일저자, *Risala fi al-Sadaqa wa al-Saliq,* p.105; Ibn ʿAqil, *Kitab al-Funum,*

2:635-636; Ibn ʿAsakir, *Sirat*, p.200, no.246; al-Damiri, Hayat, 2:205

(Mansur, no.233).

125   그들이 예수에게 물었다. "저희가 천국에 들어가려면 어떻게 해야 하는지 가르쳐주십시오." 예수가 말했다. "일체 말하지 마라." 그들이 말했다. "그렇게는 할 수 없습니다." 예수가 대답했다. "그러면 선한 말만 하여라."

침묵의 미덕은 근동 지역 지혜문학에서 자주 볼 수 있는 주제이다. 예수의 말은 이 주제에 특별히 관심이 많던 이븐 아비 알둔야의 저서에 나온 것이다. 무함마드도 이와 유사한 이야기를 한 적이 있다.[45]

Abu Bakr ibn Abi al-Dunya (d.281/894), *Kitab al-Samt wa Adab al-Lisan*,

p.215 (no.46). Cf. Miskawayh, *al-Hikma*, p.123; al-Ghazali, *Ihyaʾ*, 3:107;

Ibn ʿAsakir, *Sirat*, p.158, no.172 (Mansur, no.110).

126   예수가 말했다. "거짓말을 많이 하는 사람은 자신의 아름다움을 잃게 될 것이다. 다른 이들과 끊임없이 싸우는 사람은 체면을 잃게 될 것이다. 걱정을 많이 하는 사람은 몸에 병이 생길 것이다. 성격이 못된 사람은 자신에게 상처를 입힐 것이다."

이 말에 담긴 정서는 금욕주의보다 전형적인 아다브에 훨씬 가깝다.

Abu Bakr ibn Abi al-Dunya (d.281/894), *Kitab al-Samt wa Adab al-Lisan*, pp.276-277 (no.133). Cf. al-Ghazali, *Ihya*, 3:114; Ibn 'Asakir, *Sirat*, p.160, no.175; Warram, *Majmu'a*, 2:176 (변형) (Mansur, no.112).

127   예수가 제자들과 함께 개의 시체 옆을 지나고 있었다. 제자들이 말했다. "냄새가 고약도 하군!" 예수가 말했다. "이빨이 희기도 하구나!" 그는 제자들에게 남을 욕하지 말라는 교훈을 주기 위해서 이런 말을 한 것이다.

이 이야기와 다음 이야기는 하나로 묶어서 생각하는 것이 좋다. 두 이야기 모두 고전 무슬림들의 정서에서 혐오스러운 동물을 다룬다. 많은 무슬림 법학자들은 돼지는 말할 나위 없이 불결하지만 개는 접촉하고 난 후 씻으면 괜찮다고 말한다. 따라서 두 이야기 모두 엄격한 의미에서 무슬림 법에 어긋나지는 않지만 어떤 면에서는 무슬림의 가치관을 비판한다고 볼 수도 있다. 두 이야기는 공통적으로 편집자가 직접 예수의 행동을 설명한다. 이는 이슬람의 맥락에서 받아들이기 쉽지 않은 말을 예수의 언행으로 표현하여 그의 말이 가지는 신뢰성에 기대어보려는 의도를 가진 무슬림 전승자의 마음이 은연중에 드러난 것이 아닐까? 어쨌든 두 이야기 모두 복음서의 예수가 한 말이라고 보아도 무방하다. 와르람도 이 이야기를 인용했는데(참고문헌 참조), 예수는 죽은 개에게조차 욕하지 말라고 제자들에게 경고하고 있다.

아신의 책 605쪽 부록을 보면, 유명한 이슬람학자 이그나츠 골트치허Ignaz Goldziher가 그에게 보낸 편지 안에 이 이야기에 관한 말이 인용되어 있다. 편지에서 골트치허는 그에게 이 이야기가 "의심할 바 없이" 불교의 영향을 받았다고 하였으나, 그 의견이 반드시 옳다고 결론지을 수는 없을 것 같다.

Abu Bakr ibn Abi al-Dunya (d.281/894), *Kitab al-Samt wa Adab al-Lisan*,
pp.385-386 (no.297). Cf. al-Ghazali, *Ihya*, 3:140; Warram, *Majmu'a*,

이그나츠 골트치허 (1850-1921) 헝가리 유대인 출신의 이슬람 학자로 하디스의 역사와《꾸란》해석의 상이한 방법에 대한 탁월한 연구서를 내놓았으며 독일어로 된 수많은 저서를 남겼다.

1:117; Ibn ʿAsakir, *Sirat*, p.157, no.170 (Asin, p.365, no.29; Mansur, no.114; Robson, p.45).

✿

128 돼지 한 마리가 예수 곁을 지나갔다. 예수가 말했다. "안심하고 지나가거라." 누군가 그에게 물었다. "하느님 영이여, 당신은 어떻게 돼지에게 그렇게 말할 수 있습니까?" 예수가 대답했다. "나는 내 혀가 악한 것에 길드는 것이 싫다."

127번 설명을 참고하라.

Abu Bakr ibn Abi a (Asin, p.544, no.120; Mansur, no.21; Robson, p.108)l-Dunya (d.281/894), *Kitab al-Samt wa Adab al-Lisan*, p.392 (no.308). Cf. al-Ghazali, *Ihyaʾ*, 3:116; Ibn ʿAsakir, *Sirat*, p.157, no.170 (Asin, p.365, no.28; Mansur, no.113; Robson, p.45).

✿

129 예수가 제자들에게 말했다. "자던 도중 바람에 옷이 날아간 사람 앞을 지나게 된다면 너희는 어떻게 하겠느냐?" 그들

이 말했다. "그에게 옷을 덮어주겠습니다." 예수가 말했다. "아니다. 너희는 옷을 덮어주지 않고 나머지 옷마저 벗길 것이다." 이 말은 다른 사람을 비방하는 말을 듣고 그 말에 나쁜 말을 덧붙이는 사람을 예를 들어 이야기한 것이다.

《성서》에 나온 유사한 사례를 보려면 아신의 주석을 참고하라. 이 이야기에도 예수의 도전적 질문에 숨은 의도를 알려주려는 편집자의 주석이 있다. 이 글 또한 예수 이야기 속 비유나 우화에 숨은 의미를 드러내려는 무슬림 편집자의 바람을 보여준다. 남을 헐뜯지 말라는 명령은 《꾸란》과 《하디스》에서 뚜렷하게 나타난다.

Abu Bakr ibn Abi al-Dunya (d.281/894), *Kitab al-Samt wa Adab al-Lisan*,
p.573 (no.645). Cf. al-Ghazali, *Ihya*, 2:175; al-Suhrawardi, '*Awarif*, 4:48;
Ibn 'Asakir, *Sirat*, p.154, no.165 (Asin, p.358, no.16; Mansur, no.101; Robson,
p.44).

130 예수가 말했다. "하느님이 보시기에 가장 큰 죄는 하느님 종이 '하느님은 아신다'고 말하는 일이다. 사실 하느님은 그렇지 않다는 것을 아신다."

잘못된 믿음이나 증언을 경고하는 말이다.

Abu Bakr ibn Abi al-Dunya (d.281/894), *Kitab al-Samt wa Adab al-Lisan*, pp.608-609 (no.727). Cf. Abu Nu'aym, *Hilyat*, 6:125 (약간 변형) (Mansur, no.78); al-Ghazali, *Ihya*, 3:138 (Asin, p.571, no.167; Robson, pp.57-58).

131 진심 어린 충고를 해달라는 요청에 예수는 이렇게 답하였다. "네 일과 하느님 일이 동시에 떠오른다면 하느님 일부터 먼저 하여라."

알티르미디는 유명한 전통주의자이다. 그의 《하디스》 수집본은 쑨니 이슬람에서 권위를 인정받는 여섯 모음집 중 하나로 꼽힐 정도이다.

자신보다 하느님을 더 사랑하거나 하느님을 자신 앞에 두는 일은 교만이라는 죄와 관련이 있다. 교만은 《꾸란》뿐 아니라 《성서》에서도 가장 두드러지는 죄다. "하느님을 제일 앞에 두라"는 명령은 수피의 글에 자주 나오는데, 어쩌면 이 말 밑바탕에도 수피의 정서가 깔려 있을지도 모르겠다.

Al-Hakim al Tirmidhi (d.285/898), *al-Salat wa Maqasidiha*, p.119.

✿

132   예수가 이렇게 말했다고 전해진다. "학자는 다음 세 부류로 나눌 수 있다. 하느님과 하느님 명령을 아는 사람, 하느님은 알지만 하느님 명령은 모르는 사람, 그리고 하느님 명령은 알지만 하느님은 모르는 사람이 그것이다."

이 말에서도 하느님 명령을 아는 학자는 법학자이지만 하느님을 아는 사람은 수피라고 주장하는 듯하다. 수피는 머리로 아는 지식ʿilm과 직접 경험에서 얻는 지식maʿrifa을 구분한다. 그리고 후자를 수피에게 특별한 고유한 영역이라고 주장한다.

Al-Hakim al Tirmidhi (d.285/898), Asin, p.601 (no.225), Mansur, no.239, Robson, p.61에서 발췌. 이 어록의 사료에 대한 설명은 Asin, p.534를 보라.

✿

133   예수가 말했다. "불로 태울 수 없는 것을 늘려라." 그

러자 그는 이렇게 질문 받았다. "그것이 무엇입니까?" 그가 대답했다. "선한 행위다."

알무바라드는 유명한 문법학자이자 아다브 선집의 편집자이다. 불로 태운다는 것은 《성서》와 《꾸란》에 공통으로 나타나는 이미지다.

Abu al-'Abbas al-Mubarrad (d.285/898), *al-Fadil*, p.35. Cf. al-Ghazali, *Ihyā*, 3:240 (Asin, p.379, no.51; Mansur, no.133; Robson, p.46).

✿

134　그리스도가 이렇게 말했다고 전해진다. "사람들이 너를 필요로 하더라도 절제하여 먹고 가장자리로 걸어라."

이 말은 겸손함과 예의를 지키라는 가르침인 듯하다. 101번 이야기도 같이 보라.

Abu al-'Abbas al-Mubarrad (d.285/898), *al-Kamil*, 1:210.

✿

135   예수는 땅 위에서는 항상 여행자였기에 집이나 마을에 머물지 않았다. 그의 옷은 거친 털이나 낙타 가죽 자투리로 만든 망토와 두 개의 털 없는(?) 셔츠가 전부였다. 손에는 곤봉을 들고 다녔다. 밤이 되면 달빛은 항상 그의 램프가 되어주었고 밤의 어두움은 빛을 가려주었으며 땅은 침대가, 돌은 베개가, 땅에서 자라는 식물은 음식(?)이 되어주었다. 그는 때로는 몇날 며칠 동안 아무것도 먹지 않았다. 그는 괴로울 때에도 행복했으며 마음이 편할 때에도 슬펐다.

아부 리파아는 예언자 이야기들을 수집하던 초기의 중요한 수집가이다.[46] 예언자의 이야기는 얼마 지나지 않아 하나의 문학 장르, 종교적 장르로 자리 잡는다.

이 이야기는 예수의 외모를 묘사하던 초기의 설명 방식이다. 앞서 78번 이야기도 마찬가지다. 고전 아랍의 지혜문학과 예언문학 가운데에는 현자와 예언자의 일상 모습이나 외양 묘사가 많다. 그러나 이런 예수에 대한 자세한 묘사가 어디서 유래했는지는 확실치 않다. 반면 무함마드의 외모와 일상 모습은 무척 잘 알려져 있고 상세히 기록되어 있다. 무슬림 전승자들은 무함마드의 모습을 이전 예언자들과 같은 맥락에 놓고자, 무함마드와 예언자를 같은 방식으로 기록하고 싶었을 것이다. 어쨌든 이 글에는 방랑하는 금욕주의자로서의 예수 이미지가 뚜렷이 드러난다.

두 군데 물음표는 글자가 확실하지 않은 부분이다.

Abu Rifa'a al Fasawi (d.289/902), *Kitab Bad al-Khalq*, p.333. Cf. Ibn

'Asakir, *Sirat*, p.133, no.120 (변형).

✦

136　예수가 제자들에게 말했다. "너희가 거친 양털로 된 옷을 즐거이 입고, 보리도 즐거이 먹고, 땅바닥에서도 즐거이 잠들 수 있을 때까지 하느님께서는 자비를 베풀지 않으실 것이다."

　거친 양털suf로 된 옷은 초기에 수피라는 신분을 나타내는 표시가 되었고 많은 수피가 이 옷을 입었다. '수피'라는 말 자체가 양털 옷을 입는 사람이라는 뜻이다. 이 이야기는 수피 신비주의(이슬람 신비주의)가 예수 어록에 의도적으로 삽입되었음을 뚜렷하게 알려주는 증거이다.

Abu Rifa'a al Fasawi (d.289/902), *Kitab Bad al-Khalq*, p.337. Cf. Abu

Nu'aym, *Hilyat*, 5:92 (Mansur, no.71).

137 예수가 이런 질문을 받았다. "누가 당신의 스승입니까?" 그가 대답했다. "내게는 스승이 없다. 나는 무지함이 가진 추함을 보았고 그래서 그것을 피했을 따름이다."

이븐 압드 라비히는 잘 알려진 고전 아라비아 아다브 선집 가운데 하나를 쓴 작가이다.[47] 이 이야기에서 예수는 모범이 되는 아디브(문인, 현자)로 나온다. 예수는 무지함과 추함을 유사하게 여기고 있는데, 이는 도덕적으로 정확하게 판단한 것이라기보다 지적혹은 미적으로 유추한 것이다. 여기서 "무지jahl"라고 옮긴 단어는 폭력적 기질이나 행동을 뜻하기도 한다. 그렇다면 예수는 중용을 지키지 못하는 말이나 행동을 경고하고자 이러한 말을 했을 수도 있다. 그러나 한편으로 극단주의를 피하는 태도는 아디브가 특징적으로 보이는 삶의 방식이기도 하다.

Ibn 'Abd Rabbihi (d.328/940), *al-'Iqd al-Farid*, 2:442 (Mansur, no.6), Cf.

al-Mawardi, Adab, 210; and al-Ghazali, *Ihya'*, 3:63 (Asin, p.361, no.19;

Mansur, no.104; Robson, p.44).

138 《성서》의 복음서에는 하느님께서 예수에게 다음과

같이 계시하셨다고 나온다. "우리는 너를 그리워했지만, 너는 그리
워하지 않았다. 우리는 너를 위해 슬퍼했지만 너는 울지 않았다. 50
세가 된 이여, 너는 무엇을 주었고 무엇을 돌려받았느냐? 60세가
된 이여, 네가 추수할 때가 다가왔다! 70세가 된 이여, 심판의 때가
점차 다가오고 있다!"

다른 이야기처럼 이 말에도 여러 요소가 섞여 있다. 앞부분은
〈마태오복음〉 11장 17절과 〈루가복음〉 7장 23절 내용을 반영한 것
이다. 뒷부분은 앞부분과 잘 연결되지 않는 듯 보이지만, 고대 근동
지혜문학에서는 사람 나이를 소재로 한 이야기가 많다.[48]

Ibn 'Abd Rabbihi (d.328/940), *al-'Iqd al-Farid*, 3:145 (Asin, p.543, no.116;

Mansur, no.14; Robson, p.52).

✵

139   예수가 물에 대해 이렇게 말했다. "이는 내 아버지다."
그리고 빵에 대해서는 이렇게 말했다. "이는 내 어머니다." 예수는
부모가 자식을 먹이는 것과 같이 물과 빵이 사람 몸에 영양분이 된
다는 점을 말하려 했던 것이다.

성체성사를 무슬림식으로 재해석하여 쓴 것이다. 앞서 49번 이
야기를 함께 보라. "생명의 빵"과 "천상의 빵"은 《성서》의 용법인
데, 이러한 표현은 〈요한복음〉 6장 32~35절에 가장 상징적으로 나
온다. 자히즈나 유명한 압드 알잡바르 Abd al-Jabbar(415/1024년 사망)
와 같은 무슬림 신학자는 종종 성찬식을 글자 그대로 해석하기를
거부하며 빵과 술이 살과 피로 바뀐다는 생각을 비웃었다. 이 이야
기에는 주석이 같이 있어 무슬림들이 성찬식을 받아들일 수 있게
설명해준다. 빵에 대한 예수의 또 다른 해석은 외경인 〈필립보복
음〉에 들어 있다.[49]

Ibn 'Abd Rabbihi (d.328/940), *al-'Iqd al-Farid*, 6:290 (Mansur, no.20), Cf.
Ibn Sida, *al-Mukhassas*, 13:173-174 (Asin, p.568, 159; Mansur, no.85; Robson,
p.90).

140   예수가 말했다. "악인은 나쁜 기운을 퍼뜨린다. 사악
한 자와 어울리는 사람은 살인도 저지를 수 있다. 그러니 사람을 사
귀는 데 신중하여라."

알쿨라이니는 시아파의 중요한 《하디스》 학자이며 신학자이

다.[50] 이 이야기는 아랍어의 중간운internal rhyme을 잘 맞추고 있지만, 번역 과정에서 잘 옮겨지지 않았다. 그 중간운이 이 이야기를 속담처럼 들리도록 한다.

Muhammad ibn Ya'qub al-Kulayni (d.329/941), *al-Usul min al-Kafi*, 2:640.

141 그리스도가 이렇게 말했다고 전해진다. "하느님을 섬기는 사람 가운데 하느님께서 존중해주는 사람은 그분의 모든 창조물에게 찬양을 받아야 한다."

이븐 알꾸티야는 무슬림이 스페인을 정복했던 시기에 활동한 역사가였으며 서고트 그리스도교 가문 사람이었으리라 추정된다. 이 글은 〈요한복음〉 12장 26절 내용을 반영한 것으로 보인다.

Abu Bakr ibn al-Qutiyya (d.367/977), *Tarikh Iftitah al-Andalus*, p.60 (Asin, p.539, no.107; Mansur, no.23; Robson, p.51).

142 《성서》복음서에는 이렇게 쓰여 있다. "아담의 아들아, 화가 날 때에는 나를 기억하라. 나도 화가 날 때 너를 기억하겠다. 내가 너를 돌보아주고 있다는 사실에 만족하라. 네가 스스로를 보살피는 편보다는 이것이 더 낫기 때문이다."

　알사마르깐디는 유명한 법학자다. 이 이야기에는 《성서》의 복음서에 대응하는 구절이 없는 듯하다. 이 말은 '하디스 꾸드시'(신성한 계시) 형태를 취하고 있으며 내용은 〈요나서〉 4장 1절부터 나오는 하느님과 요나 사이의 대화 혹은 시편을 반영한 것 같다. 하느님께서 믿는 이들의 유일한 후원자라는 말은 《꾸란》에 자주 나오는 내용이다.

Abu al-Layth al-Samarqandi (d.373/983), *Tanbih al-Ghafilin*, p.73 (Asin, p.553, no.133; Mansur, no.33; Robson, p.79)

✿

143 예수가 이스라엘 사람들에게 말했다. "그릇된 행동을 하는 사람에게 그릇된 행동으로 갚지 마라. 이런 행동은 하느님께서 보시기에 네가 지금까지 한 좋은 일들을 다 지워버리는 짓이다."

이 말은 〈마태오복음〉 5장 39절 내용을 반영한 듯하다.

Abu al-Layth al-Samarqandi (d.373/983), *Tanbih al-Ghafilin*, p.75 (Asin, p.553, no.134; Mansur, no.34; Robson, p.55)

✿

144 예수가 살던 때에, 욕심이 많아 말운Mal'un(천벌 받을 사람이라는 뜻)이라고 불리는 사람이 살았다. 어느 날 전투에 나가야 하는 한 남자가 그에게 가서 말했다. "말운, 내가 전쟁하러 나갈 수 있게 무기를 좀 준다면 자네는 지옥 불에서 구원 받을 것이오." 그러나 말운은 그를 피하기만 할 뿐 무기를 내어주지 않았다. 그 남자가 돌아가자 말운은 그렇게 행동한 것을 후회하며 그를 다시 불러 자신의 칼을 내어 주었다. 그때 예수가 70년 동안 하느님께 예배를 드린 독실한 남자와 함께 길을 가다가, 집으로 돌아가는 그 남자와 마주쳤다. 예수가 물었다. "그 칼은 어디서 났소?" 그 남자가 대답했다. "말운이 제게 주었습니다." 예수가 그의 자비로운 행동에 크게 기뻐했다. 예수와 독실한 남자가 길을 가던 때 말운은 제 집 문 앞 계단에 걸터앉아 있었는데, 걸어가는 예수를 보고 이렇게 생각했다. '가서 예수님 얼굴과 독실한 분의 얼굴을 보고 와야지.' 그가 생각한 대로 하자 독실한 남자가 말했다. "말운이 불로 나를 태워버

리기 전에 피해야겠군."

하느님께서 예수에게 이렇게 말씀하셨다. "이 죄 많은 나의 종에게 말하여라. '네가 칼을 주며 자비를 베풀었고 예수를 사랑했기에 나는 너를 용서하였다.' 그리고 독실한 남자에게는 이렇게 말하여라. '너는 천국에서 말운의 동료가 될 것이다.'" 독실한 남자가 대답했다. "하느님 굽어살피소서! 저는 저 사람과 함께하는 천국은 바라지 않을 뿐더러 동료가 되고 싶지도 않습니다." 전능하신 하느님께서 예수에게 이렇게 말하도록 하셨다. "너는 내 명을 따르지 않고 내 종을 모욕하는구나. 그러니 나는 네가 지옥에 떨어지는 것을 볼 터이다. 네 자리와 그의 자리를 바꾸어 천국에 있는 네 자리를 나의 종에게 줄 것이며 지옥에 있는 그의 자리를 너에게 주겠다."

이 이야기는 교훈적 우화이다. 각 인물은 특정한 도덕적 가치를 상징하는 역할을 맡고 있다. 천벌 받을 사람이라는 뜻의 말운은 탐욕스러운 사람이다. 그리고 신앙심 깊은 군인과 자신이 옳다고 생각하는 고행자와 함께, 이야기 한가운데에 하느님 계시를 받아 인물들의 궁극적 운명을 말해주는 예수가 나온다. 앞으로 이런 교훈적 우화가 예수 이야기에서 훨씬 자주 등장하게 될 것이다. 이 이야기가 어디서 유래했는지는 확실하지 않다. 부분적으로는 〈루가복음〉 18장 9~14절에 나오는 바리새인과 세리의 비유를 반영한 것이다. 그러나 이슬람의 메시지가 훨씬 분명해졌다. 우선 첫 번째로

지하드jihad(성전)가 중요한 위치를 차지하고 있다. 두 번째는 회개나 천벌을 받을 가능성이 항상 존재한다는 점이다. 《성서》나 《꾸란》은 모두 자신만 옳다는 독선을 자주 비판한다. 또한 이 우화는 설교양식waʿz의 영향을 보여주는데, 이 글이 설교문의 일부로 쓰이지 않았나 생각된다.

Abu al-Layth al-Samarqandi (d.373/983), *Tanbih al-Ghafilin*, p.114 (Asin, pp.554-555, no.137; Mansur, no.37; Robson, pp.109-110). Cf. Abu Nuʿaym, *Hilyat*, 8:147 (변형); al-Qushayri, *al-Risala*, p.73 (변형); al-Ghazali, *Ihyaʾ*, 4:150 (변형) (Asin, p.395, no.67; Mansur, no.149; Robson, pp.99-100); and Ibn Qudama, *Kitab al-Tawwabin*, pp.80-81.

✿

145 예수가 어떤 마을을 지나는데 거기에는 천을 삶아 빠는 일을 하는 축융공縮絨工이 살고 있었다. 마을 사람들이 그에게 말했다. "이 축융공은 우리 천을 찢어 못쓰게 만듭니다. 하느님께 청하여 그가 짐을 지고 돌아오는 길에 무사하지 못하도록 해주십시오." 예수가 말했다. "오 하느님, 그가 짐을 지고 오는 길에 무사하지 못하도록 해주소서."

축융공은 빵 세 개를 싸들고 천을 빨러 갔다. 그는 산에서 하느님께 예배를 드리는 성자를 만났다. 성자가 축융공에게 인사하며 말했다. "나는 오랫동안 빵이라고는 입에 대지도 못했소. 내게 먹을 빵을 줄 수 있겠소. 아니면 빵을 보거나 냄새라도 맡게 해주시오." 그러자 그가 먹을 빵 하나를 주었다. 성자가 말했다. "하느님께서 당신 죄를 용서하고 당신 마음을 깨끗하게 해주시기를!" 축융공이 그에게 두 번째 빵을 주자 성자가 말했다. "하느님께서 당신 과거와 미래의 죄도 용서해주시기를!" 축융공이 세 번째 빵을 주자 성자가 말했다. "하느님께서 천국에 당신 집을 세워주시기를!"

축융공이 그날 밤 안전하게 집으로 돌아오자 마을 사람들이 말했다. "예수님, 축융공이 돌아왔습니다." 그러자 예수가 그를 불러 말했다. "내게 그대가 한 일을 말해줄 수 있겠는가?" 축융공이 대답했다. "산에서 방랑하는 성자를 만났습니다. 그가 제게 먹을 것을 청하기에 빵 세 개를 주었습니다. 빵을 한 개씩 줄 때마다 그가 저를 위해 기도해주었습니다." 예수가 그에게 말했다. "보따리를 한 번 봐도 되겠는가?" 그 남자가 그것을 예수에게 주자 예수가 열어보았다. 그 안에는 쇠사슬에 묶인 검은 뱀이 있었다. 예수가 말했다. "오, 검은 뱀이여!" 그러자 뱀이 대답했다. "하느님의 예언자여, 분부하십시오!" 예수가 물었다. "너는 이 축융공을 죽이라고 보내지지 않았느냐?" 뱀이 대답했다. "그렇습니다. 그런데 산에서 방랑하는 성자가 그에게 와서 먹을 것을 청했습니다. 빵 한 개를 줄 때마다 성자가 그를 위해 기도해주었고 그때 옆에 서 있던 천사가 '아멘!'이라고 말했습니다. 그러자 전능하신 하느님께서 천사를 보내시어 저를 쇠사슬로 묶어놓으셨습니다." 예수가 말했다. "축융공이여, 가서 일하여라. 하느님께서 그대가 베푼 자선을 축복하여 그대를 용서하셨다."

앞서 144번 이야기와 의미와 구조가 유사한 교훈적 우화이다. 이 글의 주제는 죄지은 사람의 회개이다. 축융공은 고대 세계에서 세탁 일을 하던 사람이다. 근대 이전 이슬람 사회에서 이 직업은 인기가 없었고 일반적으로 이 일을 하는 사람은 남을 잘 속인다는 인식이 있었다. 지혜로운 뱀의 모티프는 《성서》와 유사하다. 〈마태오복음〉 10장 16절을 보라.

Abu al-Layth al-Samarqandi (d.373/983), *Tanbih al-Ghafilin*, p.116 (Asin, pp.555-556, no.138; Mansur, no.38; Robson, pp.111-112).

❁

146 예수처럼 단식을 하고 싶다면 이렇게 하여라. 예수는 온종일 단식하고 보리만 먹으며 살았다. 그는 항상 거친 털옷을 입었으며, 밤이면 항상 땅을 밟고 서서 새벽이 올 때까지 계속 기도하였다. 그는 두 번의 라크아raka를 하기 전에는 한곳에 머무르지 않

았다. 그러나 어머니 마리아처럼 단식을 하고 싶다면 이렇게 하여라. 마리아는 한 번에 이틀 동안은 단식하고 이틀 동안은 먹었다.

여러 예언자와 금욕주의자의 단식법은 금욕주의 작품에서 자주 볼 수 있다. 단식법을 숙고해보거나 그대로 따라할 수 있도록 하기 위해서다. 예수가 순례와 같은 무슬림 방식으로 기도했다는 내용은 그를 비롯해 초기 모든 예언자들이 무슬림이었다는 사실을 확인시켜주는 역할을 한다.

Abu al-Layth al-Samarqandi (d.373/983), *Tanbih al-Ghafilin*, p.125 (Asin,

p.557, no.139; Mansur, no.39; Robson, pp.74-75).

147 《성서》의 복음서에는 이런 말이 있다. "악을 뿌린 자는 후회를 거두어들일 것이다."

《성서》적인 내용이지만 《성서》의 복음서에는 없는 내용이다. 아신의 주석을 보라.

라크아 절하기, 땅에 엎드려 절하기 등을 포함한 동작의 한 단위로 모든 이슬람 예배는 이것을 기본 단위로 하여 진행된다.

Abu al-Layth al-Samarqandi (d.373/983), *Tanbih al-Ghafilin*, p.135 (Asin,

p.558, no.140; Mansur, no.40; Robson, pp.55).

✳

148 《성서》의 복음서에 이런 말이 있다. " 아들아, 네가 자비롭다면 하느님께서 네게 자비를 베풀어주실 것이다. 네가 하느님 종들에게 자비를 베풀지 않고 어떻게 하느님 자비를 바랄 수 있겠느냐?"

《성서》 복음서와 유사한 내용이다. 아신의 주석을 보라.

Abu al-Layth al-Samarqandi (d.373/983), *Tanbih al-Ghafilin*, p.139 (Asin,

p.558, no.141; Mansur, no.41; Robson, pp.55).

✳

149 예수가 말했다. "장님이 볼 수도 없는 등불을 들고 간다면 무슨 소용이 있겠는가? 등불이 지붕 위에 놓여 있다면 어두운 집 안에는 무슨 소용이 있겠는가? 지혜로운 말을 할 줄 아는 당신이 이를 실천에 옮기지 않는다면 무슨 소용이 있겠는가?"

《성서》의 복음서에 들어있는 비유에 담긴 뜻이 예수의 마지막 말로 분명해진다.

Abu al-Layth al-Samarqandi (d.373/983), *Tanbih al-Ghafilin*, p.156 (Asin, p.562, no.144; Mansur, no.45; Robson, pp.56).

150 예수가 어떤 마을을 지나가고 있었는데 근처 산에서 슬프게 울부짖는 소리가 들려왔다. 예수가 마을 사람들에게 물었다. "산에서 들리는 이 통곡 소리는 대체 무엇이오?" 마을 사람들이 대답했다. "우리가 이 마을에 산 이후로 줄곧 산에서 이런 통곡 소리가 들렸습니다." 예수가 말했다. "오 하느님, 이 산이 제게 말할 수 있게 해주십시오." 하느님께서 산이 말할 수 있게 해주시니 산은 이렇게 말하였다. "예수여, 제게 무슨 이야기를 듣고 싶습니까?" 예수가 말했다. "당신이 왜 우는지 말씀해주시오." 산이 대답했다. "저는 사람들이 하느님 대신 숭배했던 우상이 조각되어 있던 산이기에 하느님께서 저를 지옥불에 던져버리실까 두렵습니다. 하느님께서 '사람과 돌을 연료 삼아 타오르고 있는 지옥불을 두려워하라'고 말씀하시는 것을 들었기 때문입니다." 하느님께서 예수로 하여금 산에게 이렇게 말하도록 하셨다. "진정해라. 내가 너를 지옥에서 구

해주겠다."

유래를 알 수 없으며 이해하기 쉽지 않은 이야기다. 예수는 자연에게 질문하고 자연은 비밀을 드러내준다. 산까지도 회개할 마음을 품었다는 것이 다소 생소하게 느껴지기도 한다. 무함마드의 전기에는 나무, 돌과 같은 자연물이 생명을 지닌 모습으로 나오고 대화를 나누기도 한다. 《꾸란》 59장 21절에는 하느님께서 산에게 "너는 그것이 하느님을 두려워하여 겸손해하고 산산이 부서지는 것을 보아라"라고 하시며 《꾸란》을 계시하였다고 전한다. 《꾸란》 22장 18절에는 땅, 하늘, 달, 별, 산은 하느님께 "기도하라"고 쓰여 있다. 또한 《꾸란》 38장 18절에서 산은 "하느님을 찬양하라"는 말을 듣는다. "하느님께서 '사람과 돌을 연료 삼아 타오르고 있는 지옥불을 두려워하라.'고 말씀하시는 것을 들었기 때문입니다"라는 산의 말은 《꾸란》 2장 24절에서 나온 것이다. 이 부분에서는 하느님의 심판이 온 피조물을 지나갈 것이라고 이르는데, 온 피조물은 살아 있는 모든 것을 의미하기도 한다.

Abu al-Layth al-Samarqandi (d.373/983), *Tanbih al-Ghafilin*, p.216 (Asin, p.564, no.148; Mansur, no.49; Robson, pp.114–5). Cf. al-Turtushi, *Siraj*, p.466.

✿

151　　예수가 말했다. "그들이 어떻게 저주받았는지, 누가 저주받았는지 놀라워해서는 안 된다. 오히려 그들이 어떻게 구원받았으며 누가 구원받았는가를 놀라워해야 한다."

　　《성서》의 복음서에 나오는 내용을 반영한 것이다. 아신의 주석을 보라. 알하산 알바스리도 이와 비슷한 말을 했다.[51]

Abu al-Layth al-Samarqandi (d.373/983), *Tanbih al-Ghafilin*, p.220 (Asin, p.565, no.150; Mansur, no.51; Robson, p.56).

✿

152　　예수가 한 마을을 지나가고 있었는데 한 남자와 그의 아내가 서로 소리를 지르며 싸우고 있었다. 예수가 물었다. "무슨 일이오?" 남자가 말했다. "오 하느님의 예언자여, 이 사람은 제 아내입니다. 아내는 훌륭하고 덕을 갖춘 사람이지만 저는 그녀와 헤어지고 싶습니다." 예수가 말했다. "그 이유를 제게 말해주시오." 남자가 말했다. "제 아내는 나이가 많지도 않은데, 얼굴에 주름이 너무 많습니다." 예수가 여자를 보며 말했다. "여인이여, 얼굴을 예전

처럼 되돌리고 싶소?" 그녀가 대답했다. "그렇습니다." 예수가 말했다. "음식을 한꺼번에 과하게 먹지 않도록 주의하시오. 음식이 뱃속에 지나치게 쌓이면 얼굴은 매끄러움을 잃게 되오." 여자가 그대로 하자 얼굴이 예전으로 돌아갔다.

이븐 바부야는 시아파의 유명한 법학자이자 신학자이다. 이 이야기와 다음 두 이야기는 다른 무슬림 복음서 이야기와는 조금 다르다. 이 세 이야기에서는 예수를 여러 질병의 치료법을 알려주는 의사나 경험 많은 농부로 묘사하고 있다. 그 치료법은 이븐 바부야 시대의 의학이나 여러 과학이론을 반영한 설명이다. 당시 무슬림들은 예언자란 각자 어떤 특별한 재주를 지니고 한 민족에게 파견되었기에 그 시대에 가장 뛰어난 능력을 갖추었다고 생각하였다. 가령 모세는 가장 뛰어난 기적을 보여주었으며 무함마드는 언변에, 예수는 치유에 두각을 보였다고 알려져 있었다.

Ibn Babuya al-Qummi (d.381/991), '*Ilal al-Sharai*', 2:184.

✿

153 예수가 어떤 도시를 지나는데 그곳의 과일나무에 온통 벌레가 들끓고 있었다. 사람들이 예수에게 그 문제를 호소하자

예수는 이렇게 말했다. "이것을 바꿀 방법은 여러분에게 있는데 여러분은 잘 모르고 있소. 여러분은 나무를 심을 때 먼저 흙을 덮고 물을 붓소. 이 경우는 그렇게 하면 안 되오. 벌레가 그 안으로 떨어지지 않도록 먼저 나무뿌리에 물을 붓고 다음에 흙으로 덮어야 하오." 예수가 가르친 대로 하자 그들의 고민거리는 모두 사라졌다.

152번 설명을 보라.

Ibn Babuya al-Qummi (d.381/991), '*Ilal al-Sharà'i*, 2:261.

✿

154 예수가 어떤 도시를 지나는데 그곳 사람들은 모두 얼굴이 누렇고 눈은 파랗게 변해 있었다. 그들이 예수에게 울부짖으며 병을 호소했다. 예수가 말했다. "이 병을 고칠 수 있는 방법은 여러분에게 있소. 여러분은 고기를 먹을 때 그것을 씻지 않고 조리했소. 그러나 이 세상에 나온 것 가운데에는 부정不淨하지 않은 것이 없소." 그 후 그들은 고기를 씻어 먹었고 그들의 병은 사라졌다. 또 예수가 다른 도시를 지나는데, 그곳 사람들은 이빨이 빠지고 얼굴이 부어 고통스러워하고 있었다. 그들이 고통을 호소하자 그가 말했다. "여러분은 입을 다물고 자는데 그렇게 하면 배에 있는 숨이

입에 이르지만 출구를 찾을 수 없어서 이뿌리로 되돌아가고 그래서 얼굴이 일그러지는 것이오. 그러니 잠을 잘 때 입을 벌리고 자도록 하시오. 이것은 꾸준히 실천해야 하오." 그들이 그렇게 하자 고통이 사라졌다.

152번 설명을 보라.

Ibn Babuya al-Qummi (d.381/991), *'Ilal al-Sharā'i'*, 2:262.

✢

155   예수가 말했다. "이 세상에서 자비로운 사람은 다음 세상에서 자비를 받을 것이다."

알아미리는 윤리학에 특히 관심을 보인 철학자이다.[52] 예수의 말은 팔복八福 가운데 하나를 재구성한 것으로 보인다. 〈마태오복음〉 5장 7절을 참조하라.

Abu al-Hasan al-'Amiri (d.381/992), *al-Sa'ada wa al-Is'ad*, p.311

✢

156   예수가 이 세상에게 말했다. "나에게서 멀리 떨어져라, 이 돼지 같은 것아!"

아부 딸리브 알마키는 수피 교리와 실천윤리를 발전시킨 중요한 인물이다.[53] 앞서 60번 이야기도 같이 보면 좋다. 아부 딸리브는 자신의 중요한 저서 《마음의 양식Qut al-Qulub》에 예수의 여러 어록을 담았다. 이는 위에 인용된 자료에 나와 있다. 예수의 이 말은 또다시 치열한 금욕주의자인 예수의 모습을 보여준다. 그 모습은 아부 딸리브 자신의 치열한 금욕주의와도 매우 유사하다.

Abu Talib al-Mai (d.386/996), *Qut al-Qulub*, 1:244 (Asin, p.545, no.123; Mansur, no.25; Robson, p.74). Cf. Ibn Abi al-Dunya (d.281/894), *Kitab Dhamm al-Dunya* in *Mawsu'at Rasa'il*, 2:147, no.347에서 발췌 (어록은 이름 없는 초기 금욕수행자에게서 나온것임).

157   예수가 말했다. "전능하신 하느님을 찬양하여 받는

팔복 예수가 가르친 산상설교 가운데 들어있는 내용으로 여덟 가지 참된 행복에 대해서 이야기한다. 이 구절과 비슷한 구절은 이렇게 되어 있다. "자비로운 사람은 복이 있다. 그들은 자비를 입을 것이다."

칭찬이나 이 세상에서 약속된 몫을 받는 일에 신경 쓰지 않을 수 있어야 비로소 진정한 믿음에 도달한 것이다."

참된 믿음을 지닌 자는 칭찬을 받거나 이 세상 것을 나누어 가지려는 일에 완전히 무심할 수 있어야 한다는 정서는 아부 딸리브의 가르침에 매우 가깝다. 그는 말년에는 거의 이단에 가까운 관점을 보였다고 전해진다.

Abu Talib al-Mai (d.386/996), *Qut al-Qulub*, 1:256. Cf. al-Ghazali, *Ihya'*, 4:370 (Asin, p.419, no.94; Mansur, no.176; Robson, p.49), and al-Ghazali, *Minhaj al-Abidin*, p.63.

✿

158 하느님께서 예수에게 하신 계시 가운데 다음과 같은 것이 있다. "아담의 아들아, 이 세상에 작별을 고하고 하느님 나라로 올라가기를 바라며 눈물 흘린 사람처럼 평생 눈물을 흘려라. 이 세상에서 꼭 필요한 것만 갖추고 사는 것에 만족하고, 소박하고 세련되지 않은 것에서 만족을 찾아라. 내가 진실로 너에게 말한다. 너는 네가 보낸 날과 시간만큼만 가치가 있다. 그 날들에 네가 이 세상에서 취한 것, 소비한 것들이 모두 다 기록되어 있다. 그에 합당하

게 행동하여라. 너는 그것을 설명하도록 요청받을 것이기 때문이다. 만약 내가 의인들에게 한 약속을 네가 알기만 한다면 너는 영靈을 바칠 것이다."

'하디스 꾸드시'(신성한 계시)라고 불리는 이 글은 자신을 파괴할 정도로 눈물을 흘리고 절제하며 살라고 명하고 있다. 이 글을 통해 당시 평범한 무슬림이 받아들일 수 있는 경건함의 최대치에 다가가볼 수 있다.

Abu Talib al-Mai (d.386/996), *Qut al-Qulub*, 1:256 (Asin, p.545, no.124; Mansur, no.27; Robson, pp.78-79).

159 　예수가 말했다. "하느님을 사랑하는 사람은 고난도 사랑한다." 예수는 예배를 드리고 있는 큰 무리와 마주쳤는데, 그들은 예배드리는 일에 지쳐서 닳고 닳은 가죽 물주머니처럼 시들어 있었다. 예수가 물었다. "당신들은 누구요?" 무리가 대답했다. "우리는 예배드리는 사람입니다." 예수가 물었다. "왜 예배를 드리는 것이오?" 무리가 대답했다. "하느님께서 우리에게 지옥의 공포를 심어주셨기 때문입니다. 우리는 그것이 두렵습니다." 그러자 예수

가 말했다. "여러분이 두려워하는 것에서 여러분을 구해주는 일은 하느님께서 하실 일이요." 그 후 예수는 더 열심히 예배드리는 이들과 마주쳤다. 예수가 물었다. "당신들은 왜 예배를 드리는 것이오?" 그들이 대답했다. "하느님께서는 우리가 천국을 간절히 바라도록 하셨고 당신의 친구들과 그곳을 마련해주셨기 때문입니다. 우리도 그러기를 바랍니다." 그러자 예수가 말했다. "여러분이 바라는 것을 주는 일은 하느님께서 하실 일이요." 예수는 다시 길을 가다 예배드리는 또 다른 이들을 만나 물었다. "당신들은 누구요?" 그들이 대답했다. "우리는 하느님을 사랑하는 사람들입니다. 우리는 지옥불을 두려워하지도 천국을 기대하며 예배드리지도 않습니다. 오히려 그분을 사랑하고 그분의 크신 영광을 찬양하고자 예배를 드립니다." 그러자 예수가 말했다. "여러분은 진실로 하느님의 친구요. 나는 바로 여러분과 함께 살도록 명 받았소." 그는 그들과 함께 살았다.

다른 이야기에서는 예수가 앞의 두 무리에게 이렇게 말했다고 전해진다. "여러분이 두려워하는 것도, 사랑하는 것도 모두 만들어진 것에 불과합니다." 세 번째 무리에게는 이렇게 말했다고 한다. "여러분이 진정으로 하느님께 가장 가깝습니다."

초기 수피들은 지옥에 대한 두려움이나 천국에 대한 욕심 때문이 아니라 사심 없이 하느님을 사랑해야 한다고 생각했다. 유명한 여성 신비주의자 라비아 알아다위야Rabiʿa al-ʿAdawiyya(185/801년 사망)는 한 손에는 물 한 동이를 다른 한 손에는 횃불을 들고 바그다드 거리를 걸어 다녔다고 한다. 그 까닭을 묻자 그녀는 이렇게 대답했다. "사람들이 지옥을 두려워하거나 다른 욕심 때문에 하느님을 사랑하는 것이 아니라, 사심 없이 하느님을 사랑할 수 있도록 나는 이 물로 지옥불을 식히고 횃불로 천국을 태워버리고 싶습니다."

Abu Talib al-Mai (d.386/996), *Qut al-Qulub*, 2:56 (Asin, pp.411, no.84 bis; Mansur, no.30). Cf. al-Ghazali, *Ihyaʾ*, 4:288 (Asin, pp.410-411, no.84; Mansur, no.166; Robson, p.100), and al-Ghazali, *Ihyaʾ*, 4:298.

160　　예수가 제자들에게 이렇게 조언했다. "내가 말한 바를 행한다면, 나와 함께 내 아버지와 너희 아버지가 살고 계시는 천국에 내일 들어가게 될 것이다. 또한 너희는 그분을 찬양하고 신성시하여 그분 왕좌 옆에 있는 천사들을 보게 될 것이다. 거기서 너희는 먹고 마시지 않고도 모든 즐거움을 누릴 수 있을 것이다."

이크완 알사파Ikhwan al-Safaʾ, 혹은 순결의 형제단Brethren of Purity이라고 일컫는 집단은 4세기 말/10세기경 신플라톤주의 철학

및 과학과 유사한 입장을 내세웠다. 이들은 〈서간문The Epistles〉이라고 불리는 지식의 백과사전을 발행하기도 했는데, 이 책에는 다양한 철학, 종교, 윤리, 과학적 주제에 대한 그들의 견해가 담겨 있다.[54]

이 글에 나온 예수의 말에 담긴 핵심은 〈루가복음〉 23장 43절에서 비롯했다. 이 글에서는 특별히 천국에서 먹고 마시는 일에 대하여 부인하고 있는데, 이는 《꾸란》에 근거를 두고 무슬림이 받아들인 천국에 대한 이미지와는 다르다. 《꾸란》에는 천국에 있는 음식과 음료의 실제 이름이 열거되어 있다. 그러한 내용을 받아들이지 않는 것은 순결의 형제단의 관점이 반영된 것으로 그들은 천국의 기쁨을 훨씬 비유적으로 해석했다.

Ikwan al-Safa' (4/10세기), *Rasāil*, 3:91-92 (Asin, p.595, no.214; Mansur, no.53; Robson, p.93).

161 예수가 어떤 마을 외곽에서 옷을 빠는 축융공 몇 사람 옆을 지나가고 있었다. 예수는 그들에게 이렇게 말했다. "여러분은 이 옷을 빨고 표백하는데 그 옷 주인은 몸에 피와 소변, 대변, 때가 묻어 더러운 상태로 이 옷을 입어도 괜찮다고 생각하시오?" 그

들이 대답했다. "아니오. 누가 부끄러움도 없이 그렇게 할 수 있겠습니까?" 예수가 말했다. "여러분 스스로가 그렇게 하고 있소." 그들이 물었다. "어떻게 그렇게 한다는 말씀입니까?" 예수가 말했다. "여러분은 몸은 깨끗이 씻고 하얗게 세탁한 옷을 입고 있소. 그러나 여러분 영혼은 부정한 행동으로 더럽혀지고, 어리석음과 무지, 우둔하고 심술궂은 마음, 시기와 증오가 가득하오. 또한 교활함과 속임수, 탐욕과 추잡함, 불신이 가득하며 파멸에 이를 욕망만을 추구하오. 여러분은 치욕스러울 정도의 천박함에 빠져 있으니 비참할 따름이오. 이는 여러분이 죽어 무덤에 들어가기 전까지는 끝나지 않을 것이오."

축융공들이 대답했다. "우리가 어떻게 하면 되겠습니까? 우리가 어떻게 일하지 않고 살 수 있겠습니까?" 예수가 말했다. "왜 여러분은 천국을 바라지 않소? 그곳은 죽음도 늙음도 없고, 고통도 병도 없으며, 배고픔과 목마름, 두려움과 슬픔, 가난과 궁핍, 권태와 고난, 슬픔과 다른 이에 대한 질투도 없는, 남을 미워하지도, 자랑하지도 속이지도 않는 곳이오. 천국에 사는 자는 행복과 기쁨, 편안함과 풍요, 예의바름과 호의, 기쁨과 즐거움에 가득 차 하늘과 별들 사이 넓게 뻗은 천국을 돌아다니며 창조주의 왕국을 보게 되오. 또한

이크완 알사파 (순결의 형제단) 10세기경 바스라 지역에서 생겨난 비의적 집단. 이스마일파를 지지하는 정치적 행동 외에 수학, 과학, 천문학에 관심을 가졌는데 자연과학과 신비주의를 결합하기도 했다.

천사들이 하느님 왕좌에 줄지어 서서 주님을 칭송하는 노래를 부르는 것을 보게 되오. 그 노랫소리는 사람이나 정령精靈(아랍어로 진)들도 들어본 적 없는 소리요. 그리고 여러분은 영원히 그들과 함께 살게 될 것이오. 거기서는 늙거나 죽지 않으며 배고프거나 목마르지도 않을 것이오. 또한 병에 걸리거나 두려움을 느끼거나 슬프지도 않을 것이오.

축융공에 관해서는 앞서 145번 이야기를 보라. 이 이야기는 순결의 형제단의 시각을 부분적으로 엿볼 수 있는 예수의 긴 설교이다. 도입 부분에서는 내면batin과 외면zahir이라는 주제를 다루는데, 이런 구분 방식은 형제단이 만들어낸 상징적 해석 체계에 필수적 요소이다. 두 번째 부분에서는 영혼에 기거하는 타락을 길게 열거하고 있다. 이것은 형제단 윤리의 중심이 되며 그들이 사용했던 상징과 가깝다. 세 번째는 천박함의 문제, 엄밀히 말하면 종교적 권위를 천박하게 따라하는 문제를 다룬다. 형제단은 이를 모든 타락의 뿌리라고 공격하였다.

Ikwan al-Safa' (4/10세기), *Rasáil*, 4:95–96 (Asin, p.547, no.127; Mansur, no.54; Robson, pp.52–54).

✿

162　그리스도는 제자들에게 이렇게 말하곤 했다. "나는
너희가 무지한 상태에서 죽을 때 그 죽음에서 일으켜주고, 죄라는
병에서 고쳐주며, 타락한 믿음과 악한 행실, 범죄라는 병에서 고쳐
주기 위해 나와 네 아버지로부터 너희에게 왔다. 이것은 네 영혼이
정화되고 지혜의 정신을 통해 살게 하며 너희가 내 아버지와 네 아
버지가 계신 천국으로 올라가게 하고자 함이다. 거기서 너희는 행
복한 사람의 삶을 살고 이 세상이라는 감옥과, 창조와 타락이 있는
우주의 고통에서 벗어나게 될 것이다. 그 우주는 악인이 살고, 마귀
의 폭압이 행해지며 사탄이 지배하는 곳이다.

　여기에 나오는 구절은 넓게 보아 순결의 형제단의 관점을 반영
하고 있다고 볼 수 있다. 예를 들면 무지한 상태에서의 "죽음", "이 세
상"이라는 감옥, 창조와 타락이 있는 우주와 같은 내용이 그러하다!

Ikwan al-Safa' (4/10세기), *Rasáil*, 4:172 (Asin, p.551, no.129; Mansur, no.56;

Robson, pp.89~90).

진　단수는 진니jinni, 복수는 진jinn. 정령精靈으로 번역함. 명확하게 규정하기 어려운 영적인 존재. 고
대 아라비아에서는 이들이 자연계에 존재하는 정령으로 여겨졌으며 그것이 이슬람으로 받아들여져
그 존재가《꾸란》에서 공식적으로 등장하고 있다. 〈아라비안 나이트〉에 등장하는 램프의 요정도 진
이며 '지니genie'라는 단어도 여기에서 유래했다고 한다.

✿

163   예수가 우연히 제자들이 크게 웃고 있는 모습을 보고 이렇게 말했다. "(하느님을) 두려워하는 사람은 크게 웃지 않는다." 제자들이 대답했다. "하느님 영이시여, 저희는 다만 농담을 했을 뿐입니다." 예수가 말했다. "마음이 건강한 사람은 농담도 하지 않는다."

아부 하얀 알타와히디는 아다브, 철학, 수피 신비주의에 폭넓은 관심을 보인 학자이다.[55] 예수는 이 이야기에서 또다시 엄숙한 모습으로 나온다. 124번과 272번 이야기를 참고하라.[56] 알하산 알바스리도 크게 웃는 행위를 좋지 않게 여겼다.

Abu Hayyan al-Tawhidi (d.after 400/1010), *al-Basà'ir wà'l Dhakhà'ir*, 1:21.

✿

164   그리스도가 말했다. "나는 너희를 위해 세상을 납작 엎드리게 하고 너희를 그 위에 앉혔다. 이 세상을 지배하기 위해 왕과 악마라는 두 무리가 너희와 다투고 있다. 악마와 맞서기 위해서는 참고 기도해야 한다. 왕과 맞서기 위해서는 왕의 세상을 그에게

주어라. 그러면 그는 저 세상을 너희에게 넘겨줄 것이다."

이 말에는 여러 요소가 들어 있다. 그 중 왕과 악마를 연결시킨
내용은 이전에는 볼 수 없던 부분이다.

Abu Hayyan al-Tawhidi (d.after 400/1010), *al-Basa'ir wa'l Dhakha'ir*, 1:23.

Cf. Ibn 'Asakir, *Sirat*, p.143, no.142.

❋

165   예수가 말했다. "전능하신 하느님께서 당신 뜻을 어
기고 죄지은 이에게 고통을 주시지는 않는다 하더라도, 그분이 보
여주신 자비에 감사하는 마음을 가지고 그분을 거역해서는 안 된
다."

신학적 주제를 명쾌하게 정리한 말이다. 아마도 지식인 신자를
대상으로 한 말인 것같다.

Abu Hayyan al-Tawhidi (d.after 400/1010), *al-Basa'ir wa'l Dhakha'ir*, 2:423.

Cf. Ibn Abi al-Dunya (d.281/894), *Kitab al-Shukr* in *Mawsu'at Rasa'il*, 3:78,

no.204에서 발췌 ("현자"에게서 나온 말); Al-Abi, *Nathr al-Durr*, 7:28.

✿

166　　예수가 말했다. "예측할 수 없는 순간에 공포가 너희를 압도할 것이다. 그렇게 공포가 갑자기 들이닥치기 전에 너희는 무엇 때문에 대비하지 못하는가?"

여기서 말하는 공포는 물론 심판의 날에 대한 공포를 가리킨다.

Abu Hayyan al-Tawhidi (d.after 400/1010), *al-Basàir wàl Dhakhàir*, 3/1:181.

✿

167　　예수가 말했다. "이 세상에서는 손님이 되어라. 모스크를 네 집으로 여겨라."

11번 이야기를 보라.

Abu Hayyan al-Tawhidi (d.after 400/1010), *al-Basàir wàl Dhakhàir*, 3/2:440.

168　예수가 말했다. "죽임당한 모든 이들은 심판의 날에 그 원한을 풀 것이다. 다만 이 세상에 의해 죽임당한 사람은 세상이 그에게 죗값을 물을 것이다."

이 세상에 의해 "죽임당한" 사람은 세상의 유혹에 굴복한 사람을 뜻한다.

Abu Hayyan al-Tawhidi (d.after 400/1010), *al-Basa'ir wa'l Dhakha'ir*, 7:147 (no.243).

169　예수가 이스라엘인들에게 가르침을 전하였다. 그러자 그들은 눈물을 흘리며 옷을 찢기 시작했다. 예수가 말했다. "너희들 옷이 무슨 잘못이 있는가? 대신 너희 마음을 돌아보고, 그 마음을 탓하라."

이 이야기는 앞서 79번 이야기와 유사한 면을 찾을 수 있다.

Abu Hayyan al-Tawhidi (d.after 400/1010), *al-Basa'ir wa'l Dhakha'ir*, 7:226 (no.489).

✿

170 예수가 제자들에게 말했다. "나를 따르는 사람들이 서로를 알아볼 수 있는 표식은 서로 사랑하는 것이다." 그리고 그는 제자 예슈아Yashu'에게 이렇게 말했다. "주님을 위해서라면 너는 온 마음을 다해 그 분을 사랑해야 한다. 그리고 네 이웃을 네 자신처럼 사랑해야 한다." 예수는 이런 질문을 받았다. "하느님 영이여, 이 두 가지 사랑을 확실히 구분할 수 있도록 둘이 어떻게 다른지 가르쳐 주십시오." 예수가 대답했다. "너희는 자신을 위해 친구를 사랑하고, 네 주님을 위해 네 영혼을 사랑한다. 너희가 친구를 잘 보살피는 것은 자신을 위한 일이지만, 영혼을 바치는 것은 네 주님을 위해서 이다."

아신이 발견해낸 내용에 따르면, 여기에는 《성서》의 복음서에서 유래한 여러 요소가 섞여 있다. 마지막 부분은 이 책의 다른 부분에서처럼 여러 계명에 담긴 전체적 의미를 설명해주고 있다.

Abu Hayyan al-Tawhidi (d.after 400/1010), *Risala fi al-Sadaqa wa al-Sadiq*, p.64 (Asin, p.551, no.130; Mansur, no.57; Robson, p.54).

✿

171　예수가 말했다. "너희는 겉으로만 전능하신 하느님 앞에 겸손한 척 굴고 있지만 사실은 마음속 가장 깊은 곳에서부터 그분 앞에 겸손한 태도를 보여야 한다."

　아신은 이 말과 아래 세 이야기를 아부 사드 알카르쿠시라는 수피 설교가의 책에서 옮겨 왔다.[57] 여기 나온 내면의 마음자세와 겉으로 드러나는 행동이라는 주제는 앞서도 여러 번 언급되었다.

Abu Sa'd al-Kharkushi (d,406/1015), 미출간 사본 (Asin, p.569, no.161;

Mansur, no.59; Robson, p.91).

✿

172　예수가 말했다. "이 세상과 다음 세상의 관계는 두 부인을 둔 남자와 비슷하다. 그가 한 부인을 즐겁게 해주면, 다른 부인은 분노할 것이다."

　〈마르코복음〉 12장 18~26절의 영향을 받은 이야기로 보인다. 무슬림은 전통적으로 《꾸란》 4장 3절을 남자는 부인을 넷까지 둘 수 있다는 의미로 해석해왔다. 그러나 "여러 부인"을 의미하는 두르라durra는 "해로운"이라는 뜻을 가진 어근 드르drr와 관계가 있다고 보는 의견도 있다.

Abu Sa'd al-Kharkushi (d,406/1015), 미출간 사본 (Asin, p.569, no.162; Mansur, no.60; Robson, p.76) Cf. al-Ghazali, *Ihya*, 3:18. Ibn Abi al-Dunya, *Kitab Dhamm al-Dunya* in *Mawsu'at Rasa'il*, 2:65, no.119에서 발췌 (Wabb ibn Munabbih에게서 나온것)도 보라.

✿

173   예수가 말했다. "사람이 발을 헛딛는 데에는 세 가지 이유가 있다. 첫 번째는 전능하신 하느님께서 주신 선물에 감사하지 않기 때문이고 두 번째는 하느님 이외의 것을 더 두려워하기 때문이며 세 번째는 피조물들이 (잘못된) 희망을 품기 때문이다."

"너희는 하느님께 감사하지 않는다"라는 《꾸란》 구절은 인간이 창조주에게 얼마나 감사할 줄 모르는지를 보여준다. 하느님 이외의 것을 더 두려워한다는 말은 《꾸란》 39장 36절을 반영한다.

Abu Sa'd al-Kharkushi (d,406/1015), 미출간 사본 (Asin, p.569, no.163; Mansur, no.61; Robson, p.57)

✹

174   어느 날 예수가 길을 가다가 고통스러워하는 한 남자를 보았다. 예수는 그를 불쌍히 여겨 기도드렸다. "오! 하느님, 그의 고통을 없애주시기를 빕니다." 그러자 하느님께서 이렇게 계시하셨다. "이 사람에게 주는 고통은 그를 살리기 위한 것인데 어찌 그 고통을 면하게 하라는 말이냐?"

이 이야기에는 다소 이해하기 어려운 부분이 있다. 영혼을 정화하기 위한 고통에는 반드시 인내가 필요하다는 점을 지적하는 것 같다.

Abu Sa'd al-Kharkushi (d.406/1015), 미출간 사본 (Asin, p.570, no.164; Mansur, no.62; Robson, p.116). Cf. al-Qushayri, *al-Risala*, p.102 (변형, "예언자"에게서 나온 것).

✹

175   그리스도가 이런 질문을 받았다. "왜 젊은 사람보다 나이 든 사람이 이 세상에 더 집착합니까?" 그리스도가 대답했다. "그들은 젊은 사람이 맛보지 못한 이 세상을 경험했기 때문이다."

알라지브 알이스파하니는 유명한 아다브 모음집 저자이다. 그의 책은 주제별로 편집되어 문학계에서 자주 인용된다.《꾸란》은 영생을 꿈꿨다고 전해지는 일부 아랍 이교도들이 삶에 대해 집착했다고 말한다.《꾸란》2장 96절을 보라.

Al-Raghib al-Isfahani (5세기초/11세기 초), *Muhadarat al-Udaba'*, 1:525.

✿

176   그리스도가 말했다. "고깃덩어리가 고기를 먹는가? 이 얼마나 역겨운 일인가!"

자주 나오는 평범한 말은 아니다. 아마도 고기 먹는 일을 절제하라는 뜻을 담고 있는 듯하다. 또한 〈도마복음〉 내용도 반영된 것으로 보인다.[58]

Al-Raghib al-Isfahani (5세기초/11세기 초), *Muhadarat al-Udaba'*, 1:610.

✿

177   예수가 말했다. "오 하느님, 누가 가장 존경할 만한 사

람입니까?" 하느님께서 대답하셨다. "홀로 있을 때 내가 함께한다
는 것을 아는 사람이다. 그래서 나의 위엄을 소중히 여겨 내가 자신
의 죄를 목격하기를 바라지 않는 사람이다."

이 말은 〈마태오복음〉 18장 20절, 〈요한복음〉 8장 16절과 유사
한 면이 있다.

Al-Raghib al-Isfahani (5세기초/11세기 초), *Muhadarat al-Udabā*, 2:402.

178 예수가 어떤 사람에게 "하느님께서 너를 보살펴주신
다"라고 말했다. 그런데 그는 그런 말을 들을 만한 자격이 없는 사
람이었다. 그래서 예수는 이런 질문을 받았다. "왜 저런 자에게 그
런 말씀을 하십니까?" 예수가 대답했다. "좋은 말을 하는 데 익숙한
혀는 모든 사람에게 이런 말을 한다."

미스카와이는 유명한 철학자이며 역사가이자 고위 관료이
다.[59] 이들 어록이 묶인 책은 여러 무슬림계 및 비무슬림계 지혜문
학 작품을 모은 것이다. 그 제목을 정확히 번역하면 《영원의 철학
Philosophia perennis》이다. 이와 비슷한 조언으로는 앞서 128번 이야

기를 보라.

Abu ʿAli Miskawayh (d. 421/1030), *al-Hikma*, p.132.

✵

179　그리스도가 말했다. "하느님 은혜가 천천히 드러난다
고 생각하는 사람은 조심하라! 하느님께서 노하셔서 이 세상 풍요
를 다 보여주실 것이다."

이븐 마자의 《하디스》 모음집에도 이와 비슷한 말이 나온다.
그가 모은 《하디스》에서 무함마드는 자신을 따르는 사람에게 다음
과 같이 말한다. "내가 두려워하는 바는 너희에게 가난이 닥치는 것
이 아니라, 너희가 이 세상 풍요로움을 받는 것이다."

Abu ʿAli Miskawayh (d. 421/1030), *al-Hikma*, p.156. Cf. Ibn Maja, *Sunan*,

Kitab al-Fitan, 2:1325, no.3197.

✵

180　예수가 말했다. "너희는 고결한 일을 하기 위해서 이

세상을 원하느냐? 이 세상을 버리는 편이 더 고결하다."

Abu 'Ali Miskawayh (d. 421/1030), *al-Hikma*, p.192.

✿

181　　제자들이 예수에게 말했다. "통치자는 어떤 사람입니까?" 예수가 대답했다. "통치자는 너희가 나쁜 일을 하도록 부추기는 존재다. 통치자를 사랑하여 하느님께 죄를 짓지 마라. 통치자를 미워하여 하느님 은혜로부터 멀어지지 마라. 너희가 통치자에 대한 의무만 행한다면, 통치자의 악함에서 멀어져 너희 신앙은 온전해질 것이다."

　　알아비는 이란 서부와 이라크를 지배했던 시아파 국가인 부와이흐 왕조Buwayhid(945~1055년)의 대신이자 문인이었다. 이 이야기와 다음 이야기가 함께 수록된 그의 중요한 아다브 모음집이 최근에야 출판되었는데, 아랍문학에서 이 책이 차지하는 중요성이 점차 인정받고 있다.

　　통치자에게 적절한 태도를 가지라는 명령은 무슬림 복음에 자주 나오는 내용이다. 통치자와 '유혹'을 같게 여기던 사람들은 통치자를 필요악으로 보거나 적어도 조심하라고 말한다. 그러나 통치자에 대한 적대감은 전보다 다소 약화되었고, 여기서는 어쩔 수 없이 통치자를 인정하는 태도에까지 이른다.

Abu Sa'd al-Abi (d. 421/1030), *Nathr*, 7:33.

✿

182　예수는 다음과 같이 말하곤 했다. "물을 너무 많이 주면 식물이 죽듯이 너무 많이 먹으면 영혼을 죽인다."

　　우리는 앞서 이미 의사로서의 예수 모습을 보았다. 152번, 153번, 154번 이야기를 보라. 확실히 단정하기는 어렵지만, 시아파 전통에서는 예수를 인간과 자연의 병을 특별한 방식으로 치료하는 의사로 묘사하는 이야기가 많다. 이 글은 시리아 문학에서 매우 유명하다.[60]

Abu Sa'd al-Abi (d. 421/1030), *Nathr*, 7:35.

✿

183　예수는 자신을 따르던 이들에게 이렇게 말했다. "배

고프고 목마른 것에 연연하지 않고, 순수하게 온 마음을 다해 너희 마음이 전능하신 하느님을 알 수 있도록 하라."

아부 누아임은 "성인聖人"에 관한 가장 권위 있는 인명사전의 저자이다. 그의 책은 수피, 이슬람 역사 속 신앙심 깊은 인물을 다룬 비교적 초기 작품에 속한다.[61] 이런 가르침은 다른 이야기에도 많이 나온다. 또한 전형적인 수피의 규율이기도 하다.

Abu Nu'aym al-Isbahani (d.430/1038), *Hilyat al-Awliya'*, 2:370 (Mansur, no.65). Cf. al-Ghazali, *Ihya'*, 3:79 (Asin, p.361, no.21; Mansur, no.106; Robson, p.63).

✤

184   예수가 말했다. "조언을 듣지 않는 사람의 행동은 부질없다."

아다브 정신과 관련 있으며 더 넓게는 고대 근동 지혜문학에 속하는 말로 보인다. 〈잠언〉 15장 22절을 참고하라.

Abu Nu'aym al-Isbahani (d.430/1038), *Hilyat al-Awliya'*, 5:237 (Mansur, no.72).

185   예수가 말했다. "가능한 한 하느님 앞에서 비둘기처럼 순박한 마음을 가져라." 흔히 비둘기보다 더 단순한 것은 없다고 말하곤 한다. 비둘기가 품은 새끼를 빼앗아 죽여도 비둘기는 그곳을 계속 둥지로 삼는다.

《성서》(〈마태오복음〉 10장 16절) 내용을 핵심으로 하여 비둘기에 대한 의견을 붙인 이야기다. 자히즈는 자신의 책 《알하야완al-Hayawan》(참고문헌 참조)에서 비둘기의 순박한 마음을 몇 쪽에 걸쳐 설명했다.

Abu Nu'aym al-Isbahani (d.430/1038), *Hilyat al-Awliya'*, 5:239 (Asin, p.567, no.157; Mansur, no.74; Robson, p.57). Cf. al-Jahiz, *al-Bayan*, 2:242; 동일저자, *al-Hayawan*, 3:189~190 (일부; 예수 어록 아님)

186   하느님께서는 모든 것을 소상히 알고 계신다. 예수가

하루는 '부활의 계곡'이라는 곳을 지나갔다고 한다. 거기서 그는 다른 뼈는 다 썩어 없어지고 남아 있는 하얀 해골을 보았다. 예수는 해골의 새하얀 모습에 감탄했다. 그 해골은 72년 전 죽은 사람의 것이었다. 예수가 말했다. "눈으로 볼 수 없고 의심할 바 없으며 말로 형언할 수도 없으신 하느님! 당신께 부탁하오니, 이 해골이 어느 민족이었는지 말하게 해주십시오." 하느님께서 그에게 계시하셨다. "예수여, 해골에게 말하라. 나의 권능으로 해골이 너에게 답할 것이다. 나는 어느 누구보다도 위대하기 때문이다." 예수는 정결례를 하고, 두 번 라카를 한 다음, 해골에게 다가가 "자비롭고 자애로운 하느님의 이름으로"라고 능숙하게 말했다. 해골이 생생한 목소리로 대답했다. "하느님 영이여, 당신께서는 이름 중 최고의 이름을 부르셨습니다." 예수가 말했다. "전능하신 하느님 이름으로 물으니 대답하시오. 당신의 아름다움과 깨끗함은 어디로 갔소? 당신 살은 어디 있소? 영혼은 어디 있소?" 해골이 대답했다. "하느님 영이여, 이 땅이 모든 것을 바꾸어놓았습니다. 살은 모두 벌레에게 먹혔고 뼈는 썩어가고 있습니다. 제 영혼은 지금 지옥불 속에서 크게 고통받고 있습니다."

예수가 말했다. "전능하신 하느님 이름으로 묻겠소. 당신은 어느 민족이었소?" 해골이 대답했다. "제가 이 세상에 살 때 하느님의 분노를 산 민족 출신입니다." 예수가 물었다. "어쩌다가 이 세상에 살 때 당신에게 하느님의 분노가 내렸소?" 해골이 말했다. "하느님 영이여, 하느님께서 진리와 함께 예언자를 우리에게 보내셨지만 우리는 그를 거짓 예언자라고 불렀습니다. 그가 하느님께 복종하라고 했지만 우리는 따르지 않았습니다. 그래서 하느님께서는 7년 7달 7일 동안 비와 번개를 내리셨습니다. 그러던 어느 날 고통의 천사들이 우리를 찾아왔습니다. 천사들은 강철 채찍과 불의 채찍을 들고 있었습니다. 천사들은 제 뼈 마디마디, 핏줄 곳곳에서 계속하여 제 영혼을 끄집어냈고 제 영혼이 목구멍에 닿자마자 그 순간에 죽음의 천사가 손을 뻗어 제 영혼을 끌어냈습니다.”

예수가 말했다. “전능하신 하느님 이름으로 묻겠소. 죽음의 천사는 어떻게 생겼소?” 해골이 대답했다. “하느님 영이여, 그의 한 손은 서쪽을 다른 손은 동쪽을 향하고 있습니다. 머리는 하늘의 가장 높은 부분에 닿아 있고, 다리는 가장 낮은 일곱 번째 땅까지 뻗어 있습니다. 이 땅은 그의 무릎 사이에 있고, 모든 피조물은 그의 두 눈 사이에 있습니다.” 해골은 계속 말을 이어갔다. “오, 하느님의 예언자여! 칠흑 같은 두 천사가 저에게 왔을 때, 그 시간은 좀처럼 지나가질 않았습니다. 그들 목소리는 천둥의 굉음 같았고 눈은 번개와 같이 빛났습니다. 머리칼은 곱슬머리였고 자신들 송곳니로 땅을 경작하였습니다. 그들이 제게 말했습니다. ‘네 하느님은 누구시냐? 네 예언자는 누구시냐? 네 이맘은 누구시냐?’ 하느님의 영이여, 저는 겁에 질려 대답했습니다. ‘하느님 이외에 어떤 신, 예언자, 이맘도 없습니다.’ 그들이 말했습니다. ‘너는 거짓말을 했다. 하느님의 적이며 네 자신의 적이여.' 그들은 쇠막대로 저를 때렸습니다. 너무 세게 맞았기에 저는 뼈가 부서지고 살이 찢기는 고통을 느꼈습니다. 그들은 저를 지옥 구덩이에 던진 후 하느님께서 진노가 풀리실 때까지 고통을 주었습니다. 제가 고통을 받을 때, 이 세상 모든 피조물의 행위를 기록하는 일을 맡은 천사 둘이 제게로 와서 말했습니다. '하느님의 적이여, 천국 사람들이 머무는 곳으로 함께 가자.' 저는 그들과 함께 천국의 첫 번째 문에 이르러 천국에는 여덟 개 문이 있다는 사실을 알게 되었습니다. 천국은 벽돌과 금과 은으로 이루어져 있습니다. 천국의 땅에서는 사향 냄새가 났고 들판은 샤프란 꽃으로 덮여 있었습니다. 자갈은 진주와 루비였습니다. 강에는 우유와 물과 꿀이 흘렀습니다. 거기에는 어여쁜 처녀들이 있었습니다. 모두 비슷한 또래의 순결한 처녀들이었는데, 정자에 머물고 있었습니다. 그들은 위대하고 자애로우신 그 분의 종이었습니다. 하느님의 영이여, 그들을 보고 기뻐하던 제게 두 천사가 오더니 이렇게 말했습니다. '하느님의 적이며 네 자신의 적이여, 너는 네가 살던 세상에서 이것을 누릴 만한 착한 일을 하지 못했다. 그러니 지금 우리와 같이 지옥 사람들이 있는 곳으로 가자.' 저는 그들과 함께 지옥의 첫 번째 문으로 갔습니다. 거기에는 큰 뱀과 전갈이 쉭쉭 소리를 내고 있었습니다. 저는 천사들에게 물었습니다. '누가 이 고통을 받게 됩니까?' 그들이 대답했습니다. '너다. 또한 고아들 재산을 부정하게 차지한 자들이 받을 것이다.' 그러고 나서 천사들과 함께 두 번째 문에 갔는데, 거기에는 사람들이 문에 제 수염이 매달린 채 있었습니다. 그들은 손에 묻은 피와 고름을 개처럼 핥고 있었습니다. 저는 천사들에게 말했습니다. '누가 이 고통을 받게 됩니까?' '너다. 또한 이 세상에서 사는 동안 술을 마시고 금지된 음식을 먹은 자들이다.' 다음으로 세 번째 문으로 갔는데, 그곳에서는 불이 사람들 입으로 들어가 뒤로 나오고 있었습니다. '누가 이 고통을 받게 됩니까?' '너다. 또한 이 세상에서 사는 동안 유부녀의 명예를 훼손한 사람이다.' 다음으로는 천사들과 함께 네 번째 문에 갔는데, 거기서 저는 혀가 문에 걸려 있는 여인들을 보았습니다. 그들 입에서 불이 나오고 있었습니다. '이 고통은 누가 받게 됩니까?' '너다. 또한 이 세상에서 사는 동안 예배를 드리지 못한 사람이다.' 그리고 나서 천사들과 함께 다섯 번째 문에 갔는데, 머리카락이 문에 걸린 여인들을 보았습니다. 그들 머리 위는 불타고 있었습니다. 저는 이렇게 물었습니다. '누가 이 고통을 받게 됩니까?' '너다. 그리고 배우자보다 자신을 더 꾸미는 사람이다.' 저는 천사들과 함께 여섯 번째 문에 갔는데 거기서는 머리카락과 입이 모두 문에 걸린 여인들을 보았습니다. 제가 물었습니다. '누가 이 고통을 받게 됩니까?' '너다. 그리고 이 세상에서 길을 잃은 죄인이다.' 저는 천사들과 함께 일곱 번째 문에 갔는데, 팔라끄Falaq의 우물 밑에 있는 사람들을 보았습니다. 저는 그 안으로 내던져졌습니다. 그 안에서 지금까지 당해보지 못한 극심한 고통과 셀 수 없는 두려움을 경험하고 있습니다."

예수가 해골에게 말했다. "오 해골이여! 원한다면, 하느님이 허락하시니, 제게 원하는 것을 무엇이든 말해보시오." 해골이 말했다. "하느님의 영이여. 하느님께서 저를 다시 이 세상의 삶으로 돌아가게 해주시기를 기도해주십시오." 예수는 전능하신 하느님의 권능으로 그 해골을 부활시켜 건강한 상태로 돌려주시기를 기도드렸다. 해골은 확신을 얻을 때(즉 죽음을 의미한다)까지 12년 동안 예수와 함께 기도했다. 해골은 진정한 신자로 돌아가 죽었고, 자비로운 하느님께서는 그를 천국에 있는 사람들 가운데 놓으셨다.

길고 복잡한 이야기다. 해골과의 만남은 뒤에 234번과 238번 이야기에도 나온다.[62] 처음에 예수가 하느님께 드렸던 기도는 무슬림의 전형적인 경건성을 드러낸다. 숫자 72는 《하디스》에 자주 나오는 상징적 숫자이다. 예수가 무슬림의 정결례와 기도를 하고 "바스말라basmalah"라고 말하는 것은 그가 무슬림 예언자의 역할을 수행하고 있음을 보여준다. 배은망덕한 민족에게 내리는 비는 《꾸란》 7장 84절(다른 곳에도 나온다)을 반영한다. 주석가들은 팔라끄Falaq를 《꾸란》 113장 1절에 나온 감옥sijn의 이름 혹은 지옥의 구덩이jubb라고 해석했다. 이 글의 천국과 지옥에 대한 묘사는 다른 종교

바스말라 '자비로우시고 자애로운신 하느님의 이름으로'라는 뜻으로 《꾸란》의 각 장은 (9장 제외) 모두 바스말라로 시작하며 서적이나 문서의 맨 앞, 이슬람 율법에 따른 행위를 하기 전에 정화의 의미로 여러번 사용한다.

전통들이 내세에 대해 그리는 모습과 곳곳에서 겹친다.[63]

Abu Nuʿaym al-Isbahani (d.430/1038), *Hilyat al-Awliyāʾ*, 6:10-12 (Asin, pp.426-428, no.102; Mansur, no.263; Robson, pp.102-107).

❁

187   《성서》의 복음서에는 이렇게 쓰여 있다. "건물에 잘 못된 돌이 들어 있으면 건물은 분명 무너질 것이다."

이 글은 〈마태오복음〉 21장 42절과 〈루가복음〉 20장 17절(〈시편〉 118장 22~23절 참조)을 반영하는 내용으로 보인다. 그러나 비유만 비슷할 뿐 의미는 매우 다르다. 《성서》에서는 하느님께서 새로운 백성과 맺은 새 계약을 이야기하지만, 여기 나오는 건물의 돌은 윤리적인 비유다. 즉 모든 인간의 계획과 노력은 선행 위에 세워져야 함을 뜻한다.

Abu Nuʿaym al-Isbahani (d.430/1038), *Hilyat al-Awliyāʾ*, 6:95 (Mansur, no.77).

❁

254   무슬림 예수

188   예수가 말했다. "하느님과는 많이 대화하고, 사람들과는 적게 대화하시오." 그러자 예수는 이런 질문을 받았다. "저희가 어떻게 하느님과 많이 대화할 수 있습니까?" 예수가 말했다. "홀로 있으면서 그 분과 대화하고, 홀로 있으면서 그 분께 기도하시오."

아신은 이 말이 〈마태오복음〉 6장 5~7절과 매우 유사하다고 보았다. 또한 〈전도서〉 5장 1~2절도 함께 보라. (위 인용 출처에 소개된) 무아드 이븐 자발은 매우 흥미로운 인물이다. 어떤 기록에는 이렇게 쓰여 있다. "예수는 33세에 승천했고, 무아드는 33세에 죽었다."(Ibn Sa'd, *Tabaqat*, 7장 389절)

Abu Nu'aym al-Isbahani (d.430/1038), *Hilyat al-Awliya'*, 6:195; cf. al-Qushayri, *al-Risala*, p.69 (무함마드의 유명한 동료 Mu'adh ibn Jabal에게서 나온 것임; 변형). (Asin, p.568, no.158; Mansur, no.79; Robson, p.57).

189   그러고 싶다면, (하느님) 말씀과 영의 소유자인 마리아의 아들 예수가 한 말을 반복하여라. 그의 말은 이러하다. "배고픔은 내 반찬이고, 두려움은 내 외투이며, 양모는 내 옷이고, 겨울 여

명은 나를 따뜻하게 해준다. 달은 내 전등이고, 내 두 다리는 짐을 지어주는 동물이며, 이 땅에서 생산된 것은 내 밥과 과일이 되어주었다. 나는 명예를 생각하지 않고 밤에는 조용히 물러나 있고, 아침이 되면 깨어난다. 그러니 세상에서 나보다 부유한 사람은 없다."

아신은 알리 이븐 아비 딸리브'Ali ibn Abi Talib가 이와 비슷한 말을 했다고 기록했다. 그렇지만 기원전 600년경 그리스 문화권의 스키타이인 아나카르시스Anacharsis가 쓴 편지에도 비슷한 내용이 나온다. 아나카르시스는 후에 그리스 칠현 중 하나로 회자되며 키케로Cicero의《선한 삶에 관하여On the Good Life》(Harmondsworth : Penguin, 1971, pp.100~101)에서도 인용하고 있는 인물이다. "내 옷은 스키타이의 망토이고, 신발은 딱딱한 발바닥이며, 침대는 땅이고, 음식은 배고픔으로 인해 더 맛있다. 나는 우유와 치즈, 고기 외에는 어떤 것도 먹지 않는다. 내게 오라. 그러면 너희는 평화로운 나를 볼 수 있을 것이다. 너희는 내게 무언가를 주고 싶어 하지만 대신 그것을 너희 동료에게 주어라. 아니면 불멸의 신들께 바쳐라." 그리스 칠현의 전설은 아랍 이슬람 지혜문학에서 빨라야 9세기경에 널리 퍼졌다.

Abu Nu'aym al-Isbahani (d.430/1038), *Hilyat al-Awliyā*, 6:314 (Asin, pp.374-375, no.44; Mansur, no.80; Robson, pp.67-68).

190　　　예수가 말했다. "오 이스라엘인들아, 모세는 너희에게 간음하지 말라고 했다. 그가 그렇게 했던 것은 옳았다. 나는 너희가 간음에 대한 생각을 하는 것까지도 금한다. 간음하지 않더라도 그 생각을 품은 사람은 불타는 흙집과 같다. 집이 불타지는 않더라도 연기 때문에 새까맣게 그을릴 것이다."

"오 이스라엘인들아, 모세는 하느님께 거짓으로 맹세하는 것을 금하였고, 그가 그렇게 했던 것은 옳았다. 나는 거짓이든 진실이든 하느님께 맹세하는 것 자체를 금한다."

이 두 계명은 〈마태오복음〉 5장 27 ~ 28절과 34 ~ 37절에 나온 것이다.

Abu Nu'aym al-Isbahani (d.430/1038), *Hilyat al-Awliya'*, 8:145-146 (Mansur, no.82).

아나카르시스　스키타이 출신으로 그리스 칠현 중 한 명으로 꼽힌다. 그리스 각지를 여행하고 다녔다고 한다.
칠현　기원전 8세기에서 기원전 6세기에 그리스에서 가장 현명하다고 여겼던 일곱 학자를 말하며 책마다 일컫는 7인이 통일되어 있지 않다.

191　예수가 말했다. "오 배우는 사람들아, 모르던 바를 제대로 알게 된 뒤에는 이를 무지한 이들에게 가르쳐라."

알마와르디는 이슬람 통치 이론과 윤리학 분야의 중요한 저술가였다.[64] 앎과 아는 바를 전하는 일의 중요성에 관한 계명은 여러곳에서 나온다. 46번과 195번 이야기를 보라.

Abu al-Hasan al-Mawardi (d.450/1058), *Adab al-Dunya wa al-Din*, p.67.

✿

192　예수가 이런 질문을 받았다. "당신은 왜 결혼을 하지 않으십니까?" 예수가 대답했다. "영원히 살 수 있는 곳에서만 자식이 번성하는 것이 의미 있는 일 아니겠는가."

예수는 이미 결혼에 대해 말했다. 60번 이야기를 보라. 《꾸란》에서는 자식과 이 세상 것이 번성takathur하는 일을 곧 세속의 것을 자랑하고 그에 얽매이는 일에 대한 정죄의 일부로 여겨 비판한다 (《꾸란》 57장 20절과 102장 1절).

Abu al-Hasan al-Mawardi (d.450/1058), *Adab al-Dunya wa al-Din*, pp.104

and 135.

✿

193　예수가 말했다. "잠을 자듯 죽을 것이며 잠에서 깨어
나듯이 부활할 것이다"

이 말처럼 잠을 자는 것과 깨어 있는 것을 죽음과 부활에 대한
비유로 사용하는 모습은 《성서》에 자주 나온다. 〈욥기〉 14장 11~12
절과 〈요한복음〉 11장 11~16절을 보라.

Abu al-Hasan al-Mawardi (d.450/1058), *Adab al-Dunya wa al-Din*, p.107.

✿

194　예수가 말했다. "여인에게 눈길을 주는 일을 경계하
라. 이것이 마음에 강한 욕망을 심으며 그렇게 하도록 유혹할 것이
기 때문이다."

아랍어 원문에는 특정 각운이 있어 암기하기가 쉽다. 이 말에
담긴 핵심 주제는 〈마태오복음〉 5장 26~28절과 같다.

Abu al-Hasan al-Mawardi (d.450/1058), *Adab al-Dunya wa al-Din*, p.294.

Cf. Ibn al-Jawzi, *Dhamm al-Hawa*, p.91.

✿

195   그리스도가 다음과 같은 질문을 받았다고 한다. "사람은 몇 살까지 지식을 배워야 합니까?" 그가 대답했다. "살아 있는 동안 계속 배워야 한다."

이븐 압드 알바르르는 안달루시아 전통주의자이며 문학가이다.[65] 그는 자신의 저서 《앎의 미덕 Jami' Bayan al-'Ilm》에서 앎이 지니는 미덕과 관련해 여러 자료에서 나온 수많은 글을 수집해놓았다.

Ibn 'Abd al-Barr al-Qurtubi (d. 463/1071), *Jami' Bayam al-'Ilm*, 1:96.

✿

196   예수가 말했다. "낭송가와 학자들아! 어떻게 지식을 습득한 후에 잘못된 길로 갈 수 있는가? 어떻게 볼 수 있으면서도 보지 못할 수 있는가? 이 모든 것이 천박한 이 세상과 그릇된 욕망을 위해서인가? 이 세상에 있는 너희는 불행하다. 너희 때문에 이

세상이 불행해질 것이다."

예수의 말에 나온 낭송가^{qurra'}는 《꾸란》 낭송가를 말한다. 이들
은 초기 이슬람 정치에서 중요한 역할을 담당했다. 이 이야기와 같
이 낭송가와 학자를 질책하는 모습은 다른 글에서도 볼 수 있다. 117
번, 174번, 193번, 263번 이야기를 보라.

Ibn 'Abd al-Barr al-Qurtubi (d. 463/1071), *Jami' Bayam al-'Ilm*, 1:190.

197　그리스도가 말했다. "사람들이 너에 대해 하는 말로
인해 슬퍼하지 마라. 사람들 말이 틀렸다면, 앞으로 선행을 더 하라
는 뜻이다. 사람들 말이 맞다면 너는 앞으로 받을 벌을 일찌감치 받
은 것이다."

이 말은 사람들 의견에 담대해지라고 명쾌하게 조언하고 있다.
이 내용은 멀리 〈마태오복음〉 5장 11~12절까지 소급해볼 수 있을 것
같다.

Ibn 'Abd al-Barr al-Qurtubi (d. 463/1071), *Bahjat al-Majalis*, 1:405

✿

198 예수가 공동묘지를 지나가고 있었다. 그가 죽은 이를 부르자 하느님께서 그를 부활시키셨다. 예수가 그에게 물었다. "당신은 누구요?" 그가 대답했다. "저는 한때 짐꾼이던 사람입니다." "한 남자를 위해 장작을 운반했는데, 이빨을 닦기 위해 가지를 꺾었습니다. 제가 꺾은 가지로 인해 죽고 나서 지금까지도 문초를 받고 있습니다."

알꾸샤이리는 유명한 수피이자 학식 있는 법학자이며 문학에 조예가 깊은 인물이다. 이 이야기가 실린 책은 중요한 수피들과 그들이 쓰던 용어, 그리고 그 가르침과 행동에 대한 입문서이다.[66]

성스러운 기록이 아주 사소한 죄까지도 모두 담고 있다는 점은 《꾸란》 99장 7~8절 내용과 맞아떨어진다. "티끌만 한 선이라도 실천한 자는 그것이 복이 됨을 알 것이며, 티끌만 한 악이라도 저지른 자는 그것이 악이 됨을 알 것이다."

Abu al-Qasim al-Qushayri (d.465/1073), *Al-Risala al-Qushayriyya fi 'Ilm al-Tasawwuf*, p.65 (Asin, p.565, no.151; Mansur, no.88; Robson, p.115). Cf. Asin, p.566, no.152; Robson, pp.115-116 (전체 버전).

199   예수가 말했다. "많은 나무 가운데 열매가 달린 나무
는 얼마나 되느냐! 많은 열매 가운데 먹기 좋은 열매는 얼마나 되느
냐! 수많은 학문 가운데 유용한 것은 얼마나 되느냐!"

알가잘리는 고전 이슬람 시대에 살았던 독보적 인물이다. 그는
수피 신비주의의 영성을 학문에 가지고 들어와 이슬람 문명 속 다
양한 학문들을 완전히 재정립하는 데에 힘을 기울였다. 그는 법학,
신학, 철학, 《하디스》에 대한 방대한 지식을 통해 지성과 영성의 여
정에 관한 매혹적 기록을 남겨, 세계 문화사에서 가장 매력적인 지
식인 중 한 명으로 손꼽힌다. 앞으로 나올 이야기들은 그가 저술한
《종교 연구의 부흥Ihya' 'Ulum al-Din》에 나온 것이다. 이 책은 무슬림
예배의 다양한 측면을 백과사전식으로 다루어, 이슬람의 권위 있
는 종교문학에서 가장 중요한 위치를 점하는 작품이다. 알가잘리
는 특히 예수에게 관심이 많았다. 그는 예수를 "마음의 예언자"로
불렀으며 수피 영성에서 중요한 인물 중 하나로 여겼다.[67]

이 말의 핵심 내용은 〈마태오복음〉 7장 16~20절에서 나왔으며,
거기에 쓸모없는 학문에 대한 비판을 추가했다. 알가잘리는 이 이
야기를 통해 법학자들이 이슬람법의 불필요하고 사소한 부분에 집
착하는 태도를 공격하고자 했다. 이 주제는 다른 이야기에도 자주

나온다. 알가잘리는 많은 법학자들을 참된 영성이 충만한 삶으로
나아가지 못하게 만드는 장애물이라고 생각했다.

Abu Hamid al-Ghazali (d. 505/1111), *Ihyā' Ulum al-Din*, 1:38 (Asin, p.349,
no.2; Mansur, no.90; Robson, p.42).

✿

200 예수가 말했다. "지혜를 나눌 만하지 않은 이들과 지
혜를 나누는 것은 옳지 못하다. 또한 지혜를 나눌 만한 사람과 나누
지 않는 것 역시 옳지 않다. 아픈 곳에 약을 처방하는 신중한 의사
와 같이 되어라." 또 다른 판본은 이렇게 전한다. "지혜를 나눌 만하
지 않은 이들과 지혜를 나누는 것은 무지한 일이다. 또한 지혜를 나
눌 만한 사람과 나누지 않는 것은 옳지 않다. 지혜에게는 가야할 길
이 있고 지혜를 받아 성장할 수 있는 사람들이 있다. 그러니 모든
이에게 합당한 지혜를 베풀어라."

이 말은 〈마태오복음〉 7장 6절을 반영하고 있다. 알가잘리는
당시 여러 이슬람 사상가들과 마찬가지로 사람들은 지적 능력과
성향이 저마다 크게 차이가 난다고 보았다. 따라서 모든 학문을 모
든 사람이 이해할 수 있지 않으므로, 각자 지적 수준에 맞는 학문이

어야만 그 사람에게 가장 이롭다고 보았다. 그러나 학문에는 잘못 이해하거나 이단으로까지 빠질 위험도 분명 존재한다. 알가잘리는 수학 같은 학문은 사람을 오도할 수 있다고 보았다. 신학과 같은 학문에서 수학 같은 정확성을 바라는 사람은 불신앙으로 빠질 위험을 감수해야 하기 때문이다. 요컨대 알가잘리는 지성을 중시하는 엘리트주의자로 볼 수 있을 듯하다.

Abu Hamid al-Ghazali (d. 505/1111), *Ihyà 'Ulum al-Din*, 1:43 (Asin, p.349, no.3; Mansur, no.91; Robson, p.42). Cf. al-Jahiz, *al-bayan*, 2:35; Ikhwan al-Safa', *Rasà'il*, 4:215 (일부); al-Mawardi, *Adab*, p.127; Ibn al-Barr, *Jami*, 1:109 (일부); Ibn 'Asakir, *Sirat*, p.187, no.225 (변형).

201   예수가 말했다. "악한 학자들은 강어귀로 떨어진 바위와 같다. 돌은 스스로 물을 마시지도 못하면서 물이 농작물로 흘러가는 것까지 막는다. 악한 학자들은 또한 하수도와 같다. 겉은 하얗게 칠해져 있어도 안은 온통 썩어 있다. 그들은 무덤과도 같다. 밖은 웅대하지만 안은 죽은 뼈들로 가득하다."

이 말 역시 편협한 학자를 공격하는 내용을 담고 있다. 아신은

《성서》의 복음서에 이와 비슷한 부분이 있다고 말한다.[68]

Abu Hamid al-Ghazali (d. 505/1111), *Ihya' 'Ulum al-Din*, 1:66. Cf. Warram,

Majmu'a, 1:84 (Asin, p.351, no.5; Mansur, no.93; Robson, p.43).

✿

202 예수가 말했다. "목적지가 내세인데도 굳이 이 세상 길을 가는 이를 어떻게 배운 사람이라고 할 수 있겠는가? 실천하기 위해서가 아니라 다른 사람에게 가르치려고 말하는 이를 어떻게 배운 사람이라고 할 수 있겠는가?"

앞서 나온 191번 이야기와 비교해보라.

Abu Hamid al-Ghazali (d. 505/1111), *Ihya' 'Ulum al-Din*, 1:67 (Asin, p.352,

no.6; Mansur, no.94; Robson, p.63).

✿

203 예수가 말했다. "지식을 배우고, 배운 바대로 행동하지 않는 사람은 몰래 간통하여 임신하고 그 부끄러운 행동이 모두

에게 알려진 여인과 같다. 그렇게 자신이 아는 바에 따라 행동하지 않는 사람은 심판의 날 모든 이들 앞에서 하느님께 창피를 당할 것이다."

앞서 나온 43번 이야기를 보라.

Abu Hamid al-Ghazali (d. 505/1111), *Ihya' 'Ulum al-Din*, 1:66. Cf. Warram, *Majmu'a*, 1:84 (Asin, p.353, no.8; Mansur, no.95; Robson, p.43).

204   예수가 비를 기원하기 위해 밖으로 나갔다. 주변 사람들이 지루해 가만히 있질 못하자데 이를 본 예수가 말했다. "여러분 가운데 한번이라도 죄를 저지른 적 있는 분은 돌아가시오." 그러자 사람들이 모두 돌아가고, 사막에는 오직 한 사람만이 예수 뒤에 남았다. 예수가 그에게 말했다. "당신은 아무런 죄도 짓지 않았소?" 그가 대답했다. "하느님께서 저의 증인이시니, 저는 분명 그런 일은 알지 못합니다. 다만 한번은 예배를 드리다가 한 여인이 곁을 지나간 적이 있는데 제 눈으로 그녀를 보았습니다. 저는 손가락으로 제 눈을 뽑아 그 여자에게 던졌습니다." 그러자 예수가 그에게 말했다. "하느님께 기도하시오. 제가 그대의 기도에 '아멘'이라 외치겠소."

그 남자는 하느님께 기도했다. 하늘은 구름으로 뒤덮였고, 비가 쏟아져 내렸다. 이에 사람들 갈증은 해소되었다.

무슬림들은 비를 기원하기 위해 특별한 기도를 올렸는데 이를 살라트 알이스티스까Salat al-Istisqa'(비를 기원하는 기도라는 뜻)라고 한다. 죄를 지은 눈을 뽑는 장면은 〈마태오복음〉 18장 9절에서 나왔다.

Abu Hamid al-Ghazali (d. 505/1111), *Ihyā' Ulum al-Din*, 1:316 (Asin, p.354, no.10; Mansur, no.97; Robson, p.95). Cf. Asin, p.587, no.201; Robson, pp.121-122 (전체 버전); and Ibn al-Jawzi, *Dhamm al-Hawa*, p.131 (약간 변형).

✿

205 마리아가 예수를 찾다가 베 짜는 사람들 곁을 지나게 되었다. 마리아가 이들에게 길을 물었는데 그들은 잘못된 길을 알려주었다. 이에 마리아가 말했다. "오, 하느님! 저들이 얻은 축복을 빼앗아 가난하게 죽도록 하시고 사람들에게 멸시받도록 하소서." 그러자 그녀의 기도는 응답을 받았다.

자히즈와 같은 몇몇 고전시대 무슬림 저술가들은 베 짜는 일
등의 일부 직업과 기술을 천하다고 보았다.[69] 이 이야기는 이런 직
업이 천대받은 이유를 '설명'해준다. 시리아 문학에서도 널리 알려
진 내용이다.[70]

Abu Hamid al-Ghazali (d. 505/1111), *Ihyā' Ulum al-Din*, 2:85 (Asin, p.357,

no.13; Mansur, no.99).

✿

206

한번은 사탄이 예수 앞에 나타나서 이렇게 말했다.
"말하라. '알라(하느님) 이외에 다른 신은 없다.'" 예수가 대답하였다.
"그 말은 옳지만 나는 너를 따라 말하진 않겠다." 이렇게 말한 까닭
은 선한 것 안에도 사탄의 속임수가 숨어 깃들 수 있기 때문이다.

〈마태오복음〉 4장 1~11절에 나오는 광야에서 유혹받는 예수 모
습에서 영감을 받았을 것이다. 이 이야기에서 사탄이 예수에게 무
슬림의 신앙고백을 따라하도록 했다는 점을 눈여겨볼 필요가 있
다. 마지막 문장은 알가잘리의 해석으로 보인다.

Abu Hamid al-Ghazali (d. 505/1111), *Ihyā' Ulum al-Din*, 3:29 (Asin, p.359,

no.17; Mansur, no.102; Robson p.81).

✿

207 예수가 태어났을 때 악마들이 사탄에게 가서 말했다. "오늘 우상들이 모두 절을 했습니다." 사탄이 말했다. "아무래도 너희 세계에 무슨 일이 일어난 것 같다." 사탄은 온 세상을 날아다녔지만 아무것도 찾아내지 못했다. 마침내 사탄은 천사들에게 둘러싸인 아기 예수를 발견했다. 사탄은 악마들에게 돌아가 말했다. "어제 한 예언자가 태어났다. 지금까지 내가 같이 있지 않는 한 어떤 여자도 임신하거나 출산한 적이 없었다. 그러나 이번만은 예외였다. 그러니 이 밤이 지난 후에는 더 이상 우상을 숭배하지 않을 것 같다. 이제부터는 사람들의 경솔함과 얄팍함을 이용하여 유혹하여라."

많은 외경에서 예수 탄생 직후에 우상을 숭배하는 경향이 몰락했다고 말하고 있다.[71] 《꾸란》에도 경솔함과 얄팍함을 비난하는 내용이 자주 나온다.

Abu Hamid al-Ghazali (d. 505/1111), *Ihya' 'Ulum al-Din*, 3:32 (Asin, pp.359-360, no.18; Mansur, no.103, Robson, pp.81-82). Cf. Ibn 'Asakir, *Sirat*, p.37, no.18.

✿

$\mathcal{208}$ 예수가 말했다. "지금은 없는, 보이지도 않는 약속을 위해 현재의 욕망을 포기한 이에게 복이 있을 것이다."

이 이야기는 그리스도가 아브가루스(혹은 아브가르Abgarus(Al-Abjar))에게 보냈다는 외경 서간의 형식과 매우 유사하다.[72]

Abu Hamid al-Ghazali (d. 505/1111), *Ihya' 'Ulum al-Din*, 3:64; Cf. Ibn 'Asakir, *Sirat*, p.150, no.157 (Asin, p.361, no.20; Mansur, no.105, Robson, p.63).

✿

$\mathcal{209}$ 예수는 60일 동안 아무것도 먹지 않고 주님과 친밀한 대화를 나누었다. 그때 예수에게 빵에 대한 생각이 떠오르자 친밀한 관계가 깨졌다. 곧 예수의 손에 빵 한 개가 들려졌는데, 예수는

아브가루스 (혹은아브가르) 메소포타미아 지역에 존재했던 작은 국가 오스로에네 (기원전 132-기원후 244)에서는 왕을 공통적으로 아브가루스라고 불렀다. 이 가운데 아브가루스 5세가 그리스도와 동시대에 살았는데《신약성서》의 외경인 《아브가루스와 그리스도의 서한집》이 전해진다. 왕은 불치의 병으로 고통 받고 있었고 예수의 소문을 듣고 그를 초대하나 예수는 이를 정중히 거절하는 대신 제자를 파견하겠다는 약속을 한다. 제자가 그곳에 갔을 때 왕은 이미 완치된 상태였고 그리스도교를 받아들여 오스로에네 왕국은 역사상 최초의 그리스도교 국가가 된다.

주저앉아 하느님과 친밀함을 놓치고 만 것이 슬퍼 울었다. 그 순간 예수에게 한 노인의 그림자가 나타났다. 예수가 노인에게 말했다. "하느님의 친구여, 하느님 축복이 있기를! 나를 위해 하느님께 기도해주시오. 제가 황홀경(신비상태)에 있을 때 빵에 대한 생각이 떠올랐고 그래서 그 체험이 끊겼소." 그러자 노인이 이렇게 기도했다. "오 하느님! 제가 당신을 알고 난 이후로 지금까지 빵에 대해 생각을 했다면 저를 용서하지 마십시오. 하지만 제 앞에 먹을 것이 놓인다면, 아무 생각도 없이 먹기만 할 것입니다."

수피의 단식과 명상, 초기 그리스도교의 금욕적 실천과 관계있는 난해한 대화다. 여기서 '노인'은 수피 스승의 모범을 상징하며 하느님과 완전한 교감을 나누는데, 이는 예수의 인간적 약함을 더욱 부각시킨다.

Abu Hamid al-Ghazali (d. 505/1111), *Ihya' 'Ulum al-Din*, 3:29 (Asin, p.359, no.17; Mansur, no.102; Robson p.81).

210 예수가 말했다. "경건함은 9할이 침묵이고 나머지 1할은 사람들과 떨어져 있는 것이다."

이와 비슷한 계명이 이집트 사막의 선조에게도 계시되었다.[73]

Abu Hamid al-Ghazali (d. 505/1111), *Ihya 'Ulum al-Din*, 3:29 (Asin, p.364, no.26; Mansur, no.111; Robson p.64).

✿

211   《성서》의 복음서에는 이렇게 쓰여 있다. "자신에게 나쁘게 하는 이들을 위해 기도하는 사람은 사탄을 물리친다."

《성서》(〈루가복음〉 6장 28절)를 골자로 하여 사탄을 물리칠 것이 라는 말이 추가되었다.

Abu Hamid al-Ghazali (d. 505/1111), *Ihya 'Ulum al-Din*, 3:180 (Asin, p.367, no.33; Mansur, no.118; Robson p.46).

✿

212   예수가 말했다. "이 세상 사람들아, 너희는 불행하다! 이 세상의 것을 모두 뒤에 남겨둔 채 어떻게 죽을 수 있겠는가! 이 세상이 너희를 속이는데도 여전히 이 세상을 믿고 있구나! 이 세상

이 실망시키는데도 아직도 이 세상을 믿는구나! 속고 있는 사람들아, 너희는 불행하다! 이 세상은 너희가 싫어하는 일만 보여주는구나! 또한 너희는 사랑했던 것을 스스로 버리고 있다! 그리고 마침내 너희를 위태롭게 했던 것과 대면하게 되었구나! 이 세상에 관심을 두고 죄를 쫓아다니는 자여, 너희는 불행하다! 너희 죄는 곧 드러날 것이다!"

이 세상을 저주하는 모습은 무슬림 금욕주의 작품에서 자주 볼 수 있다. 특히 《가르침의 백과사전Mawsu'at Rasa'il》에 담긴 이븐 아비 알둔야의 〈세상비판Kitab Dhamm al-Dunya〉에는 예수 말로 보이는 많은 어록이 들어 있다.

Abu Hamid al-Ghazali (d. 505/1111), *Ihya' 'Ulum al-Din*, 3:200 (Asin, p.371, no.38; Mansur, no.122; Robson pp.66-67). Cf. al-Zabidi, *Ithaf*, 8:87

�֍

213 예수가 다음과 같이 말했다고 한다. "오, 악한 학자들아! 너희는 단식하고 예배하며 자선을 베풀지만, 다른 사람에게 실천하라고 한 것을 정작 너희는 하지 않고, 너희가 실천하지 않는 것을 가르치는구나. 너희 판결은 참으로 끔찍하다! 너희는 말로는 회

개하고 헛된 희망을 품지만, 기분대로 행동하는구나. 마음은 더러우면서 겉모습만 깨끗이 하는 것이 너희에게 무슨 도움이 되겠느냐? 내가 진실로 너희에게 말한다. 찌꺼기는 남겨두고 좋은 밀가루는 걸러내는 체와 같이 되지 마라. 너희는 입으로 판단하지만 입으로 판단할 때 마음속에는 여전히 악의가 남아있기 때문이다. 이 세상의 노예들아, 이 세상에 대한 욕망을 멈추지 않고, 그 욕망을 채우지도 못하면서 어떻게 저 세상을 얻을 수 있겠는가? 내가 진실로 너희에게 말한다. 너희 행동 때문에 너희 마음은 눈물을 흘릴 것이다. 너희는 이 세상을 너희 혀 밑에 놓았고 해야 할 일은 너희 발밑에 놓았다. 내가 진실로 너희에게 말한다. 너희가 스스로의 내세를 망치고 있다. 이 세상의 좋은 것을 내세의 좋은 것보다 더 소중히 여겼기 때문이다. 사람들 가운데 너희보다 더 헤매는 이가 있느냐! 오직 너희가 깨닫기를 바랄 뿐이다.

불행하도다! 이 세상 사람들에게 너희는 세상을 너희에게 맡겨 달라고 호언장담하고 마찬가지로, 여행자들에게 밤길을 가르쳐주지만 실제 너희는 헤매는 사람들 안에 머물고 있다. 헤매는 사람들 속에 있으면서도 밤길 가르쳐주는 일을 언제까지 할 것인가? 천천히 가라, 천천히 가라! 너희는 불행하다! 등잔이 지붕 위에 있어 안은 어둡고 적막한 집과 같이, 어두운 집에 그것이 무슨 소용이겠는가? 마찬가지로 지혜의 빛이 너희 입안에 있는데도 너희 안의 모든 것이 적막하고 공허하면, 지혜가 무슨 소용이 있겠느냐. 이 세상의 노예들아, 너희는 신앙심 깊은 노예도 아니고 훌륭한 자유인도 아니다. 이 세상은 너희를 뿌리째 뽑아 너희 얼굴에 던지고, 너희 코를 갈아 먼지로 만들려 하고 있다. 그 후에 이 세상은 너희 죄 때문에 너희 앞머리까지 움켜잡을 것이다. 그 후 너희는 죄를 알고 계시며 악행을 처벌하실 왕과 판관 앞에 발가벗겨진 채 끌려 나가 홀로 마주하게 될 것이다."

악한 학자들을 저주하는 모습은 앞에서도 나왔다. 93번, 94번, 117번, 196번, 201번 이야기를 보라. 여기 나온 예수의 말 가운데는 〈마태오복음〉 23장 13~36절에서 예수가 서기와 바리새인들을 고발하는 모습을 연상시키는 부분이 곳곳에 있다. 앞머리를 움켜잡는 모습은 《꾸란》에도 나오는 이미지다. 《꾸란》 96장 15절을 보라.

Abu Hamid al-Ghazali (d. 505/1111), *Ihyaʾ ʿUlum al-Din*, 3:258-259 (Asin, pp.380-381, no.53; Mansur, no.135; Robson pp.82-83). Cf. Ibn ʿAsakir, *Sirat*, p.191, no.233.

✿

214 예수가 말했다. "씨앗은 돌이 아니라 들판에서 자란다. 이와 같이 지혜 또한 거만한 사람의 마음이 아니라 겸손한 사

람의 마음에서 더욱 꽃을 피운다. 머리가 천장까지 닿는다고 자랑하는 사람은 천장에 머리를 부딪치겠지만, 머리를 낮추는 사람은 안전하게 피할 수 있지 않겠는가?"

아신은 씨 뿌리는 사람의 비유(〈마태오복음〉 13장 4~9절)가 이 말에 부분적으로 영향을 미쳤으리라고 보았다. 지혜와 겸손의 만남이라는 주제는 근동 지역의 종교문학에서 자주 볼 수 있다. 〈잠언〉 11장 2절을 보라.

Abu Hamid al-Ghazali (d. 505/1111), *Ihya' 'Ulum al-Din*, 3:336 (Asin, p.391,

no.59; Mansur, no.141; Robson p.47).

215   예수가 말했다. "좋은 옷을 입으면 마음이 거만해진다."

아신은 이 말이 〈루가복음〉 7장 25절과 유사한 면이 있다고 보았다. 이에 더하여 〈루가복음〉 20장 45~47절과도 밀접한 연관이 있어 보인다.

Abu Hamid al-Ghazali (d. 505/1111), *Ihyāʾ ʿUlum al-Din*, 3:345-346 (Asin,

p.391, no.60; Mansur, no.142; Robson p.70).

✵

216   예수가 말했다. "마음은 늑대와 포식자와 같으면서
옷은 왜 수도자처럼 입고 왔느냐? 옷은 왕처럼 입되 하느님을 두려
워하는 겸손한 마음을 가져라."

〈마태오복음〉 7장 15절에 나오는 양의 탈을 쓴 '거짓 예언자들'
이 여기서는 수도자로 바뀌었다. 《꾸란》에서 수도자ruhban는 네 번
등장하는데 이들의 겸손함을 칭찬하는 것은 단 한 군데뿐이다.(《꾸
란》 5장 82절)

Abu Hamid al-Ghazali (d. 505/1111), *Ihyāʾ ʿUlum al-Din*, 3:346 (Asin, p.391,

no.61; Mansur, no.143; Robson pp.83-84). Cf. al-Raghib al-Isfahani,

Muhadarat, 2:402.

✵

217   그리스도가 말했다. "바라지 않는 바를 겪지 않고서

는 바라는 바를 얻지 못할 것이다."

《사막 교부들의 금언집The Sayings of the Desert Fathers》 70쪽 7번
을 보라.

Abu Hamid al-Ghazali (d. 505/1111), *Ihyā 'Ulum al-Din*, 4:61; cf. Jahiz,

Bayan, 3:164 (al-Hasan al-Basri에게서 온 것); Ibn Handum, *Al-Tadhkira*,

1:201, no.475 (Asin, p.394, no.64; Mansur, no.146; Robson p.47).

218 예수가 이렇게 말했다. "너희 제자들은 죄를 두려워
한다. 우리 예언자들은 불신앙을 두려워한다."

이 말은 쉽게 이해하기 어려운데, 수피 스승이 아니라 수피 제
자를 대상으로 한 말로 보인다. 이 해석은 바로 직전 이야기에도 적
용된다. 사흘 알투스타리Sahl al-Tustari(283/896년 사망)는 이렇게 말
했다. "무리드murid(수피 제자)는 죄로 인한 고통을 두려워하고 아리
프'arif(수피 스승)는 불신앙에서 오는 고통을 두려워한다." 전반적으
로 예수가 한 이 말은 하느님을 알수록 하느님에 대한 두려움이 커
진다는 알가잘리의 주장과 관련이 있다.

Abu Hamid al-Ghazali (d. 505/1111), *Ihya' 'Ulum al-Din*, 4:168 (Asin, p.397,

no.68; Mansur, no.150; Robson p.48).

❀

219   예수가 여행 중에, 옷을 뒤집어쓰고 자는 사람 곁을
지나갔다. 예수가 그를 깨워 말했다. "자는 이여, 일어나서 전능하
신 하느님 이름을 말하시오." 잠자던 사람이 말했다. "제게 무엇을
원하십니까? 저는 이 세상을 세상 사람들에게 주어버렸습니다."
예수가 말했다. "사랑하는 이여, 계속 자시오."

《성서》의 복음서와 이 대화는 유사한 부분이 없어 보이지만
안에 담긴 정신은 초기 금욕주의적 그리스도교와 무슬림 문학과도
맞닿아 있다. 기도하기 위해 깨어 있는 모습은 유대, 무슬림 전통에
서는 특별히 칭찬할 만한 행동으로 여겨진다.[74] 무슬림들은 새벽기
도를 할 때 다음 구절을 같이 외친다. "기도는 잠보다 고결하다." 옷
을 뒤집어쓰고 자는 사람의 모습은 《꾸란》 73장과 74장에 나오는
인물을 생각나게 한다. 누더기 걸친 사람을 명상하는 은둔자의 본
보기로 여기는 수피들에게, 이 사람 모습은 특별한 의미가 있다.

Abu Hamid al-Ghazali (d. 505/1111), *Ihya' 'Ulum al-Din*, 4:190 (Asin, p.401,

no.71; Mansur, no.153; Robson p.70).

✿

220   그리스도가 말했다. "이 세상은 다리다. 이 다리를 건너야지 다리 위에 건물을 지어서는 안 된다." 그는 이런 질문을 받았다. "하느님의 예언자이시여, 우리가 하느님께 예배할 수 있는 집을 지으라는 명령을 내려주소서." 예수가 말했다. "가서 물 위에 집을 지어라." 그들이 예수에게 물었다. "어떻게 물 위에 튼튼한 집을 지을 수 있겠습니까?" 예수가 말했다. "이 세상도 사랑하면서 어떻게 올바른 예배를 할 수 있겠는가?"

이 책에서 발견되는 여러 요소들이 결합된 말이다. 41번, 60번, 99번, 110번, 302번 이야기를 같이 보라.

Abu Hamid al-Ghazali (d. 505/1111), *Ihya' 'Ulum al-Din*, 4:218 (Asin, p.404, no.75; Mansur, no.156; Robson p.71). Cf. al-Makki, *Qut*, 1:256

✿

221   예수가 어떤 사람의 집 담벼락에 앉자, 주인이 와서

예수더러 거기서 떠나라고 했다. 예수가 말했다. "내가 가는 것은 당신 때문이 아니요. 그 분께서 내가 그늘에서 쉬는 것을 바라지 않으시기 때문이오."

아신은 이 이야기가 〈마태오복음〉 8장 20절을 반영한다고 보았다. 이 대화는 이 세상을 완전히 포기해야 한다고 주장한다. 우리는 앞서 나온 118번과 119번 돌베개 이야기에서 이러한 내용을 이미 살펴본 바 있다.

Abu Hamid al-Ghazali (d. 505/1111), *Ihyaʾ ʿUlum al-Din*, 4:224 (Asin, p.407, no.79; Mansur, no.160; Robson p.71-72). Cf. Ibn ʿAsakir, *Sirat*, p.132, no.118.

222 예수는 빗 하나와 컵 하나만 가지고 있었다. 그는 수염을 손가락으로 다듬는 한 남자를 보고 빗을 던져주었다. 그는 손으로 강물을 마시는 또 다른 남자를 보고는 컵을 던져주었다.

예수의 외모와 일상 모습에 대한 설명은 앞에서 살펴보았다. 77번과 78번 이야기를 보라.

Abu Hamid al-Ghazali (d. 505/1111), *Ihya' 'Ulum al-Din*, 4:231-232 (Asin, p.408, no.81; Mansur, no.162; Robson p.72).

223　예수가 말했다. "몸과 재산에 질병과 재난이 닥칠 때 기뻐하지 않는 자는 현명한 사람이 아니다. 그때야말로 저지른 죄에 대해 참회할 수 있기 때문이다."

《가르침의 백과사전Mawsu'at Rasa'il》에 담긴 이븐 아비 알둔야의 〈세상비판Kitab Dhamm al-Dunya〉 3장 36절, 80번과 비교해보라. 거기에는 유명한 전통주의자이자 금욕주의자인 수프얀 알사우리 Sufyan al-Thawri(161 / 778년 사망)가 했다는 말이 나오는데, 내용은 다음과 같다. "재앙을 신의 은총으로 여기지 않고 세상에서의 성공을 재앙으로 생각하지 않는 사람은 학자가 아니다."

Abu Hamid al-Ghazali (d. 505/1111), *Ihya' 'Ulum al-Din*, 4:231-232 (Asin, p.408, no.81; Mansur, no.162; Robson p.72).

224 예수가 한 말 중에 다음과 같은 것이 있다. "하느님을 따르길 좋아하는 젊은이는 다른 모든 일은 잊어버린다(는 것을 너는 알 수 있을 것이다)."

238번 이야기를 보라.[75]

Abu Hamid al-Ghazali (d. 505/1111), *Ihyā' 'Ulum al-Din*, 4:302 (Asin, p.413, no.85; Mansur, no.167; Robson p.48).

✿

225 예수가 길을 가다 눈이 멀고 절름발이인 데다가 몸이 좌우로 모두 마비되고 나병 때문에 신체 일부가 없는 사람을 보았다. 그때 그 사람은 이렇게 말하고 있었다. "피조물에게 가하신 많은 고통에서 나를 치유하신 하느님을 찬양하라." 예수가 그에게 물었다. "여보시오. 나는 당신이 아직 받지 않은 고통을 찾기가 어렵소." 그가 대답했다. "하느님의 영이여, 제 마음에 심어놓으신 하느님 지식이 조금도 마음에 자리 잡지 못한 사람보다 제가 낫습니다." 예수가 말했다. "당신 말은 참으로 진실하오. 내게 손을 내밀어주시오." 그 남자가 손을 내밀자 그는 가장 말끔하고 멋진 얼굴로 모습이 바뀌었다. 하느님께서 그의 고통을 치료하셨기 때문이다. 그 이

후로 그는 예수와 함께 다니며 예배를 드렸다.

〈마태오복음〉 8장 1~3절에 나오는 나병 환자를 치유한 이야기
가 여기서는 대화 형태로 변형되었다. 나병 환자는 지식ma'rifa이라
는 말에 가장 적합한 사람이다. 이 지식은 수피들이 특권으로 생각
하는 높고 직접적이며 체험적인, 하느님에 관한 앎을 의미한다.

Abu Hamid al-Ghazali (d. 505/1111), *Ihyà 'Ulum al-Din*, 4:339 (Asin, p.415,

no.88; Mansur, no.170; Robson p.101).

✿

226 예수가 이스라엘인들에게 물었다. "씨앗은 어디에서
자라고 있는가?" 그들이 대답했다. "흙에서 자랍니다." 예수가 말
했다. "내가 진실로 너희에게 말한다. 지혜는 오직 흙과 같은 마음
에서만 자란다."

214번 이야기를 보라.

Abu Hamid al-Ghazali (d. 505/1111), *Ihyà 'Ulum al-Din*, 4:347 (Asin, p.416,

no.89; Mansur, no.171; Robson p.49).

❖

227   하느님께서 예수에게 계시하셨다. "내가 종의 속마음을 살펴보고 그 안에 이 세상이나 내세에 대한 사랑이 없음을 알게 된다면, 나는 그의 마음에 나에 대한 사랑을 가득 채우고 그 마음을 지켜줄 것이다."

하느님 종의 '속마음'과 하느님의 사랑으로 충만한 마음은 수피의 모습을 연상시킨다.

Abu Hamid al-Ghazali (d. 505/1111), *Ihya' 'Ulum al-Din*, 4:349. Cf. al-Qushayri, *al-Risala*, p.173 (약간 변형) (Asin, p.417, no.90; Mansur, no.172; Robson p.78).

❖

228   예수가 모든 일 가운데 가장 으뜸이 되는 것은 무엇이냐는 질문을 받았다. 예수는 이렇게 답했다. "전능하신 하느님께 항상 감사하고 그 분을 사랑하는 일이다."

하느님께 감사al-Rida'an Allah하는 것은 이븐 아비 알둔야가 쓴 서간의 한 주제이다. 초기 신앙심 깊은 무슬림들의 비슷한 어록을

곳곳에서 볼 수 있다.[76]

Abu Hamid al-Ghazali (d. 505/1111), *Ihyā 'Ulum al-Din*, 4:349 (Asin, p.417, no.91; Mansur, no.173; Robson p.49).

✿

229 예수가 말했다. "죄를 저지를 의도 없이 잠에 빠지는 눈과, 죄와는 거리가 먼 생각으로 잠에서 깨는 눈에게 복이 있을 것이다."

문제를 일으키는 눈의 이미지는 〈마태오복음〉 6장 22~23절, 18장 9절에서, 축복받은 눈에 대한 설명은 〈루가복음〉 10장 23절에서 나온 것이다.

Abu Hamid al-Ghazali (d. 505/1111), *Ihyā 'Ulum al-Din*, 4:353 (Asin, p.417, no.92; Mansur, no.174; Robson p.49).

✿

230 제자들이 예수에게 물었다. "하느님의 영이여, 지금

이 땅에 당신과 같은 분이 있습니까?" 예수가 말했다. "있다. 그가 하는 말은 대부분 (하느님에 관한) 말이고, 침묵할 때는 (하느님에 대해) 묵상하고, 보는 곳마다 가르침을 얻는 그런 이가 나와 같은 사람이다."

10번과 13번 이야기를 보라.

Abu Hamid al-Ghazali (d. 505/1111), *Ihyaʾ ʿUlum al-Din*, 4:411 (Asin, p.420, no.97; Mansur, no.179; Robson pp.49-50).

231 하루는 예수가 앉아 있다가 저쪽에서 삽으로 흙을 퍼내는 한 노인을 보았다. 예수가 말했다. "오 하느님, 이 노인에게서 희망을 없애주십시오." 그러자 그 노인은 삽을 옆에 놓고 누워서는 한 시간 정도 그렇게 있었다. 그때 예수가 말했다. "오 하느님, 이 노인에게 다시 희망을 주십시오." 노인은 일어나 다시 일을 하기 시작했다. 예수가 왜 그렇게 했는지 물었더니 노인이 대답했다. "제가 일하고 있을 때 제 영혼이 말했습니다. '얼마나 더 일해야 하느냐, 노인아?' 그 말을 듣고 저는 삽을 팽개쳐버리고 누웠습니다. 그때 제 영혼이 말했습니다. '이것은 하느님의 진리다. 살아 있을 동안에

는 일을 해야 한다.' 그래서 저는 다시 삽을 잡았습니다."

노동의 중요성은 247번 이야기에도 나온다. 여기에는 이집트 사막의 교부들이 실천한 윤리가 반영되어 있기도 하다.[77]

Abu Hamid al-Ghazali (d. 505/1111), *Ihya' 'Ulum al-Din*, 4:438 (Asin, p.421, no.99; Mansur, no.181; Robson pp.101-102). Cf. Ibn 'Asakir, *Sirat*, p.202, no.248.

❋

232   예수가 말했다. "내일 얻을 것을 염려하지 마라. 내일이 네게 약속된 시간이라면, 네가 얻을 것도 약속된 시간에 올 터이다. 내일이 네게 약속된 시간이 아니라면, 다른 사람의 약속된 시간에 대해 염려하지 마라."

44번과 73번 이야기를 보라.

Abu Hamid al-Ghazali (d. 505/1111), *Ihya' 'Ulum al-Din*, 4:442 (Asin, p.422, no.100; Mansur, no.182; Robson p.50).

✿

233 예수가 제자들에게 말했다. "이 시련(죽음을 의미한다)에서 나를 편하게 놓아달라고 하느님께 기도해주어라. 나는 죽음이 너무도 두렵기에 죽음을 더 잘 알게 되었고 그래서 죽음이 더 두렵다."

이 말의 핵심 내용은 〈마태오복음〉 26장 39절, 〈루가복음〉 22장 44절의 겟세마니 동산에서 받은 시련으로부터 나온 듯하다. 다른 이야기처럼 여기서도 예수의 인간적 약함이 부각된다.

Abu Hamid al-Ghazali (d. 505/1111), *Ihyā' 'Ulum al-Din*, 4:446 (Asin, p.423, no.101; Mansur, no.183; Robson p.84).

✿

234 예수가 한 해골 옆을 지나가다 해골을 발로 차며 이렇게 말했다. "하느님께서 허락하시니, 말하라!" 해골이 대답했다. "하느님의 영이여, 저는 옛날 어느 한때에 왕이었습니다. 머리에는 왕관을 쓰고 군인과 대신에게 에워싸여 왕좌에 앉아 있었는데 갑자기 죽음의 천사가 제 앞에 나타났습니다. 그러자 제 사지는 하나씩

뽑혀 나가고 제 영혼은 그에게 갔습니다. 주변에 많은 사람이 있었
는데 이제 혼자가 되었습니다! 모든 것이 기쁨이었는데 이제 우울
함만이 남았습니다!"

해골과의 만남은 186번과 248번 이야기를 보라.[78]

Abu Hamid al-Ghazali (d. 505/1111), *Ihyā' 'Ulum al-Din*, 4:448 (Asin, p.423,

no.102; Mansur, no.184; Robson p.102). Cf. Asin, p.423, no.102 bis; p.424,

no.102 ter; pp.424-425. no.102 quarter (변형).

235 예수가 말했다. "건강한 몸, 아름다운 얼굴, 화려한 말
솜씨를 가졌지만 결국 지옥의 단계마다 비명을 지르게 되는 이들
이 얼마나 많은가!"

아랍어 원문에는 속담과 같은 어조로 읽어야 하는 각운이 담겨
있다.

Abu Hamid al-Ghazali (d. 505/1111), *Ihyā' 'Ulum al-Din*, 4:518 (Asin, p.431,

no.103; Mansur, no.185; Robson p.73).

�֎

236 예수가 자카리야의 아들 요한에게 말했다. "어떤 사람이 당신에 대해 하는 말이 진실이라면 하느님께 감사하시오. 만약 그것이 거짓이라면 하느님께 훨씬 더 많이 감사하시오. 당신이 노력하지 않아도 하느님께서는 당신의 선한 행동을 더 많이 기록해두실 것이기 때문이오."

사람들에게 받은 비방을 견뎌내는 일은 모욕을 견뎌내는 윤리적 지침과 통한다. 80번, 100번, 197번 이야기를 보라.

Abu Hamid al-Ghazali (d. 505/1111), *al-Tibr al-Masbuk*, p.21 (Mansur, no.186), 이 ; Robson p.73). 이 작품이 알가잘리의 것인지 여부는 불확실하다.

✖

237 예수가 말했다. "한 사람의 장례식이 끝나고 무덤 가

장자리에 묻히는 순간 전능하신 하느님께서는 당신의 영광을 드러내며 그에게 질문 40개를 던지신다. 먼저 하느님은 이렇게 말씀하신다. '나의 종아, 너는 평생 내가 만들어놓은 것들의 형상만 닦으면서 내 모습은 한 시간도 닦지 않는구나.' 전능하신 하느님은 매일 네 마음을 관찰하며 이렇게 말씀하신다. '너는 내 자비 안에 머무르면서도 나 외의 다른 것들을 위해 무엇을 하고 있는 것이냐? 귀가 먹었느냐? 듣지 못하느냐?'"

일반적인 무슬림의 설명에 따르면, 죽은 후에 영혼에게 질문하는 것은 주로 하느님보다 하느님 명을 받은 두 천사들이라고 한다.

Abu Hamid al-Ghazali (d. 505/1111), *Ayyuha al-Walad*, p.108 (Asin, p.570, no.165; Mansur, no.188; Robson p.91).

238 예수가 정원에 물을 주는 한 젊은이 옆을 지나갔다. 젊은이가 예수에게 말했다. "당신 하느님께 부탁하여 티끌만큼이라도 하느님을 사랑할 수 있게 해주십시오." 예수가 말했다. "그대는 그 티끌만큼도 감당할 수 없을 것이오." 젊은이가 말했다. "그러면 티끌의 반만이라도 허락해주소서." 예수가 기도했다. "오 하느

님, 이 사람이 당신에 대한 사랑을 티끌의 반만큼이라도 알 수 있게 허락하소서." 그러고는 예수는 다른 곳으로 갔다. 오랜 시간이 지난 후 예수가 마침 그 젊은이가 자주 있던 곳을 지나게 되어 그에 대해 물어보았다. 그러자 다음과 같은 대답을 들을 수 있었다. "그는 미쳐서 산으로 가버렸습니다."

예수가 하느님께 그가 있는 곳을 계시해 달라고 기도하자 산 위에 있는 그를 볼 수 있었다. 예수는 돌 위에 서서 하늘을 응시하고 있는 그를 발견하고 반갑게 인사했지만 그는 대답하지 않았다. 그래서 예수는 말했다. "내가 예수요." 그때 하느님께서 예수에게 계시하셨다. "마음속에 나에 대한 사랑을 티끌의 반만큼 가진 그가 어떻게 인간의 말을 들을 수 있겠는가? 내 영광과 전능으로 네가 그를 도와준다 해도, 그는 그것을 알아보지 못할 것이다."

이러한 금욕주의자의 위업은 초기 무슬림 수피뿐 아니라 초기 그리스도교 은자들에게도 감동적 사례로 칭송받았던 모습이다.

Abu Hamid al-Ghazali (d. 505/1111), *Mukashafat al-Qulub*, p.25 (Asin, p.572, no.170; Mansur, no.191; Robson pp.116-117). Cf. Asin, pp.581-582, no.189; Robson, pp.120-121 (일부, 변형).

✿

239 요한과 예수가 시장을 거닐고 있었다. 한 여성이 그들과 부딪치자 요한은 이렇게 말했다. "하느님께서는 저의 증인이십니다. 저는 부딪친 줄도 몰랐습니다." 예수가 말했다. "하느님을 찬양할지니! 당신 몸은 나와 함께하지만, 당신 마음은 어디 있소?" 요한이 대답했다. "사촌이여, 눈 깜짝할 순간에도 제가 하느님 이외의 것에 마음을 빼앗긴다면, 저는 아직도 하느님을 모르는 사람일 터입니다."

하느님과 늘 함께하는 삶을 옹호한다는 면에서 238번 이야기의 정신을 반영하는 내용이라고 볼 수 있다. 이 이야기는 예수와 요한을 이상적인 정신의 소유자나 마음의 예언자, 즉 수피 신비주의가 체계화되기 이전 시대의 수피로 받아들였던 일부 수피 스승들의 영적 훈련 방법을 본뜬 것이다.

Abu Hamid al-Ghazali (d. 505/1111), *Mukashafat al-Qulub*, p.30 (Asin,

p.573, no.171; Mansur, no.192; Robson p.117).

은자 초기 그리스도교 전통에서 '사막에서 수행하는 자'를 뜻하는데 의도적으로 가혹한 자연환경을 찾아 최소한의 마실 것과 먹을 것, 옷을 가지고 사람들과 떨어져 홀로 명상을 하며 금욕수행을 하였다.

✿

240 　하루는 예수가 한 손에는 꿀을 다른 손에는 타고 남은 재를 든 사탄을 만났다. 예수가 말했다. "하느님의 적이여, 꿀과 재로 무엇을 하느냐?" 사탄이 대답했다. "이 꿀은 뒤에서 험담하는 사람 입에 발라 그가 목적을 이룰 수 있도록 쓰려 한다. 이 재는 고아의 얼굴에 묻혀서 사람들이 그를 싫어하게 만드는 데 쓸 것이다."

이와 비슷한 사탄 이야기가 285번 이야기에도 나온다. 《꾸란》에서는 남을 험담하고 소문내는 행위를 자주 비난한다. 그 가운데에서도 유부녀의 명예를 훼손한 사람에게는 특히 더 엄중한 처벌을 내린다. 또한 《꾸란》에는 고아들 운명을 슬퍼하는 모습이 자주 나오는데 많은 구절에서 이들에게 친절하고 관대하라고 명한다.[79]

Abu Hamid al-Ghazali (d. 505/1111), *Mukashafat al-Qulub*, p.53 (Asin, p.573, no.172; Mansur, no.193; Robson p.91).

✿

241 　예수가 말했다. "이 세상에서의 삶은 세 가지 날들로 되어 있다. 네가 어찌할 수 없는 어제와 맞이하게 될지 알 수 없는

내일, 잘 보내야 하는 오늘이 그것이다."

44번, 73번, 232번 이야기를 보라.

Abu Hamid al-Ghazali (d. 505/1111), *Minhaj al-'Abidin*, p.29 (Asin, p.574, no.173; Mansur, no.195; Robson p.58).

✽

242　예수가 말했다. "불멸의 존재가 지닌 불멸성을 기억하면 두려움을 지닌 이들의 마음은 안정된다."

이 말은 운율이 있는 산문체여서, 앞서 235번 이야기와 같이 속담의 느낌을 전해준다.

Abu Hamid al-Ghazali (d. 505/1111), *Minhaj al-'Abidin*, p.61 (Asin, p.575, no.175; Mansur, no.197; Robson p.58).

✽

243　예수가 제자들에게 말했다. "많은 등불이 바람에 꺼

지듯이 독실한 신자들은 허영으로 인해 자멸했다."

앞서 68번 이야기를 보라.

Abu Hamid al-Ghazali (d. 505/1111), *Minhaj al-'Abidin*, p.65 (Asin, p.575, no.176; Mansur, no.198; Robson p.58).

✿

244 　예수가 길을 가다가 한 사람을 보았다. 그 사람은 벽돌을 베고, 얼굴과 수염에는 먼지가 가득한 채로 옷을 덮고 땅바닥에 누워 자고 있었다. 예수가 말했다. "오 하느님, 당신 종 가운데 이 사람은 이 세상에서 길을 잃고 헤매고 있습니다." 그때 하느님께서 예수에게 계시했다. "예수여, 내 종들 가운데 한 사람에게 내 얼굴을 향하면 그에게서 온 세상이 멀어지게 된다는 사실을 모르느냐?"

앞서 237번 이야기를 보라.

Abu Hamid al-Ghazali (d. 505/1111), Asin, p.571, no.168; Mansur, no.199; Robson p.76에서 발췌. 이 어록의 아랍어 1차사료는 알아내

지 못했음.

✿

245 예수가 말했다. "나는 다음 두 가지를 사랑한다. 이 두 가지를 사랑하는 사람은 나를 사랑하고, 싫어하는 이는 나를 미워한다. 그 둘은 가난과 진정한 노력이다."

여기서 '진정한 노력'이라고 번역한 지하드[jihad]는 일반적으로 '성전聖戰'이라는 뜻으로 더 자주 쓰인다. 수피들은 이 말을 사악한 욕망에 대항하여 싸우는 영혼의 투쟁이라는 의미로 주로 사용한 것 같다.

Abu Hamid al-Ghazali (d. 505/1111), Asin, p.572, no.169; Mansur, no.200; Robson p.76에서 발췌. 이 어록의 아랍어 1차사료는 알아내지 못했음.

✿

246 어느 날 예수가 제자들과 외출을 하였다. 점심 무렵 그들은 추수 때가 된 밀밭을 지나갔다. 제자들이 말했다. "하느님의

예언자여, 저희는 배가 고픕니다." 하느님께서는 예수에게 계시하시어 밀을 먹는 것을 허락한다고 하셨다. 그래서 그들은 밀밭에 들어가서 밀을 비벼 알곡을 먹었다. 그들이 밀을 먹고 있는데 주인이 와서 보고는 소리를 질렀다. "여기는 내 할아버지와 아버지께 물려받은 내 밭이고 내 땅입니다. 당신들은 누구 허락을 받고 밀을 먹고 있는 거요?" 예수가 아담이 살던 때부터 지금까지 이 밭을 소유했던 모든 이들을 부활시켜 달라고 하느님에게 기도드렸다. 그러자 밀 잎사귀에서 수많은 남자와 여자가 나타나서는 저마다 소리를 질렀다. "여기는 내 할아버지와 아버지께 물려받은 내 밭이고 내 땅이다!" 그러자 땅 주인은 겁에 질려 도망갔다. 그는 예수에 관해서 들었지만 직접 만난 적은 없었던 것이다. 그가 예수를 알아보고는 다음과 같이 말했다. "사과드립니다. 오 하느님의 예언자여, 당신을 알아보지 못했습니다. 제 땅과 재산을 당신 뜻대로 하십시오." 예수가 울면서 말했다. "참으로 가련하구나! 이 사람들 모두 이 땅을 물려받아 경작하고는 떠나갔소. 당신 역시 어떤 땅이나 재산도 가져가지 못하고 그들을 따라 떠나게 될 것 같다."

알투르투시는 아다브 형식의 정치이론에 관한 유명한 작품을 쓴 저술가이다. 근대 작가들은 이 형식을 "왕자의 거울mirrors of princes"이라는 장르로 일컫는다. 안달루시아 출신인 투르투시는 이 책에서 역사를 되돌아보고 거기서 통치에 필요한 규범을 이끌어내고 있다.

이 이야기가 나온 이슬람의 기원은 9세기 계보학자인 알주바이르 이븐 바카르의 삶을 요약한 내용에서 찾을 수 있다. 거기에는 단편적으로만 기록되어 있는데, 이야기 전체에는 "이스라엘 사람들" 몇 명이 나온다. 또한 이 이야기는 〈도마복음〉에 나온 예수의 흥미로운 어록까지 거슬러 올라갈 수 있다.[80] 한편 예수가 안식일에 제자들에게 곡식을 따라고 허락한 〈마태오복음〉 12장 1~8절과 겉으로는 유사해 보이기도 한다. 그러나 그 안에 담긴 교훈은 전혀 다른데, 이 이야기는 삶과 재산의 무상함과 관련이 있다.

Ibn Abi Randaqa al-Turtushi (d. 520/1126), *Siraj al-Muluk*, pp.73-74

(Asin, p.576, no.178; Mansur, no.201; Robson pp.117-118), Cf. al-Zubayr ibn

Bakkar, *Jamharat*, 1:294 (짧게 줄임; 예수 아님); al-Abshihi, *al-Mustatraf*,

2:262-263.

247 두 여인이 예수에게 다가와서 이렇게 말했다. "하느

왕자의 거울 중세 시대 정치적 내용을 담은 문학 장르로 왕이나 통치자가 실천해야 할 가르침을 담고 있다. '거울'은 본보기가 될 내용을 담았다는 의미를 지니며 주로 새로 왕이나 지도자가 될 사람들에게 권장 도서가 되었다. 우리에게 잘 알려진 마키아벨리의 『군주론』이 이에 속한다.

님의 영이여, 저희가 떠나 있는 동안 아버지가 돌아가셨습니다. 하느님께 아버지를 부활시켜 주십사 청해주십시오." 예수가 물었다. "아버지 무덤이 어디 있는지 알고 있습니까?" 그들이 말했다. "네 알고 있습니다." 그래서 예수는 그들과 함께 무덤에 갔다. 그들이 말했다. "바로 여기입니다." 예수가 기도하자 죽은 이가 부활했다. 그렇지만 그들의 아버지는 아니었다. 예수가 기도하자 부활한 사람은 다시 죽은 상태로 돌아갔다. 두 여인은 예수에게 다른 무덤을 보여주었다. 예수가 기도하자 죽은 사람이 부활했다. 그는 그들의 아버지였다. 두 여인은 아버지와 만나고 나서 예수에게 말했다. "하느님의 예언자이며 선함의 스승이여, 하느님께 기도하여 그가 우리와 함께하게 해주소서." 예수가 대답했다. "그가 살 방도가 더는 보이지 않는데 어떻게 내가 그를 위해 기도할 수 있겠습니까?" 그리고 예수는 그를 다시 죽은 상태로 돌려보내고 길을 떠났다.

231번 이야기의 설명을 보라.

Ibn Abi Randaqa al-Turtushi (d. 520/1126), *Siraj al-Muluk*, p.76 (Asin, p.577, no.179; Mansur, no.202; Robson, pp.118-119).

$2\!48$ 　예수가 여행 중에 썩은 해골 옆을 지나게 되었다. 예수가 해골에게 말하도록 명령하자 해골이 이렇게 말했다. "하느님의 영이여, 저는 예멘의 왕 발완 이븐 하프스Balwan ibn Hafs입니다. 저는 천 년 동안 살면서 천 명의 아들을 낳고, 천 명의 처녀를 범하고, 천 번이나 군대를 전쟁터로 보내고, 천 명의 폭군을 죽이고 천 개의 도시를 점령했습니다. 제 이야기를 듣는 사람이 이 세상 유혹에 빠지지 말게 하소서. 제 이야기는 잠자는 사람의 꿈과 크게 다를 바가 없기 때문입니다." 예수는 이 이야기를 듣고 울었다.

186번 이야기를 보라. 예수가 울거나 소리치는 모습은 많은 이야기에 나온다. 6번, 38번, 246번 이야기를 보라. 슬픔은 참된 수피를 상징한다. 예수의 울음은 또다시 그의 인간적인 약함을 부각시킨다. 예멘 왕들의 전설은 아랍 민속문학에서 중요한 부분을 차지한다.

Ibn Abi Randaqa al-Turtushi (d. 520/1126), *Siraj al-Muluk*, p.82 (Asin, p.423, nos.102 bis). Cf. *Siraj*, pp.83-84; and al-Abshihi, *al-Mustatraf*, 2:264.

249　예수가 이렇게 말했다. "하느님께서는 이 세상에게 다음과 같이 말씀하셨다. '나를 섬기는 자를 섬기고, 너를 섬기는 자는 노예로 만들어라. 오 이 세상아, 내 성인들이 유혹받지 않도록 그들 앞을 빨리 지나가고 그들을 속이려 하지 마라.'"

'성인들awliya'은 수피들이 자신을 가리켜 즐겨 썼던 표현이다.

Ibn Abi Randaqa al-Turtushi (d. 520/1126), *Siraj al-Muluk*, p.91 (Asin, p.578, no.180; Mansur, no.205; Robson, p.58). Cf. al-Mawardi, *Adab*, p.102; and al-Abshihi, *al-Mustatraf*, 2:265.

✿

250　예수가 어떤 마을에 이르렀다. 그 마을의 성벽은 폐허가 다 되었고 시냇물은 말라 버렸으며 나무는 시들어 있었다. 예수는 이렇게 외쳤다. "오 폐허여, 여기 살던 사람들은 어디 있느냐?" 아무 대답도 들리지 않았다. 그는 다시 불렀다. "오 폐허여, 여기 살던 사람들은 어디 있느냐?" 그때 한 소리가 예수에게 소리쳤다. "그들은 힘들게 죽었고 지금은 이 땅에 묻혀 있습니다. 그들이 했던 일들은 심판의 날에 목에 걸린 목걸이가 될 것입니다. 오 마리아의 아들 예수여, 분발하시오."

14번 이야기를 보라. 불신자의 목에 걸린 멍에의 이미지는 《꾸란》 34장 33절에서 나온 것이다. 《꾸란》 13장 5절, 36장 8절, 40장 71절을 보라.

Ibn Abi Randaqa al-Turtushi (d. 520/1126), *Siraj al-Muluk*, p.93 (Asin, p.578, no.181; Mansur, no.207; Robson, p.119).

✿

251 예수가 말했다. "통치자는 타락해서는 안 된다. 사람들은 그가 절제하는 모습을 보고 싶어 하기 때문이다. 또한 통치자는 폭군이 되어서도 안 된다. 사람들은 그가 정의롭기를 바라기 때문이다."

이 말은 그동안 이 책에서 보았던 예수의 태도보다는 '왕자의 거울mirror of princes' 문학에 더 가까워 보인다. '자기 절제hilm'는 이슬람 시기는 물론이고 이슬람 이전 시기 통치자와 엘리트 모두에게 상당히 중시되던 자질이었다.

Ibn Abi Randaqa al-Turtushi (d. 520/1126), *Siraj al-Muluk*, p.182.

✿

252   그리스도의 제자 가운데 한 명이 죽자 남은 제자들
은 크게 슬퍼하였다. 제자들이 슬퍼하는 모습을 본 예수는 무덤 옆
에 서서 기도를 드렸다. 하느님이 죽었던 제자를 부활시켜 주셨는
데 그는 불타는 신발을 신고 나타났다. 그리스도가 어쩌다 그런 신
발을 신게 되었는지 묻자 그가 이렇게 대답했다. "하느님께 맹세코
저는 어떠한 죄도 짓지 않았습니다. 그러나 단 한 번 부당한 대우를
받는 사람 옆을 지난 적이 있는데 저는 그를 돕지 않았습니다. 그래
서 이런 신발을 신게 되었습니다."

《꾸란》에서는 부당하게 대우 받는 사람을 도우러 가야 한다고
반복하여 명한다. 《꾸란》 2장 270절, 3장 192절, 8장 72절, 42장 8절
을 보라.

Ibn Abi Randaqa al-Turtushi (d. 520/1126), *Siraj al-Muluk*, p.447 (Asin,
p.579, no.183; Mansur, no.209; Robson, p.120).

✿

253   그리스도가 말했다. "무지를 참지 못하면 무엇을 인

내라고 할 수 있겠느냐? 화를 억누를 수 없다면 무엇을 강하다고 할 수 있겠느냐? 전능하신 하느님 앞에서 무례를 범한다면 무엇을 예배라고 할 수 있겠느냐? 어리석은 사람은 예배하러 엉뚱한 시간에 가서 자기 자리보다 높은 위치에 앉는다. 위기가 닥치면 현명한 조언도 귀담아듣지 못한다."

'무지'로 번역한 자흘jahl이라는 말에는 '폭력'이라는 뜻도 있다. 마지막 구절은 운율이 있는 산문체여서 속담처럼 들린다. 자기 자리보다 높은 곳에 앉는 장면은 〈마태오복음〉 23장 6절을 연상시킨다. 전체적으로 여러 내용이 섞여 있고 아다브 정신에 속하는 말이라고 볼 수 있다.

Ibn Abi Randaqa al-Turtushi (d. 520/1126), *Siraj al-Muluk*, p.577 (Asin, p.579, no.185; Mansur, no.210; Robson, p.59). Cf. *Siraj*, p.260.

254 예수가 높은 곳에서 다마스쿠스의 구따Ghuta 지역을 내려다보며 말했다. "오 구따여, 부유한 사람은 네게서 큰 재물을 얻지 못하겠지만 가난한 사람은 네게서 배를 채울 빵을 얻게 될 것이다."

이븐 아사키르는 자신이 태어난 도시와 초기 예언자 혹은 영적 인물 사이의 연관성을 부여하여, 이 도시의 신성함을 동지와 적 모두에게 강조하고자 했다. 이는 여러 무슬림 도시 출신 역사가들이 애용하던 방식이었다. 구따는 다마스쿠스 서쪽에 있는 비옥한 농업 지대다.

Abu al-Qasim ibn ʻAsakir (d. 571/1175), *Tarikh Madinat Dimashq*, 2/1:117.

Cf. Zamakhshari, *Rabiʻ al-Abrar*, 1:259.

255   예수가 말했다. "거짓을 말하는 사람이 보여주는 진실을 받아들이되, 진실을 말하는 사람이 보여주는 거짓은 받아들이지 마라. 너의 말 속에 날조되었을지 모르는 것들이 들어오지 않도록 분별력을 가져라."

진실을 받아들일 때에는 자료의 출처에 연연하지 않아야 함을 강조하는 명쾌한 말이다. 날조된 이미지란 《하디스》 학자들 사이에는 잘 알려진 개념이다. 이들 학자들은 진짜 화폐(동전)를 판별하는 환전상처럼 전통의 진실 여부를 판단하는 임무를 수행하기도 했다.[81]

Abu al-Qasim ibn ʻAsakir (d. 571/1175), *Sirat al-Sayyid al-Masih*, p.161,
no.176.

✿

256 예수는 다음과 같이 말하곤 했다. "기도하고 단식하면서도 죄에서 떠나지 못하는 사람은 하느님 왕국에서 거짓말쟁이로 기록될 것이다."

이 말은 위선자를 《성서》의 복음서와 비슷하게 표현하고 있다.

Abu al-Qasim ibn ʻAsakir (d. 571/1175), *Sirat al-Sayyid al-Masih*, p.172,
no.196.

✿

257 예수가 말했다. "하느님께 순종하여 받는 칭찬을 싫어하지 않는다면, 신앙의 진실한 의미를 결코 알 수 없다."

진정한 신자는 사람들 칭찬을 기피하는 특징을 보인다. 〈요한복음〉 12장 43절, 〈로마서〉 2장 29절과 비교해보라.

Abu al-Qasim ibn 'Asakir (d. 571/1175), *Sirat al-Sayyid al-Masih*, p.175, no.200.

❖

258 예수가 말했다. "선한 일을 하는 사람은 복을 받게 하시고, 악한 일을 하는 사람은 벌을 받는 것이 당연하게 하소서. 하느님께서는 부당한 권력을 가진 사람에게는 그에 합당한 굴욕을 주실 것이고, 부정하게 부를 차지한 사람에게는 그에 합당한 가난을 내리실 것이니."

정교하게 잘 다듬어진 말이다. 여러 부분이 깔끔하게 균형을 이루고 있어 기억하기 쉽다.

Abu al-Qasim ibn 'Asakir (d. 571/1175), *Sirat al-Sayyid al-Masih*, p.176, no.203.

❖

259 어떤 이가 예수에게 물었다. "사람들 가운데 가장 높은 이는 누구입니까?" 예수가 두 주먹에 모래를 쥐고 말했다. "이

두 주먹의 모래 중에 어느 것이 더 덕이 높다고 할 수 있는가? 사람
은 모래에서 태어난다. 그러니 가장 존경받는 이는 하느님을 가장
두려워하는 사람이다."

이 말은 《성서》의 비유와 유사하다. 아신의 주석을 보라.

Abu al-Qasim ibn 'Asakir (d. 571/1175), *Sirat al-Sayyid al-Masih*, p.176,

no.204. Cf. al-Abshihi, *al-Mustatraf*, 2:12. (Asin, p.586, no.200; Mansur,

no.240; Robson p.60).

✿

260   예수는 다음과 같이 말하곤 했다. "너와 함께 (생명의)
계곡을 건너지 못하거나, 너로 하여금 사람들 화합을 위해 애쓰도
록 만들지 못하는 지식은 소용이 없다."

이 말에는 중간운韻이 있는데, 이 말이 나온 맥락을 살펴보면
그러한 중간운이 책으로만 읽는 것보다는 암기하기에 더 좋다는
점을 설명하다가 이 말이 나왔다.

Abu al-Qasim ibn 'Asakir (d. 571/1175), *Sirat al-Sayyid al-Masih*, p.187, no.224.

✿

261   하느님께서 예수에게 계시하셨다. "쓸데없이 웃을
때, 너의 눈을 슬픔의 백금白金으로 칠하라."

백금Kuhl은 보통 슬픈 상황보다는 즐거운 분위기에 더 많이 사
용된다. 이 글에서 예수는 쓸데없이 즐거울 때는 슬픈 모습을 하도
록 명령을 받았다.

Abu al-Qasim ibn 'Asakir (d. 571/1175), *Sirat al-Sayyid al-Masih*, p.82,

no.73.

✿

262   마리아가 말했다. "예수를 임신했을 때, 집안에서 다
른 사람과 이야기할 때마다 예수가 내 안에서 하느님을 찬양하는
소리를 들을 수 있었다. 예수가 내 자궁 안에 있는 동안에는 혼자
있을 때나 아무도 곁에 없을 때나 나는 예수에게 이야기하고 예수
도 나에게 이야기하곤 했다."

어린 예수의 범상치 않은 이야기는 《꾸란》에 나온 요람에서 말하는 예수 이야기와 관련이 있는 것 같다.

Abu al-Qasim ibn 'Asakir (d. 571/1175), *Sirat al-Sayyid al-Masih*, p.30, no.6.

✿

263 예수가 다음과 같이 말했다. "오 하느님, 제게 감사하는 마음이 드는 것은 당신께서 주신 축복인데, 제가 어떤 식으로 당신에게 감사를 표할 수 있겠습니까?" 하느님께서 대답하셨다. "네가 그것을 안다면 너는 이미 내게 감사를 전한 것이다."

알발라위는 안달루시아의 문인이었다. 그의 문학 선집은 아들에게 전해졌고 문학 입문서로 쓰기 위하여 알파벳 순서(그래서 제목이 《A》《B》이다)로 편집되었다.

여기 나온 예수의 말은 신학적 난제인 자유의지와 예정론의 문제와 유사한 면이 있다. 하느님이 인간의 모든 행동에 관여하는 자애로운 계획자라면, 하느님께 감사드린다는 것이 무슨 가치가 있을까? 그럼에도 이런 '신비'를 신실하게 받아들이는 진정한 신자는 하느님에게 보상을 받는다.

Abu al-Hajjaj al-Balawi (d. 604/1207), *Kitab alif Bā*, 1:370-371 (Asin, p.580, no.186; Mansur, no.213; Robson p.92). Cf. Ibn Abī'l Dunya, *Kitab al-Shukr*, in *Mawsūʿat Rasāʾil*, 3:11-12, nos. 5 and 6 (약간 변형, 다윗과 모세 이야기)

✿

264 마리아가 피신해 있을 때 사촌 유수프Yusuf(요셉)과 함께 했다. 그는 장막 뒤에서 그녀를 보살폈고 함께 이야기를 나누었다. 마리아의 임신 사실을 맨 처음 알고서 염려하고 슬퍼했던 사람이었다. 그 역시 이것은 죄이며 마리아에 대한 안 좋은 이야기가 퍼져나갈 것이라고 생각했기에 마리아에게 이렇게 말했다. "마리아여, 씨 없는 식물이 있을 수 있소?" 그녀가 대답했다. "네, 있을 수 있지요." 그가 물었다. "어떻게 그럴 수 있소?" 그녀가 대답했다. "하느님께서는 식물 없이 최초의 씨앗을 창조하셨습니다. 그러나 당신은 이렇게 말할지도 모릅니다. '그분께서 씨앗의 도움을 구하지 않았다면 문제가 더 어려워졌을 것'이라고." 유수프가 말했다. "그럴 리가 있소? 물이나 빗물 없이 나무가 자랄 수 있소?" 마리아가 답했다. "씨앗, 식물, 물, 빗물, 나무가 모두 유일한 창조주를 갖는다는 것을 모르십니까?" 그러자 그가 다시 물었다. "남자 없이 자식을 갖거나 임신할 수 있소?" 그녀가 대답했다. "그렇습니다." 그

가 물었다. "어떻게 그럴 수 있소?" 그녀가 말했다. "하느님께서는 임신하지 않고, 남자도 없고, 어머니도 없이, 아담과 그의 부인 이브를 창조하셨다는 사실을 모르십니까?" 그가 대답했다. "알고 있소. 그러면 당신에게 일어난 일을 나에게 말해주시오." 마리아가 말했다. "하느님께서 당신으로부터 나온 말씀의 좋은 소식을 제게 가져다 주셨습니다. 그 말씀의 이름은 마리아의 아들 메시아 예수입니다."

요셉과 마리아의 문답은 신학적 함의를 담고 있으며, 처녀 수태를 옹호하는 무슬림 신학자들의 주장을 반영하는 것으로 보인다. 특히 《꾸란》 3장 59절에서는 예수의 창조와 아담의 창조를 비교한다. 이 둘 모두 '흙'으로 만들어진 후 하느님의 "되어라!"라는 말씀이 그들에게 생명을 부여해주었다.

일부 콥트 외경(특히 〈요셉의 죽음The Death of Joseph〉이라는 글)에는 요셉과 예수의 문답이 나온다. 거기서 요셉은 처녀 수태에 대한 당혹스러움을 고백한다. "저의 주님이시여, 저는 기묘한 탄생의 신비를 잘 알지 못할뿐더러 이해할 수도 없습니다. 남자 없이 여자가 임신을 하고 처녀성을 유지한 채 처녀성을 벗었다는 이야기를 들

콥트 이집트 지역에 존재하는 그리스도교. 5세기에 단성론(예수에게 신성만 존재한다는 주장) 문제로 교회에서 이단으로 주교가 파면당하자 독자적 교구를 세웠다. 이집트가 아랍화되면서 현재는 전체 인구의 약 10퍼센트가 그리스도교를 믿는다.

어보지 못했습니다."[82]

Abu al-Hajjaj al-Balawi (d. 604/1207), *Kitab alif Bāʾ*, 1:406 (Asin, p.580,

no.187; Mansur, no.214).

✿

265   예수가 말했다. "무례한 사람 입에서 나온 말에 인내
하며 참으면 열 배로 얻게 될 것이다."

80번, 100번 이야기를 보라.

Abu al-Hajjaj al-Balawi (d. 604/1207), *Kitab alif Bāʾ*, 1:464 (Asin, p.581,

no.188; Mansur, no.215; Robson p.59).

✿

266   예수가 말했다. "오 이스라엘아, 지나치게 먹지 마라.
지나치게 먹는 사람은 지나치게 잠을 자게 되고, 지나치게 자는 사
람은 기도를 잘 하지 않게 된다. 기도를 잘하지 않는 사람은 태만한
사람들 사이에 이름을 남기게 된다."

와르람은 시아파 전통주의자이며 알리의 가까운 동료였던 말리크 알아시타르의 자손이다. 그는 금욕주의 문헌에 자주 나온다. 그에 관한 윤리적, 금욕주의적 이야기는 매우 유명하다. 다른 시아파 작가들처럼 와르람은 치유자 예수의 이미지를 연상시키는, 식습관과 건강에 관련된 많은 이야기를 기록했다. 앞서 152번 이야기를 보라.

Abu al-Husayn Warram ibn abi Firas (d. 605/1208), *Majmu'a*, 1:47.

267 하느님께서 예수에게 계시하셨다. "사람들 발아래 있는 땅처럼 관대하여라. 흐르는 물처럼 너그러워라. 선인과 악인 모두를 비추는 해와 달처럼 자비로워라."

〈마태오복음〉 5장 45절 내용을 반영한다.

Abu al-Husayn Warram ibn abi Firas (d. 605/1208), *Majmu'a*, 1:47.

268　예수가 말했다. "내세가 드러나는데도 이 세상 삶에 마음을 빼앗긴 상태에 있으면 어떻게 학자라고 할 수 있겠는가? 자신을 이롭게 하는 것보다 해롭게 하는 것을 더 바란다면 어떻게 학자라고 할 수 있겠는가?"

세속적인 학자들에 대한 비난이다.

Abu al-Husayn Warram ibn abi Firas (d. 605/1208), *Majmu'a*, 1:83.

269　예수가 제자들을 위해 음식을 준비했다. 음식을 다 먹은 후에 예수는 손수 그들 손과 발을 씻어주었다. 그들이 예수에게 말했다. "하느님의 영이여, 이것은 저희가 해야 할 일입니다." 예수가 대답했다. "너희도 너희가 가르치는 이들을 위해 이렇게 해야 함을 보여주기 위해 내가 너희에게 이렇게 하는 것이다."

〈요한복음〉 13장 1~16절을 보라.

Abu al-Husayn Warram ibn abi Firas (d. 605/1208), *Majmu'a*, 1:83.

✿

270　　예수가 말했다. "이 세상의 짐과 내세의 짐은 더 무거워지고 있다. 이 세상 것에 손을 뻗으려 할 때마다 방탕한 사람이 너보다 앞서 이 세상 짐을 짊어지고 있었다는 사실을 알게 될 것이다. 내세의 짐 역시 함께 짊어져 줄 사람을 찾지 못할 것이다."

이 말은 심판의 날에 대한 공포와 어려움을 설명하는 과정에서 나왔다. 공포와 어려움은 50단계mawaqif로 되어 있으며 각 단계마다 천년이 걸린다고 한다. 이 이야기의 앞에는 하느님께서 예수에게 한 조언과 훈계가 몇 페이지에 걸쳐 나온다.

Abu al-Husayn Warram ibn abi Firas (d. 605/1208), *Majmúʿa*, 1:146.

✿

271　　예수가 말했다. "오 주님, 당신의 자비를 받을 이 민족에 대해 말씀해주소서." 하느님이 말씀하셨다. "그들은 무함마드의 동족이고, 학자들의 민족이다. 그들은 예언자처럼 하느님을 두려워하며 신앙심이 깊고, 자신을 절제하고 순수한 마음을 지녔으며 현명한 이들이다. 그들은 내 작은 자비에도 만족하고, 나는 그들의

작은 선행에도 만족한다. 그들은 '하느님(알라) 이외에 신은 없다'고 말하기에 나는 그들을 천국으로 인도한다. 오 예수야, 천국에 거하는 이들 대부분이 그들이다. 그 까닭은 '하느님(알라) 이외에 신은 없다'고 말한 민족 가운데 그들보다 겸손하게 말한 민족은 없었기 때문이고, 절할 때 그들보다 더 겸손한 목을 가진 민족은 없었기 때문이다.

알수흐라와르디는 유명한 수피 이론가로서, 그와 알가잘리가 했던 작업은 다소 비슷하다. 이 이야기는 형태상 '하디스 꾸드시'(예수에게 한 신성한 계시)로서, 무함마드의 '민족'을 극찬하려는 의도가 뚜렷하다. 무슬림들은 보통 "하느님(알라) 외에 신은 없다"는 신앙고백을 하면 지옥에서 구출될 수 있다고 생각한다.

Ahihab al-Din 'Umar al-Suhrawardi (d.632/1234), *'Awarif al-Ma'arif*, 2:159.

✿

272
예수가 다음과 같이 말했다. "전능하신 하느님은 이유 없이 크게 웃고, 목적도 없이 계속 돌아다니고, 형식적인 말이나 농담으로 성스러운 책에 관해 이야기하는 사람을 싫어하신다."

앞서 163번 이야기를 보라. 크게 웃거나 농담하는 것을 혐오하는 태도는 근동 종교의 신실하고 금욕주의적인 인물에게서 자주 볼 수 있다.

Ahihab al-Din 'Umar al-Suhrawardi (d.632/1234), '*Awarif al-Má arif*,

2:243. (Asin, p.583, no.191; Mansur, no.217; Robson pp.59-60).

✵

273 예수가 이렇게 말했다. "두 번 태어나지 않은 사람은 천국에 들어가지 못할 것이다."

아신은 이 말이 〈요한복음〉 3장 3~8절과 유사하다고 본다. 영적으로 거듭남은 영지주의 그리스도교의 주요 개념이었으므로 영지주의가 영향을 미쳤을 가능성을 배제할 수는 없다.

Ahihab al-Din 'Umar al-Shurawardi (d.632/1234), '*Awarif al-Má arif*,

1:174. (Asin, p.583, no.190; Mansur, no.216; Robson p.59. Cf. Asin, p.592,

no.207; Robson p.61[온전한 버전]).

✿

274 예수에게 어떤 손님들이 찾아왔다. 예수는 그들에게 빵과 식초를 대접하며 말했다. "내가 지금까지 사람들에게 후하게 대접해왔다면 여러분에게도 후하게 대접했을 것이요."

이븐 알한발리는 다마스쿠스의 법학자이자, 《하디스》 학자, 연설가로 유명한 학자 집안 출신이다. 이 이야기는 예수의 금욕주의적인 소박한 삶을 강조하는 듯하다.

Abu al-Faraj ibn al-Hanbali (d.634/1236), *al-Istiśad bi-man Laqaytuhu mina al-Ibad*, p.180.

✿

275 예수가 말했다. "네가 살아있을 때는 사람들이 너를 그리워하고, 네가 죽었을 때는 너 때문에 눈물 흘릴 수 있도록 잘 살아라."

이븐 아라비는 모든 시대를 통틀어 가장 칭송받는 수피 이론가 중 한 명이다. 그는 많은 저서를 남긴 작가였고 논쟁적인 인물이다. 그는 수피 교리를 새로운 방향으로 발전시켰고 매우 복잡한 신비주의 철학 체계를 만들었다. 이븐 아라비의 윤리관에서 그리움 shawq은 사람들 사이 관계뿐 아니라 하느님과 인간의 관계에서도 중요한 역할을 한다.

Muhyi al-Din ibn 'Arabi (d.638/1240), *Muhadarat al-Abarar*, 2:2 (Asin,

p.585, no.196; Mansur, no.219; Robson p.60).

276 예수가 법학자들에게 말했다. "너희는 내세로 가는 길목에 앉아 있지만, 이 길 끝까지 가지도 않으며 다른 사람이 지나가게 허락하지도 않는다. 너희를 따르는 사람은 불행하다!"

이븐 아라비 시대에는 수피와 법학자들 사이의 긴장이 커지고 있었다.[83] 예수는 편협한 법학자들을 못마땅하게 여겼으므로 수피에 가까운 입장에서 이 논쟁에 개입했다.

Muhyi al-Din ibn 'Arabi (d.638/1240), *Muhadarat al-Abarar*, 2:30 (Asin,

p.585, no.197; Mansur, no.220; Robson p.92).

✿

277　　예수가 4만 명의 여인들 옆을 지나가는데, 그들 모두 안색이 심각하게 안 좋아져 머리에는 머리덮개와 양털을 쓰고 있었다. 예수가 그들에게 물었다. "여인들이여, 무엇으로 인하여 안색이 그리도 나빠졌소?" 그들이 대답했다. "마리아의 아들이여, 지옥불에 대한 기억이 우리 안색을 바꿨습니다. 지옥불에 들어간 사람은 시원함을 맛볼 수도 물을 마실 수도 없습니다."

　　예수와 고행하는 복장을 한 여인들이 만나는 이야기다. 이 이야기는 일반적으로 요부 이미지로 자주 등장하는 여인들도 실제로는 많은 수가(4만은 '천문학적' 수라는 의미다) 죄에서 벗어날 수 있음을 보여준다.

Muhyi al-Din ibn 'Arabi (d.638/1240), *Muhadarat al-Abarar*, 2:253 (Asin, p.412, no.84 ter; Mansur, no.221; Robson pp.100-1).

✿

278　　사탄이 노인의 모습으로 예수에게 나타났다. "하느님의 영이여, '하느님 이외에 신은 없다'고 말씀하십시오." 노인은 (예

수가 이 말을 따라 하면) 그만큼은 자신에게 복종한 것이라 생각하며 이렇게 제안한 것이다. 예수가 대답했다. "내가 그렇게 말하더라도 그것은 네가 그렇게 말했기 때문이 아니다. 하느님 이외에 신은 없 기 때문이다." 그러자 사탄을 굴욕을 느끼고 떠났다.

206번 이야기를 보라. 예수는 신학적 문답에서 사탄을 압도한 다. 그 내용은 "진리가 사람을 심판하지, 사람이 진리를 심판하지 않는다"라는 격언으로 설명할 수 있다. 알가잘리는 다양한 분파들 간에 권위를 맹목적으로 따르는 행위를 반대하며, 논쟁할 때 이 말 을 자주 인용했다.

Muhyi al-Din ibn 'Arabi (d.638/1240), *al-Futuhat al-Makkiyya*, 1:368-369 (

Mansur, no.222).

✿

2*79*   예수가 이스라엘인들에게 말했다. "태양이 뜨는 것은 지기 위해서인 것처럼, 지금의 삶은 내세를 위한 것임을 알아라. 너 희가 동쪽으로 가까이 갈수록 서쪽에서 멀어지고, 서쪽으로 가까 이 갈수록 동쪽에서 멀어진다." 예수는 선행을 통해 내세에 더 가까 워진다는 점을 이 예시를 들어 가르쳤다.

"동쪽은 서쪽에서 멀리 있다"라는 구절은 〈시편〉 103장 12절만큼 오래된 말이다.

Muhyi al-Din ibn 'Arabi (d.638/1240), *Muhadarat al-Abarar*, 2:2 (Asin, p.585, no.196; Mansur, no.219; Robson p.60).

�િ

280 예수는 자신을 따르는 사람들에게 다음과 같이 가르쳤다. "이 세상에서는 단식하고, 죽음이 찾아오면 단식을 멈춰라. 상처가 자신을 괴롭히지 않도록 약으로 상처를 다루는 사람과 같이 되어라. 죽음을 자주 생각하라. 신앙을 가진 사람에게 죽음은 나쁜 것 없이 좋은 것만 온다. 그렇지만 악한 사람에게 죽음은 좋은 것 없이 나쁜 것만 온다."

잘 짜여진 문장으로 되어 있으며, 완전한 금욕적 삶을 권하고 죽음을 기억하라고 권하는 수피 영성의 전형적인 모습을 보여준다.

Muhyi al-Din ibn 'Arabi (d.638/1240), *Muhadarat al-Abarar*, 2:2 (Asin, p.585, no.196; Mansur, no.219; Robson p.60).

✿

281 예수가 사탄을 만나서 그에게 이렇게 말했다. "살아계시고 영원하신 하느님 이름으로 너에게 묻는다. 실제로 네 등뼈를 부러지게 하는 것은 무엇인가?" 사탄이 말했다. "하느님 뜻에 따르는 말 울음소리다."

시브트 이븐 알자우지는 명망 있는 학자 집안 출신의 역사학자이다. 이 이야기는 십자군과 몽골군이 이슬람 세계의 중심부까지 위협하던 때의 상황을 보여준다. 예수는 신자들에게 하느님 뜻을 가지고 싸워야 한다고 촉구하고 있다.

Sibt ibn al-Jawzi (d.654/1256), *Mir'at al-Zaman*, 8:494.

✿

282 알우리스Al-'Uris는 꿈속에서 마리아의 아들 예수 그리스도를 보았다. 예수는 천국에서 그의 쪽으로 얼굴을 향하고 바라보는 듯했다. 알우리스가 예수에게 물었다. "십자가형은 진짜 일

어났던 사실입니까?" 예수가 말했다. "그렇다. 진짜로 일어났던 일
이다." 꿈에서 깨어난 알우리스는 꿈 해몽가에게 자신의 꿈 이야기
를 들려주었다. 해몽가는 이렇게 말했다. "이 꿈을 꾼 사람은 십자
가형에 처해질 것이오. 예수는 절대 과오를 범하지 않고 진실만을
말하므로 그분이 직접 십자가형을 당했다고 말할 수는 없소. 영광
스러운 《꾸란》에서 예수는 십자가형에 처해지지도 살해당하지도
않았다고 강조하기 때문이오. 따라서 그 말은 꿈 꾼 이의 말임에 틀
림없고 십자가형에 처해질 이는 바로 그가 될 것이오." 해몽가가 한
말은 결국 현실이 되었다.

이해하기 어려운 이야기다. 이 이야기에는 꿈에서 자신이 십자
가형을 당한 일이 사실이라고 주장하는 이슬람의 예수가 나온다.
알우리스는 실존 인물이며, 이 이야기는 아유브 왕조^{Ayyubids}(살라
딘 가문)와 십자군 전쟁에 대한 중요한 기록에 나온다.

Jamal al-Din ibn Wasil (d.697/1298), Mufarrij al-Kurub, 1:248. Cf. al-

Abshihi, *al-Mustatraf*, 2:83 (변형).

✤

283   예수가 말했다. "오 제자들이여, 황금은 이 세상에서

는 기쁨을 주지만 내세에는 해로움을 준다. 내가 진실로 너희에게 말한다. 부자는 천국에 들어갈 수 없다."

알수브키 Al-Subki는 샤피이 법학파Shafi'i school에 속하는 유명한 인물들의 중요한 전기 작가였다. 이 이야기에는 《성서》의 복음서적 요소와 그렇지 않은 요소가 섞여 있다.

Taj al-Din al-Subki (d.771/1370), *Tabaqat al-Shafi'iyya*, 4:134.

284 역사서와 전기는 다음과 같이 기록하고 있다. 예수가 살던 시대에 이스라엘인 이스하끄가 살았다. 그의 사촌이자 부인이던 여인은 또래 가운데 가장 어여뻤다. 그는 아내를 깊이 사랑했지만 어느 날 그녀는 죽고 말았다. 그는 그녀의 무덤가에 머물렀고, 그 후에도 오랫동안 지칠 줄 모르고 그녀의 무덤을 찾아갔다.

어느 날 예수가 길을 가다 무덤가에서 울고 있는 그를 보고 물었다. "이스하끄야, 왜 울고 있느냐?" 그가 대답했다. "하느님의 영이시여, 제게는 사촌이자 아내였던 여인이 있었습니다. 저는 그녀

아유브 왕조 1171-1252. 쿠르드 족 출신인 살라딘 (1171~1193 재위)이 세웠으며 기독교 세력에 맞서 십자군 전쟁을 승리로 이끈 시기이기도 했다.

를 깊이 사랑했습니다. 그런데 그녀가 죽었습니다. 여기가 그녀의 무덤입니다. 저는 그녀와의 헤어짐을 견딜 수가 없습니다. 그녀가 떠난 것은 제게 죽음과도 같은 일이었습니다." 예수가 물었다. "하느님 권능으로 내가 너를 위해 그녀를 부활시켜주기를 바라는가?" 그가 대답했다. "네, 그렇습니다. 하느님의 영이시여."

그래서 예수가 무덤 앞에 서서 말했다. "하느님 권능으로 일어나라, 너, 이 무덤에 있는 이여!" 그러자 무덤이 열리고 한 흑인 노예가 나타났다. 그는 코와 눈을 비롯한 얼굴 여러 구멍에서 불길을 뿜었다. 그 노예는 이렇게 말했다. "하느님 이외에 신은 없습니다. 그리고 예수는 하느님의 영이며 말씀, 종이며 예언자이신 분입니다." 이스하끄가 말했다. "하느님의 영이자 말씀이시여, 여기는 제 아내의 무덤이 아닙니다. 저쪽인 모양입니다." 하며 다른 무덤을 가리켰다.

예수가 흑인에게 말했다. "네가 있던 곳으로 돌아가라." 그 흑인은 다시 죽었고 예수는 그를 무덤에 묻었다. 예수는 다른 무덤 앞에 서서 말했다. "하느님께서 허락하시니 일어나라, 이 무덤에 있는 이여!" 이스하끄의 아내가 일어나 얼굴에 있던 먼지를 털어냈다. 예수가 물었다. "이 여인이 너의 부인이냐?" 그가 대답했다. "그렇습니다. 하느님의 영이시여." 예수가 말했다. "그녀 손을 잡고 가거라." 그래서 이스하끄는 그녀의 손을 잡고 길을 떠났다. 가다보니 문득 잠이 와서 그는 아내에게 이렇게 말했다. "당신 무덤가에 밤새 있다 보니 지쳤나보군. 잠시 여기서 쉬고 싶소." 그녀가 대답했다. "그렇게 해요." 그래서 그는 아내의 허벅지를 베고 잠이 들었다.

그가 잠든 동안 왕의 아들이 그 길을 지나갔다. 왕의 아들은 멋있고 당당했으며 멋진 말을 타고 있었다. 그녀는 왕자를 보고 반하여 자리에서 일어나 서둘러 그에게로 갔다. 왕자 역시 그녀를 보고 사랑에 빠졌다. 그녀는 왕자에게 다가가 말했다. "저를 데려가 주세요!" 왕자는 그녀를 들어 올려 자신의 말 뒤에 앉히고 길을 떠났다.

이스하끄가 깨어나서 주위를 둘러보았을 때 그녀는 이미 보이지 않았다. 그래서 그는 그녀를 찾아다니기 시작했다. 그는 말이 지나간 흔적을 좇아 겨우 그들을 따라잡을 수 있었다. 이스하끄는 왕의 아들에게 말했다. "제 부인이자 사촌인 이 여인을 되돌려 주십시오." 그녀는 거듭 이스하끄를 모른다고 부인하며 이렇게 말했다. "저는 왕자님의 노예입니다." 이스하끄가 말했다. "아니오, 당신은 내 아내이며 사촌이오." 그녀가 말했다. "저는 당신을 모릅니다. 저는 왕자님의 노예일 뿐입니다." 왕의 아들이 이스하끄에게 말했다. "네가 내 노예를 모욕하려고 하느냐?" 이스하끄가 말했다. "하느님께 맹세합니다. 저 여인은 제 아내입니다. 마리아의 아들 예수께서 하느님의 권능으로 죽은 그녀를 부활시켜 주셨습니다."

그들이 이렇게 다투고 있는 곳을 마침 예수가 지나갔다. 이스하끄가 예수에게 말했다. "하느님의 영이시여, 하느님 권능으로 당신께서 저를 위해 부활시켜주신 제 아내가 이 여인이 아닙니까?"

예수가 대답했다. "그렇소." 여인은 말했다. "하느님의 영이시여. 그는 거짓말을 하고 있습니다. 저는 왕의 아들이신 분의 노예입니다." 왕의 아들은 이어 말했다. "이 여인은 제 노예입니다." 예수가 여인에게 물었다. "당신은 하느님 권능으로 내가 부활시킨 여인이 아닙니까?" 그녀가 대답했다. "하느님의 영이시여, 그렇지 않습니다. 하느님께서 저의 증인이십니다." 예수가 말했다. "그렇다면 내가 당신께 주었던 것을 다시 가져가겠습니다." 그러자 여인은 갑자기 쓰러지더니 이윽고 죽었다.

예수가 말했다. "하느님께서 불신자로 죽었던 사람을 부활시켜 무슬림으로 다시 죽게 한 경우를 보고 싶으면 아까 그 노예를 보도록 해라. 그리고 하느님께서 신자로 죽었던 사람을 부활시켜 불신자로 다시 죽게 한 경우를 보고 싶으면 이 여인을 보도록 하여라." 이스라엘인 이스하끄는 다시는 결혼하지 않겠다고 하느님 앞에 맹세하고, 정처 없이 광야를 떠돌며 울었다.

알다미리는 동물에 관한 유명한 책의 저자다. 그러나 동물과 관련된 연구보다는 문학이나 윤리학에서 그의 영성과 메시지가 더 눈에 띈다. 예수와 이스라엘인 이스하끄의 긴 이야기는 사도들 행적을 담은 〈위경僞經〉에서 보았던 이야기와 유사한 사상을 보여준다.[84] 이전 이야기들과 마찬가지로 이 이야기는 구원과 지옥으로 돌아감에 대한 우화로 끝나지 않고, 예수가 마지막에 한 말을 통해 분명한 도덕적 교훈을 전한다.

Kamal al-Din al-Damiri (d.808/1405), *Hayat al-Hayawan al-Kubra*, 1:202-

203 (Asin, pp.588-589, no.203; Mansur, no.231; Robson pp.122-125).

285   예수가 짐 실은 다섯 마리 당나귀를 끌고 가는 사탄을
만났다. 예수가 그 짐이 무엇인지 물으니 사탄이 대답했다. "살 사
람을 찾고 있는 물건이다." 예수가 물었다. "무슨 물건들이냐?" 사
탄이 대답했다. "첫 번째는 억압이다." 예수가 물었다. "누가 그것
을 사느냐?" 그가 대답했다. "통치자들이다. 그리고 두 번째는 자만
심이다." 예수가 물었다. "누가 그것을 사는가?" 그가 대답했다. "지
방 유력가이다. 그리고 세 번째는 질투이다." 예수가 물었다. "누가
그것을 사는가?" 그가 대답했다. "종교를 연구하는 학자들이다. 그
리고 네 번째는 정직하지 못함이다." 예수가 물었다. "누가 그것을
사는가?" 그가 대답했다. "중개상이다. 그리고 다섯 번째는 교활함
이다." 예수가 물었다. "누가 그것을 사는가?" 그가 대답했다. "여자
다."

〈**위경**(僞經)〉 문자 그대로 하면 가짜, 거짓 경전이라는 뜻이나 실제로는 《성서》의 편집 과정에서 정경,
외경에 들지 못한 기록을 가리킨다.

예수와 사탄 간의 이 문답식 대화는 아다브의 전형적인 양식이다. 아다브 모음집에는 유명 인사들, 특히 통치자와 학자 간의 이와 유사한 문답이 많이 남아 있다.

Kamal al-Din al-Damiri (d.808/1405), *Hayat al-Hayawan al-Kubra*, 1:225
(Mansur, no.229). Cf. al-Abshihi, *al-Mustatraf*, 2:215.

✿

286 예수가 한번은 뱀을 사육하는 사람이 뱀을 좇고 있는 상황에서 그 옆을 지나게 되었다. 그 뱀이 말했다. "하느님의 영이시여, 나를 놓아주지 않으면 물어서 갈기갈기 조각내겠다고 이 사람에게 말해주십시오." 예수가 그곳을 다시 지나갈 일이 있었는데, 그 사람 바구니에는 여전히 그 뱀이 들어 있었다. "너는 이 남자를 물어서 갈기갈기 조각내겠다고 말하지 않았느냐? 그런데 어쩌다 그 자리에 그대로 있느냐?" 뱀이 대답했다. "하느님의 영이시여, 저 사람은 제게 약속했지만 그 맹세를 어겼습니다. 그의 기만欺瞞이라는 독은 제 독보다 더 해롭습니다."

예수가 자연물이나 동물에게 질문하는 모습은 이미 앞서 여러 이야기에 나왔다. 《성서》의 복음서에서 뱀은 지혜로운 피조물로 나온다. 〈마태오복음〉 10장 16절을 보라. 또한 예수와 뱀은 앞서 123번 이야기에도 보인다(실제로는 145번 이야기에 나옴 - 옮긴이주).

Kamal al-Din al-Damiri (d.808/1405), *Hayat al-Hayawan al-Kubra*, 1:252 (Mansur, no.230).

✿

287

마리아의 아들 예수와 자카리야의 아들 요한이 길을 걷다가 야생 염소가 새끼를 낳는 장면을 보았다. 예수가 요한에게 말했다. "이렇게 말하시오. 한나는 요한을 낳았고 마리아는 예수를 낳았다. 아이야, 이 땅이 너를 부른다. 아이야, 이리 나와라."

하느님 권능으로, 출산 중인 여성이 이 말을 하면 바로 아이를 낳을 수 있게 되었다.

요한은 예수를 믿고 신뢰한 첫 번째 인물이었다. 그들은 외사 촌간으로 요한은 예수보다 6개월 일찍 태어났다. 그리고 요한은 예수가 승천하기 전에 살해당했다.

이 이야기 초반부는 앞서 103번 이야기에서 새끼를 낳는 소 이야기와 유사하다. 후반부는 이 이야기를 전한 무슬림 전승자의 주석이다.

Kamal al-Din al-Damiri (d.808/1405), *Hayat al-Hayawan al-Kubra*, 2:40

(Mansur, no.232).

✦

288　예수가 말했다. "거지를 빈손으로 쫓아 보내면, 천사들은 그의 집을 이레 동안 방문하지 않을 것이다."

알아브시히는 가장 후기에 속하는 아랍문학 선집을 저술하였다. 그의 아다브 선집은 중세 후기에 널리 퍼져 있었다. 이 이야기는 형식이나 정신적인 면에서 무함마드의 《하디스》와 유사하다.

Baha' al-Din al-Abshihi (d.892/1487), *al-Mustatraf*, 1:9.

✦

289　예수가 말했다. "나는 나병 환자와 장님을 대접하고 치료해주었다. 나는 어리석은 사람도 대접했지만 그는 나를 절망케 했다. 어리석은 사람에게는 침묵이 (가장) 좋은 대답이다."

이 이야기는 헬레니즘 문학과 고대 근동에서 나타났고 이슬람 시대까지 이어졌던 영원한 지혜의 작품을 반영한다. 초기에 이슬람 문학을 해석한 이들 가운데에는 지식인이 어리석은 대중과 거리를 둘 필요가 있다고 생각한 이들이 있었다. 유명한 수필가 이븐 알무깟파도 그 가운데 하나였다. 《성서》에도 비슷한 부분이 있다. 〈잠언〉 26장 4절을 보라.

Baha' al-Din al-Abshihi (d.892/1487), *al-Mustatraf*, 1:16. Cf. al-Ghazali,

Ayyuha al-walad, p.138 (짧은 버전) (Mansur, no.189).

290   어떤 사람이 예수에게 말했다. "제게 가르침을 주십시오." 예수가 말했다. "네가 먹는 빵이 어디서 온 것인지 주의하라."

알샤으라니Al-Sha'rani는 당대 가장 유명한 수피 사상가이자 역사가였다. 또한 여러 이슬람 학문에 두루 관심을 두고 다양한 작품을 저술했다. 이 난해한 이야기는 불법적으로 이익을 얻지 않도록 생계의 원천을 확실히 하라는 일반적인 이슬람 계율을 반영하고 있다.

'Abd al-Wahhab al-Sha'rani (d.973/1565), *al-Tabaqat al-Kubra*, 1:53 (Asin, p.593, no.209; Mansur, no.246; Robson p.61).

✿

291   예수가 안장 만드는 사람 곁을 지나가다 그가 이렇게 기도하는 것을 보았다. "오 하느님, 당신께서 타시는 나귀가 어디 있는지 안다면 보석으로 장식한 안장을 바치겠습니다." 예수가 그를 흔들며 이렇게 말했다. "이 가련한 이여, 전능하신 하느님께서 나귀를 가지고 계시겠는가?" 하느님께서 예수에게 계시하셨다. "내버려 두어라. 그는 자신이 할 수 있는 최고의 방법으로 나를 찬미했다."

예수와 순박한 신앙을 지닌 남자가 등장하는 이 이야기는 형식이나 내용면에서 《성서》의 복음서 이야기와 유사하다. 뿐만 아니라 무함마드가 순박한 신앙을 지닌 이의 모든 면을 다 받아주었다는 무함마드의 《하디스》에 나오는 이야기와도 많이 유사하다.

'Abd al-Wahhab al-Sha'rani (d.973/1565), *Latàif al-Minan*, p.51 (Asin, p.593, no.208; Mansur, no.249; Robson pp.125-126). Cf. al-Damiri, *Hayat*, 1:229 (변형).

✿

292 사탄이 예수에게 이렇게 물었다. "너의 하느님께서 이 세상을 작게 하지도 계란을 크게 하지 않고서도, 이 세상을 계란 안에 담으실 수 있다고 생각하느냐?" 예수가 대답했다. "너는 참 가련하다. 할 수 없음은 하느님의 속성이 아니다. 그분이 아니면 누가 이 세상을 이처럼 훌륭하고 정교하게 만들고, 계란을 더 크게 만들 수 있겠느냐?"

마즐리시는 매우 영향력 있는 시아파 저술가이자 《하디스》 학자였고 매우 박학다식했다.[85] 이 이야기는 기적을 행하는 하느님의 능력과 관련된 '악마의' 신학적 난제를 담고 있다. 일반적으로 무슬림은 하느님께 자연의 흐름을 바꿀 수 있는 능력이 있지만 하느님의 기적 가운데 가장 위대한 것은 《꾸란》그 자체라고 본다.

Mulla Muhammad Baqir Majlisi (d. 1110/1698), *Bihar*, 4:142. Cf. Qa'im and Legenhausen, *Al-Tawhid*, 13/3, p.25, no.2.

✿

293 예수가 말했다. "디나르(동전)는 종교에게 질병이고,

학자는 종교에게 의사이다. 몸에 병이 든 의사를 보면 그를 경계하고 그가 다른 이에게 조언하기 적합하지 않은 사람임을 알아야 한다."

이와 비슷한 이야기가 시리아 문학에도 나온다.[86]

Mulla Muhammad Baqir Majlisi (d. 1110/1698), *Bihar*, 14:319. Cf. Qa'im and Legenhausen, *Al-Tawhid*, 13/3, pp.37~38, no.50.

❈

294 예수가 말했다. "어떤 사람이 이 세상 온갖 것을 얻기 위해 제 영혼을 팔고, 파괴된 영혼을 팔아 산 것을 모두 다른 사람에게 남기고 간다면 그에게 어떤 이로움이 있겠느냐? 이 세상 어떤 일보다 제 영혼 지키는 일을 더 소중히 여기며 사는 이에게 복이 있을 것이다."

〈마태오복음〉 16장 25~26절을 다른 식으로 표현하였다.

Mulla Muhammad Baqir Majlisi (d. 1110/1698), *Bihar*, 14:329. Cf. Qa'im and Legenhausen, *Al-Tawhid*, 13/3, pp.36, no.47.

✿

295 예수가 이스라엘인에게 설교하기 위해 일어섰다. 예수는 이렇게 말했다. "오 이스라엘인들이여, 배고프기 전까지는 먹지 마시오. 배고프면 먹되 배불리 먹지 마시오. 배불리 먹으면 목은 두꺼워지고, 옆구리는 살찌며, 여러분은 주님을 잊게 될 것이오."

건강한 식습관과 신실한 삶이 연결되어 있다고 말하는 예수의 또 다른 말이다. 152번과 266번 이야기를 보라.

Mulla Muhammad Baqir Majlisi (d. 1110/1698), *Bihar*, 66:337. Cf. Qa'im and Legenhausen, *Al-Tawhid*, 13/3, p36, no.45.

✿

296 예수가 말했다. "마음이 잔인한 것보다 더 심각한 병이 없고, 간절한 바람이 없는 영혼보다 더 견디기 어려운 것은 없다. 이 둘에는 (하느님의)추방과 방치라는 굴레가 씌울 것이다."

이 이야기에는 의미가 명확하지 않고 복잡한 부분이 있다. 예수는 마음을 모질게 먹거나 사치스럽게 살지 말라고 가르치고 있

는 것 같다. 하느님은 당신의 현존에서 죄인을 쫓아내거나 그가 죄
짓도록 방치하는 식으로 죄인에게 굴레를 '씌우신다.'

Mulla Muhammad Baqir Majlisi (d. 1110/1698), *Bihar*, 66:337. Cf. Qa'im
and Legenhausen, *Al-Tawhid*, 13/3, p.39, no.54.

✿

297 예수께서 자신을 따르던 자들 가운데 두 명을 심부름
보냈다. 둘 중 한 명은 말라버린 물 자루처럼 되어 돌아왔고, 다른
사람은 뚱뚱하게 살쪄서 돌아왔다. 예수가 첫 번째 사람에게 물었
다. "왜 이렇게 되었느냐?" 그 남자가 말했다. "하느님에 대한 두려
움 때문입니다." 예수는 두 번째 사람에게 물었다. "왜 이렇게 되었
느냐?" 그가 대답했다. "하느님에 대한 믿음 때문입니다."

하느님에 대한 두려움과 믿음은 모두 우리가 추구해야 할 도덕
적 태도이다. 두 제자는 특히 수피 윤리에서 가르치는 진정한 신앙
을 위해서 두 상태가 서로 보완되어야 함을 보여주는 역할을 한다.

Mulla Muhammad Baqir Majlisi (d. 1110/1698), *Bihar*, 70:400. Cf. Qa'im
and Legenhausen, *Al-Tawhid*, 13/3, p.34, no.38.

298   예수가 말했다. "내가 그것을 말했다면, 당신께서는 그것을 알고 계셨을 것입니다. 내 안에서 그것을 말하신 이는 당신이기 때문입니다. 내가 말하는 혀가 곧 당신이니, 내 형상과 바탕은 당신과 하나이기 때문입니다."

알나불루시는 여러 지역을 여행했던 팔레스타인 신비주의자이다. 그는 근대 초기 중요한 수피 사상가이며 다양한 주제의 글을 썼다. "내가 그것을 말했다면, 당신께서는 그것을 알고 계셨을 것입니다"라는 구절은 《꾸란》 5장 116절에서 나왔다. 여기서는 예수가 자신이 신성한 존재라는 주장을 부정하면서 하느님께 그렇게 말한다. 이 이야기의 나머지 부분은 이슬람에서 예수를 부르는 두 가지 별칭인 하느님의 영, 하느님의 말씀이란 표현을 수피식으로 바꾼 것으로 보인다.

'Abd al-Ghani al-Nabulusi (d.1143/1731), Asin, p.595 (no.215), Mansur, no.250; Robson p.93에서 발췌. 아랍어 1차사료는 알 수 없음.

299 　예수가 말했다. "이 세상의 노예여, 너희는 불행하다! 보지 못하는 장님에게 무엇으로 햇빛을 보게 할 수 있는가? 이와 같이 많이 배운 학자라도 배운 대로 행동하지 않는다면 아무것도 그를 이롭게 할 수 없다. 과일은 많으나 쓸 만하고 먹을 만한 것은 없구나! 학자는 많으나 배움을 유용하게 쓰는 사람이 없구나! 거짓 학자들을 조심하라. 그들은 털로 된 옷을 입고 땅에 고개를 숙여 절하지만 늑대처럼 눈썹 밑에서부터 너를 노려보고 있다. 그들의 말은 행동에 따라 변한다. 누가 가시덤불에서 포도를 수확하고, 콜로신스 줄기에서 무화과를 수확하느냐? 이와 같이 거짓 학자들의 말은 거짓만을 외친다. 주인이 광야에서 짐을 나르는 짐승을 잘 묶어 두지 않으면, 그 짐승은 제 동족이 있는 땅으로 돌아갈 것이다. 이처럼 앎을 가진 사람이 실천하지 않으면 앎은 그의 마음을 떠나게 되고, 그를 버려 쓸모없는 사람이 되도록 만들 것이다. 식물이 물과 흙만으로도 잘 자라는 것과 같이 신앙은 앎과 행동만으로도 잘 자란다. 이 세상의 노예여, 너희는 불행하다! 모든 것에는 그것을 알게 하거나 증명 혹은 부정할 수 있는 상징이 있다. 종교에는 알려진 대로 세 가지 상징이 있다. 신앙과 앎, 행동이 그것이다."

　알자비디는 예멘의 위대한 학자이며 가장 방대하다고 여겨지는 고대 아랍어 사전의 저자이다. 이 길고 복합적인 예수의 말에는 여러 요소가 결합되어 있지만, 가장 주된 내용은 학자들에 대한 비판이다.

Murtada al-Husayni al-Zabidi (d.1205/1791), *Ithaf al-Sada al-Muttaqin*, 1:229–230 (Asin, p.596, no.216; Mansur, no.251; Robson p.94). Cf. Abu Hayyan, *al-Imta'*, 2:123.

✿

300   사탄이 예수에게 나타났을 때, 사탄은 다양한 색깔과 종류의 펜던트로 치장하고 있었다. 예수가 물었다. "이 펜던트들은 다 무엇이냐?" 사탄이 내답했다. "인간들의 탐욕이다." 예수가 물었다. "내게도 이와 관련 있는 것이 있느냐?" 사탄이 대답했다. "네가 배부를 때까지 먹었다면 우리는 너를 나태하게 하여 하느님께 기도하거나 하느님 이름을 말하지 못하게 했을 것이다." 예수가 물었다. "또 다른 것은 없느냐?" 사탄이 대답했다. "없다." 예수가 말했다. "나는 배부를 때까지 음식을 먹지 않겠다고 하느님 앞에 맹세한다." 사탄이 대답했다. "나는 다시는 무슬림에게 그렇게 권하지 않겠다고 하느님 앞에 맹세한다."

152번, 278번, 295번 이야기를 보라.

Murtada al-Husayni al-Zabidi (d.1205/1791), *Ithaf al-Sada al-Muttaqin*, 7:445 (Asin, p.574, no.174 bis; Mansur, no.253; Robson pp.76–77). Cf. al-

Ghazali, *Minhaj*, p.33 (Mansur, no.196); and al-Suhrawardi, *'Awarif*, 3:102
(둘 다 예수 대신 요한).

✿

301   예수가 말했다. "아담의 자식들아. 죽게 될 것을 낳고, 무너질 것을 짓는다면 너희 영혼은 사라지고 너희가 살던 곳도 폐허가 될 것이다."

아신의 주석을 보라. 아신은 첫 구절이 금욕주의 시인 아부 알 아타히야의 시 한 구절과 일치한다는 점을 발견했다.

Murtada al-Husayni al-Zabidi (d.1205/1791), *Ithaf al-Sada al-Muttaqin*,
8:85 and 10:223 (Asin, p.597, no.218; Mansur, no.255).

✿

302   예수가 이런 질문을 받았다. "왜 당신을 위한 집을 짓지 않습니까?" 예수가 대답했다. "내 집은 홍수가 지나가는 곳에 있다."

110번 이야기를 보라.

Murtada al-Husayni al-Zabidi (d.1205/1791), *Ithaf al-Sada al-Muttaqin*, 9:333 (Mansur, no.259).

✿

303 "하느님을 기억하라고 충고하면서 정작 자신은 그 분을 잊는 이가 얼마나 많은가! 하느님을 두려워하라고 말하면서 자신은 그 분께 무례한 이가 얼마나 많은가! 하느님을 부르라고 말하면서 자신은 그 분에게서 도망치는 이가 얼마나 많은가! 하느님의 책을 읽으라고 하면서 자신은 그 책의 구절을 버리는 이가 얼마나 많은가!"

Murtada al-Husayni al-Zabidi (d.1205/1791), Gazali, *Ihya,* 1:52에서 발췌, 거기서는 이 어록이 금욕 수행자 Ibn al-Sammak 의 것으로 되어 있음. 예수의 것이라는 내용은 찾아내지 못했다.

The Muslim Jesus: Sayings and Stories in Islamic Literature

부록

예수가 이스라엘인들에게 물었다.

"씨앗은 어디에서 자라고 있는가"

그들이 대답했다. "흙에서 자랍니다."

예수가 말 했다.

"내가 진실로 너희에게 말한다.

지혜는 오직 흙과 같은 마음에서만 자란다."

Abu Hamid al-Ghazali (d. 505/1111), *Ihyā'Ulum al-Din.*

제1부 주석

1. 현대 아랍 이슬람 문학에서의 예수의 이미지는 David Pinault, "Images of Christ in Arabic Literature," *Welt des Islams*, 27 (1987), 103-125; Anton Wessels, *Images of Jesus: How Jesus Is Perceived and Portrayed in Non-European Cultures* (London: SCM Press, 1990), pp.43-56; Maurice Borrmans, *Jésus et les Musulmans d'aujord'hui* (Paris: Desclée, 1996)을 보라. 현대 아랍 이슬람 전승에 남아 있는 예수에 관한 기록은 C. E. Padwick, "The Nabi 'Isa and the Skull,"The Muslim World, 20 (1930), 56-62; James Robson, "Stories of Jesus and Mary," *The Muslim World*, 40 (1950), 236-243을 보라. 현대 무슬림 공동체와 예수의 관계에 대한 흥미로운 연구로는 다음이 있다. K. M. O'Connor, "The Islamic Jesus: Messiahhood and Human Divinity in African American Muslim Exegesis," *Journal of the American Academy of Religion*, 66, no.3 (Fall 1998), 493-532. 이 논문은 Cambridge, King's College의 G. L. Pattison 박사가 소개해 주었다.

2. 18세기 무슬림 복음서를 인용한 책으로는 Jeremiah Jones, *New and Full Method of Settling the Canonical Authority of the New Testament* (Oxford: J. Clark, 1798)가 있다. 이 책은 Donald Wismer, *The Islamic Jesus: An Annotated Bibliography of Sources in English and French* (New York: Garland, 1977), no.379, pp.141-142에서 소개되었다. 또 다른 중요한 무슬림 복음서 모음집 가운데 출판된 것은 다음과 같다. Wismer, *The Islamic Jesus*, no.441, p.163 (Margoliouth); ibid., no.79, p.35 (Asin y Palacios); ibid., no.550, p.205 (Robson); ibid., no.301, pp.112-113 (Hayek). 이 가운데 마지막 책이 특히 중요하다. Hanna Mansur 목사가 엮은 "Aqwal al-Sayyid al-Masih 'ind al-kuttab al-muslimin al-aqdamin" (고대 무슬림 작가들에게서 나온 그리스도 어록), *Al-Masarra* (1976 *et seq.*)은 아신 모음집은 거의 포함하지 않았다. 12권의 고전 시아파의 문학과 윤리 작품과 《하디스》에 남아 있던 96개의 예수 어록이 최근 영어로 번역되었다. 자세한 내용은 Mahdi Muntazir Qa'im과 Muhammad Legenhausen의 "Jesus Christ Speaks through Shi'i Traditions," *Al-Tawhid*, 13, no.3. (Fall 1996), 21-40과 같은 저자의 "Jesus Christ in the Mirror of Shi'i Narrations," *Al-Tawhid*, 13, no.4 (Winter 1996), 45-56을 보라. 이들 예수 이야기는 주로 Majlisi's, *Bihar al-Anwar*에서 인용했다. 이 책은 개별 예수 어록에 대한 주석은 없지만, 간단한 소개글이 담겨 있다. 이 어록 대부분이 이 책에 실려 있다.

1910년에 이미 Louis Cheikho는 "무슬림 저자들의 기록을 바탕으로 예수 그리스도의 말과 행위를 한 권의 책으로 쓸 수 있다"고 분명히 말한 바 있다. 자세한 내용은 Cheikho, "Quelques légendes islamiques apocryphes," *Mélanges de la Faculté Orientale, UniversitéSaint-Joseph,* 4 (1910), 33-56을 보라.

3. 그러한 예로 Hammam ibn Munabbih의 작품, 'Abdallah ibn al-Mubarak, Ahmad ibn Hanbal, Hannad ibn al-Sariyy, Ibn Abi'l Dunya의 금욕주의 모음집이 있다. 이들은 2-3/8-9세기 주요 작가들이었다.

4. 이 분야에서 가장 기본적인 참고 문헌은 다음과 같다. Wismer, *The Islamic Jesus;* Robert Caspar, "Bibliogaphie du dialogue islamo-chrétien," *Islamochristiana,* 1 (1975), 125-181 and 2 (1976), 187-249. 또한 Samir Khalil, *Islamochristiana,* 8 (1982), 10-12 (Khalil은 아랍어 참고문헌만 제시했다)에 나온 참고문헌도 유용하다. 이 잡지는 무슬림과 그리스도인 사이의 관계를 연구하는 분야에서 선도적인 학술지이다. Wismer의 참고문헌에 소개된 몇몇 자료는 몇 가지 예수 어록을 다루지만 (가령 그가 별첨한 문서의 79와 441번 이야기를 참조할 것), 어록 전체를 연구하지는 않았다. 또한 E. Rudolph, *Dialogues islamo-chrétiens,* 1950-1993 (Lausanne: Université de Lausanne, 1993)을 보라.

5. 이슬람 이전 아라비아의 그리스도교에 대한 문헌은 대단히 많다. 오늘날 이 분야의 역사 연구는 다음의 문헌에서 출발한다. Irfan Shahid, *Rome and the Arabs* (Washington, D. C.: Dumbarton Oaks, 1984); *Byzantium and the Arabs in the Fourth Century* (Washington, D.C.: Dumbarton Oaks, 1984); *Byzantium and the Arabs in the Fifth Century* (Washington, D.C.: Dumbarton Oaks, 1989); *Byzantium and the Arabs in the Sixth Century* (Washington, D. C.: Dumbarton Oaks, 1995). Shahid의 책은 7세기까지를 다루고 있다. 특히 이슬람 이전 아라비아의 맥락에서 예수를 다루는 것으로는 다음이 있다. F. V. Winnett, "References to Jesus in Pre-Islamic Arabic Inscriptions," *The Muslim World,* 31 (1941), 341-353; G. Ryckmans, "La Mention de Jésus dans les inscriptions arabes préislamiques," *Analecta Bollandiana,* 67 (1949), 62-74와 Enno Littmann, "Jesus in a Pre-Islamic Arabic Inscription," *The Muslim World,* 40 (1950), 16-18. 이슬람 이전의 시 가운데 예수를 가장 잘 그리고 있는 작품은 Umayya ibn Abi al-Salt의 시이다. 그의 책 *Diwan,* ed. A. H. al-Satli (Damasucs, 1974) 484-487을 보라. 이 시는 4/10세기까지의 작품에도 들어 있지만 진위 여부는 심각하게 의심 받고 있다. 유대교에 대한 초기 무슬림의 태도는 Camilla Adang, *Muslim Writers on Judaism and the Hebrew Bible* (Leiden: Brill, 1996), ch.1에 나온 유익한 요약을 보라. 이 책은 또한 중요한 참고문헌도 소개하고 있다.

6. 이 부분에서 다루는 견해는 다음 책에서 확인할 수 있을 것이다. W. St. Clair Tisdall, *The Original Sources of the Qur'an* (London: SPCK, 1905); E. Sell and D. S. Margoliouth, "Christ in Mohammedan Literature," in James Hastin's, ed., *Dictionary of Christ and the Gospels* (Edinburgh: T. And T. Clark, 1908), pp.882-886; S. M. Zwemer, *The Moslem Christ* (Edinburgh: Oliphant, 1912); D. Sidersky, *Les Origines des légendes musulmanes dans le Coran et dans les vies des prophétes* (Paris: Geuthner, 1933); Thomas O'Shaughnessy, *The Koranic Concept of the Word of God* (Rome: Pontificio Istituo Biblico, 1940); Abraham Katsh, *Judaism in Islam: Biblical and Talmudic Backgrounds of the Koran and Its Commentaries* (New York: Bloch, 1954); W. M. Watt, "The Christianity Criticized in the Qur'an," *The Muslim World*, 57 (1967), 197-201; Olaf Schumann, *Der Christus der Muslime* (Gutersloh: Mohn, 1975); Kenneth Cragg, *Jesus and the Muslim* (London: Allen and Unwin, 1985); Jaroslav Pelikan, *Jesus through the Centuries* (New York: Harper Perennial Library, 1987), pp.16-17.

7. 나그함마디에 관해서는 James M. Robinson, *The Nag Hammadi Library*, 3rd rev. ed. (Leiden: Brill, 1988)를 보라. 시리아, 콥트, 에디오피아 문헌은 다음을 참고하라. E. A. Wallis Budge, *Legends of Our Lady Mary the Perpetual Virgin and Her Mother Hanna* (London: Oxford University Press, 1933); *The Wit and Wisdom of the Christian Fathers of Egypt: The Syrian Version of the Apophthegmata Patrum of Anan Isho of Beth Abhe* (London: Oxford University Press, 1934). Bentley Layton, *The Gnostic Scriptures* (New York: Doubleday, 1987); Benedicta Ward, *The Sayings of the Desert Fathers*, rev. ed. (Oxford: Mowbray and Cistercian Publications, 1984); Majella Franzmann, *Jesus in the Nag Hammadi Writings* (Edinburgh: T. and T. Clark, 1996).

8. 가장 권위 있는 외경 모음집으로는 E. Hennecke, *New Testament Apocrypha* (London: Lutterworth, 1963-1964)가 있다. 원문과 함께 외경에 대한 여러 학자들의 의미 있는 소개글과 분석을 담고 있다. 또한 W. Schneemelcher, *New Testament Apocrypha*, English edition and translation by R. McL. Wilson (Cambridge: J. Clark, 1991-1992)도 좋다.

9. 예를 들어 Claus Schedl, *Muhammad und Jesus* (Vienna: Herder, 1978), pp.565-566을 보라.

10. Toshihiko Izutsu, Mohammed Arkoun, Angelika Neuwirth와 같은 학자가 있다.

11. 이 문제에 대한 심도 깊은 논의는 무슬림 법학의 기원과도 관련 있다. 자세한 사항은 다음을 보라. Norman Calder, *Studies in Early Muslim Jurisprudence* (Oxford: Clarendon,

1993), ch.8.

12. 점술가 외에도, 예컨대 al-Nabigha al-Dhubyani나 Umayya ibn Abi al-Salt 등의 시들이 《꾸란》의 표현과 가장 유사하다는 점은 고전 이슬람 학자들에게도 잘 알려진 사실이었다. Abu Zayd al-Qurashi (4/10세기 초 사망), *Jamharat Ash'ar al-'Arab* (Beirut: Dar Bayrut, 1984), pp.10-25을 보라.

13. 이 문제는 Frank Kermode, *The Genesis of Secrecy* (Cambridge, Mass: Harvard University Press, 1979), p.162, n. 20에서 명쾌하게 다루고 있다.

14. 《꾸란》 속 예수를 예리하게 다루긴 했지만 이 분야에서 최근 가장 영향력 있는 연구로는 Geoffrey Parrinder, *Jesus in the Qur'an* (London: Faber, 1965); Kenneth Cragg, *Jesus and the Muslim* (London: Allen and Unwin, 1985) 둘을 들 수 있다. 그러나 두 연구 모두 《꾸란》 속 예수의 일반적 예언자적 측면을 충분히 강조하지는 않았다. Fazlur Rahman, *Major Themes of the Qur'an* (Minneapolis: Bibliotheca Islamica, 1980)은 《꾸란》 속 예언자에 대한 다소 시사성 있는 연구를 제시하고 있다. Helmut Gatje, *The Qur'an and Its Exegesis* (London: Routledge and Kegan Paul, 1976), 특히 pp.99-135도 함께 보면 좋다.

15. O'Shaughnessy, *The Koranic Concept of the Word of God*는 이 문제를 본격적으로 다루고자 한다. 그러나 이 책은 불행하게도 반이슬람적인 어조 때문에 망가졌다. 다음 책도 참고하라. A. M. Charfi, "Christianity in the Qur'an Commentary of Tabari," *Islamochristiana*, 6 (1980), 105-148; Schumann, *Der Christus der Muslime*, pp.25-47. 이 문제에 관한 초기의 논쟁은 D. J. Sahas, *John of Damascus on Islam* (Leiden: Brill, 1972), pp.113 ff.

16. 다음을 참고하라. Parrinder, *Jesus in the Qur'an*, pp.22ff; G. Anawati, "Isa," *Encyclopaedia of Islam*, new edition, ed. H. A. R. Gibb et al. (Leiden: Brill, 1960-)

17. 십자가형과 shubbiha lahum의 문제에 대한 권위 있는 고전 이슬람의 논의는 Tabari, *Tafsir*, 6:12-13을 보라. 이 논쟁에 반영된 초기 무슬림의 관점은 Sahas, *John of Damascus*, pp.78ff. 가장 최근의 논의로는 다음과 같은 것들이 있다. Mahmoud Ayyoub, "Towards an Islamic Christology, 2: The Death of Jesus-Reality or Illusion?" *The Muslim World*, 70, no.2 (1980), 91-121. 이 논문에서는 전통적인 《꾸란》 주석과 현대 주석에서 shubbiha lahum 구절을 어떻게 해석하고 있는지를 다룬다.

18. 다른 구절로는 《꾸란》 6:101; 10:68; 17:111; 18:4; 19:88; 21:26; 39:4; 73:3이 있다. 가장 유명한 것은 수라 112이다. 이런 정서는 예루살렘의 황금사원에 있는 예수에 대한 가장 초기의 비문 기록들에 반영되어 있다. Max van Berchem, *Matériaux pour un Corpus inscriptionum arabicarum*, 12 (Cairo, 1927), pp.228-257, 특히 230-231.

19. 특히 야고보의 원복음서, 위 (僞)마태복음, 도마복음; Budge, Legends of Our Lady Mary가 있으며 전반적으로 이 내용을 다룬 책으로는 Hennecke, *New Testament Apocrypha*가 있다.

20. 예수의 '죽음'을 다룬 중요한 논의는 Tabari, *Tafsir*, 3:202-205를 보라.

21. 다음을 참고하라. Jane Dammen McAuliffe, *Quranic Christians: An Analysis of Classical and Modern Exegesis* (Cambridge: Cambridge University Press, 1991).

22. (그리스도교로부터의) 영향을 밝히는 데 주된 관심을 두는 연구자들의 시각을 교정해줄 수 있는 저작으로 Hennecke, *New Testament Apocrypha*, 2:642. Mohammed Arkoun, "The Notion of Revelation: From Ahl al-Kitab to the Societies of the Book," *Welt des Islams*, 28 (1988), 62-89가 있다. Heikki Raisanen, "The Potrait of Jesus in the Qur'an: Reflection of a Biblical Scholar," *The Muslim World*, 70, no.2 (1980), 122-133과 Marilyn Waldman," New Approaches to 'Biblical' Materials in the Qur'an", *The Muslim World*, 75, no.1 (1985), 1-16 도 이와 유사한 관점을 제시해준다.

23. 초기 이슬람학의 문제를 다룬 유일하면서도 가장 중요한 고전 텍스트는 Al-Khatib al-Baghdadi (463/1071년 사망), *Taqyid al-'Ilm*이다. 이 책은 Yusuf al-'Ishsh (Damascus, 1949)가 편집했는데, 중요성에 비해 가치를 인정받지 못하는 서문을 담고 있다. 초기 이슬람 논의에 대한 최근의 연구로는 다음 책이 있다. John Wansbrough, *Qur'anic Studies* (London: Oxford University Press, 1977); Patricia Crone and Michael Cook, *Hagarism: The Making of the Islamic World* (Cambridge: Cambridge University Press, 1977); Harald Motzki, "The Musannaf of 'Abd al-Razzaq al-San'ani as a Source of Authentic *Ahadith* of the First Century A.H.," *Journal of Near Eastern Studies*, 50 (1991), 1-21; Albrecht Noth, *The Early Arabic Historical Tradition: A Source-Critical Study*, trans. Muchael Bonner (Princeton: Darwin Press, 1994); Gregor Schoeler, "Writing and Publishing: On the Use and Function of Writing in the First Centuries of Islam," *Arabica*, 44

(1997), 423-435; Michael Cook, "The Opponents of the Writing of Tradition in Early Islam," *Arabic*, 44 (1997), 437-530; Wael B. Hallaq, *A History of Islamic Legal Theories* (Cambridge: Cambridge University Press, 1997), 1장. 이 연구의 많은 부분이 초기 이슬람학, 더 나아가 '원시 이슬람'에 대해 우리가 알 수 있거나 그렇지 못한 것에 대한 방대한 참고문헌을 포함하고 있다.

24. 720년경의 기록에는 법의 통일성이 없었다는 흔치 않은 예가 보인다. 당시 법학자들은 술을 마시는 행위를 금지하는 법을 확립하기 위해 북아프리카에 파견되었다 (Ibn 'Idhari, *Al-Bayan al-Mughrib* [Leiden, 1948], 1:48). 그러나 초기 이슬람의 몇몇 학자는 '원시주의'를 과장하고 초기의 법적·행정적 규율을 혼동하는 경향이 뚜렷했다. 이 문제를 균형 있게 보기 위해서는, 최근 Geoffrey Khan의 중요한 저서, 특히 "The Pre-Islamic Background of Muslim Legal Formularies," *Aram*, 6 (1994), 193-224를 참고하라.

25. 이 질문에 관련된 간략한 논의는 Gerd-R. Puin, "Observations on Early Qur'an Manuscripts in San'a'," in Stefan Wild, ed., *The Qur'an as Text* (Leiden: Brill, 1996), pp.107-111이 있다. 그러나 Puin은 머지않아 《꾸란》 텍스트의 발전에 대해 새로운 이론을 제기할 것이라 기대된다.

26. 신성한 하디스 (하디스 꾸드시)는 William A. Graham, *Divine Word and Prophetic Word in Early Islam* (The Hague: Mouton, 1977)을 보라. 유대·그리스도교 전통이 초기 무슬림 환경에 전승되는 상황은 M. J. Kister, "Haddithu 'an Bani Isra'ila wa la haraja: A Study of an Early Tradition," in Kister, *Studies in Jahiliyya and Early Islam* (London: Variorum Reprints, 1980)을 보라. 이 논문은 다음 학자들의 관점을 비판한다. W. M. Watt, "The Early Development of the Muslim Attitude to the Bible," *Transactions of the Glasgow University Oriental Society*, 16 (1957), 50-62; J. Sadan, "Some Literary Problems concerning Judaism and Jewry in Medieval Arabic Sources," in M. Sharon, ed., *Studies in Honour of Professor David Ayalon* (Leiden: Brill, 1986), pp.353-398 (특히 pp.370부터). 예수에 대한 그리스도인과 무슬림의 초기 논쟁은 Robert Hoyland, *Seeing Islam as Others Saw It: A Survey and Evaluation of Christian, Jewish, and Zoroastrian Writings on Early Islam* (Princeton, N.J.: Darwin Press, 1997), pp.160-167, 특히 p.166을 보라.

27. Cheikho, "Quelques légendes islamiques apocryphes"를 보라.

28. 물론 그리스도인들도 신성한 문서를 조작했던 혐의를 유대인들에게 두었다. Jaroslav Pelikan, *Jesus through the Centuries*, p.26을 보라.

29. 이러한 학계의 추이에 대해서는 다음을 보라. Ignaz Goldziher, "Über Bibelcitate in Muhammedanischen Schriften," *Zeitschrift für die Alttestamentlische Wissenschaft*, 13 (1893), 315-321; Cheikho, "Quelques légendes islamiques apocryphes"; A. S. Tritton, "The Bible Text of Theodore Abu Qurra," *Journal of Theological Studies*, 34 (1933), 52-54; Alfred Guillaume, "The Version of the Gospels Used in Medina circa 700 A.D.," *Al-Andalus*, 15 (1950), 289-296; R. G. Khoury, "Quelques réflexions sur les citations de la Bible dans les premières générations islamiques du premier et du deuxième siècle de l' Hégire," *Bulletin d'Etudes Orientales*, 29 (1977), 269-278. 가장 최근의 연구로는 Sidney H. Griffith, "The Gospel in Arabic: An Enquiry into Its Appearance in the First Abbasid Century," *Oriens Christianus*, 69 (1985), 126-167이 있다. 그의 또 다른 논문 "The Monks of Palestine and the Growth of Christian Literature in Arabic," *The Muslim World*, 78 (1988), 1-28. Camilla Adang, *Muslim Writers*, chs.1 and 4; Sadan, "Some Literary Problems concerning Judaism and Jewry."를 보라.

30. Aziz al-Azmeh, *Muslim Kingship* (London: Tauris, 1997), ch.4를 보라.

31. 다음을 보라. T. Khalidi, "The Role of Jesus in Intra-Muslim Polemics of the First Two Islamic Centuries," in S. K. Samir and J. S. Nielsen, eds., *Christian Arabic Apologetics during the Abbasid Period*, 750-1258 (Leiden: Brill, 1994), pp.146-156 and notes 24 and 25; Khalil 'Athamina, "Al-Qasas: Its Emergence, Religious Origin and Its Socio-Political Impact on Early Muslim Society," *Studia Islamica*, 76 (1992), 53-74; David Thomas, "The Miracles of Jesus in Early Islamic Polemics," *Journal of Semitic Studies*, 39 (1994), 221-243. 이슬람 종교학자와 금욕주의자에 관해서는 다음의 책에 잘 나와 있다. M. G. S. Hodgson, *The Venture of Islam* (Chicago: University of Chicago Press, 1974), vol. 1, pp.359-409. 특히 p.398의 예수와 수피에 관한 내용을 보라.

32. 다음을 보라. Arthur Jeffrey, "The Descent of Jesus in Muhammadan Eschatology," in S. E. Johnson, ed., *The Joy of Study: Papers on New Testament and Related Subjects Presented to Honor Frederick Clifton Grant* (New York: Macmillan, 1951), 107-126; W. Madelung, "Mahdi," *Encyclopaedia of Islam*; *Al-Azmeh, Muslim Kingship*, pp.201-202; Fritz Meier, "Eine Auferste-

hung Mohammeds bei Suyuti," in *Bausteine II*, Beiruter Texte und Studien 53b (Istanbul, 1992), pp.797-835.

《하디스》를 수집한 유명한 학자로 부카리와 무슬림이 있으며 이들은 《하디스》를 편집하여 옮겨놓았다. 이 중 부카리의 편집본은 가장 권위있는 《하디스》 모음집으로 꼽힌다 (역자 주)

33. Khalidi, "The Role of Jesus in Intra-Muslim Polemics"; T. Nagel, "Kisas al-Anbiya'," *Encyclopaedia of Islam*을 보라.

34. W. M. Thackston, *The Tales of the Prophets of al-Kisa'i* (Boston: Twayne, 1978)에 이 작품에 대한 소개가 잘 나와 있다.

35. 이런 예언자론 (prophetology)은 수피들의 저작에 잘 정리되어 있다. Ibn 'Arabi (d. 638/1240)의 관점을 논의한 글로는 Caesar E. Farah, "The Prose Literature of Sufism," in M. J. L. Young et al., eds., *Religion, Learning and Science in the 'Abbasid Period* (Cambridge: Cambridge University Press, 1990), pp.72-74가 있다.

36. 이런 편집 작업은 R. G. Khoury, *Les Légendes prophétiques dans l'Islam* (Wiesbaden: Otto Harrassowitz, 1978), p.27 (지리학적 설명), p.238 (무함마드의 등장을 예언함), p.240 (예언자들의 기도에 나오는 《꾸란》 구절), p.248 (이사야 이야기에 나오는 무함마드와 유사한 점)을 보라.

37. al-Kisa'i에 대해서는 Thackston, *The Tales of the Prophets of al-Kisa'i*를 보라.

38. Abu Ishaq Ahmad al-Tha'labi, *Kitab Qisas al-Anbiya'* (Cairo, 1306/1889). Thackston의 추정에 따르면 이 책의 양식은 직접적으로 "연대 순서에 따라 발췌·정리된 잘 알려진 자료를 담은 주석에서" 나온 것이다. *(The Tales of the Prophets of al-Kisa'i, p.xvi)*. 그러나 이 책 *('Addis al-Majalis)*의 또 다른 이름에 나온 majalis라는 개념에서는 수피의 majalis al-dhikr, 즉 여러 기도와 종교의식이 연상된다. 또한 그 양식과 구조에서는 수피 신비주의와 아다브를 비슷하게 결합시킨 작품인 Abu Hayyan al-Tawhidi, *Al-Imta' wa'l Mu'ansa*가 연상된다.

39. Hennecke, *New Tesatament Apocrypha*, 1:62부터 보라.

40. Khalidi, "The Role of Jesus in Intra-Muslim Polemics."

41. 쿠파에 대한 일반적인 설명은 다음을 참고하라. H. Djait, *Al-Kufa: Naissance de la ville islamique* (Paris: Maisonneuve, 1986); Tarif Khalidi, *Arabic Historical Thought in the Classical Period* (Cambridge: Cambridge University Press, 1994), p.50. n. 56.

42. 일찍이 9세기 그리스도교 저술가 Stephan of Ramla은 무함마드의 가르침은 예수의 신성한 힘을 도둑질한 결과라는 주석을 달았다. (Hoyland, *Seeing Islam as Others saw It*, p.230) 예수와 '그때'에 관해서는 Ibn al-Mubarak, *Zuhd*, p.77과 Ibn Hanbal, *Zuhd*, p.97을 보라. 이에 수니파와 시아파에서는 마흐디 (무슬림 메시아)가 예수보다 더 높은 위치에 있다거나 (시아파의 관점) 아니면 예수가 마흐디보다 더 높다 (수니파의 관점)라는 서로 다른 견해를 갖게 된다. 1997년 여름의 마흐디의 탄신일, 베이루트 남쪽 외곽에 많은 시아파들이 살고 있는 지역에서는 거대한 현수막들이 내걸려 "마흐디와 마리아의 아들 예언자 예수가 나타나 구원의 빛이 동트게 해주심을 바라는 신자들을 축하했다."

43. 〈마태 복음〉은 대체로 아랍 이슬람 문학 전통에서 가장 자주 언급되는 그리스도교 복음서가 거의 틀림없을 것이다. 그중 한 가지 증거는 M. Asin y Palacios가 자신의 작품집에 수록한 그리스도교 복음서 색인에 나온다. (M. Asin y Palacios, "Logia et agrapha domini Jesu apud moslemicos scriptores asceticos praesertim, usitata", *patrologia Orientalis*, 13 (1919), 335-431, 19 (1926), 531-624). 또한 9세기 이후 논쟁적인 무슬림 집단은 점차 그리스도교 복음서를 잘 알게 되었다. 〈마태 복음〉 23:34와 같은 구절에서 예수는 "이제 내가 예언자들과 현인들과 율법학자들을 너희에게 보낸다. 너희는 그들을 더러는 죽이거나 십자가에 못 박고, 더러는 너희 회당에서 채찍질하고 또 이 고을 저 고을 돌아다니며 박해할 것이다." 하고 말한다. 호교론자들은 이 말을 무함마드의 등장과 시련 (즉 히즈라를 말함)에 대한 증거로 보았다. 그러나 Parrinder는 〈요한 복음〉이 《꾸란》에 가장 가깝다고 주장한다 (*Jesus in the Qur'an*, p.95). 또한 Claus Schedl, "Die 114 Suren des Koranund die 114 Logien Jesu im Thomas-Evangelium", *Der Islam*, 64, no.2 (1987)도 보라. 그러나 내가 보기에 무슬림 복음서는 그리스도인과 - 무슬림 논쟁에서 맡은 역할이 없다. 무슬림이 예수의 권위 있는 어록을 '왜곡하는' 관점을 가졌음을 보여주기 위해서 이 복음서를 인용할 수도 있었던 그리스도교 호교론자들이 그렇게 하지 않은 점은 이상하다.

44. Ibn Hanbal, *Kitab al-Zuhd*, no.319. 그리고 이 책의 59번 이야기와 비교하여라.

45. 51번 이야기를 보라.

46. 30번 이야기를 보라.

47. 가능한 한 예수의 어록과 이야기에 관한 주석에서 이런 출처를 언급할 것이다.

48. Khalidi, "The Role of Jesus in Intra-Muslim Polemic."을 보라.

49. 무르지아파에 관해서는 Khalil 'Athamina, "The Early Murji'a: Some Notes," *Journal of Semitic Studies*, 35, no.1 (1990), 109-130을 보라. 아타미나는 이 운동이 정적주의와 행동 주의 두 모습을 모두 가지고 있었을 것이라고 주장한다. 그러나 후자 쪽 해석에 동의 하기는 어려울 것 같다.

50. 이와 관련된 예는 Khalidi, "The Role of Jesus in Intra-Muslim Polemics", n.12를 보라.

51. 이와 관련된 예는 같은 글 n.13을 보라.

52. 이와 관련된 내용은 같은 글 n.17을 보라.

53. 이와 관련된 내용은 같은 글 n.18을 보라.

54. 어록은 대부분 이스나드 없이는 원 사료 추적이 불가능하다. 이 어록은 G. Lecomte 가 "Les Citations de l'Ancien et du Nouveau Testament dans l'oeuvre d'Ibn Qutay-ba", *Arabica*, 5 (1958), 34-46에서 처음으로 연구했다. 또한 다음을 참고하라. André Ferré, "L'Historien al-Ya'qubi et Les évangiles," *Islamochristiana*, 3 (1977), 65-83; idem, "La Vie de Jésus d'après les Annales de Tabari," *Islamochristiana*, 5 (1979), 7-29

55. '다리' 어록 (Ibn Qutayba, *'Uyun al Akhbar*, 2:268; 'Uyun, 3:21을 보라)은 다음 책을 포함하 여 여러 사료에 나온다. Joachim Jeremias, *Unknown Sayings of Jesus*, 2nd ed. (London: SPCK, 1964), pp.111-118 ; and Harald Sahlin, "Die Welt ist eine Brüke," *Zeitschrift für die Neutestamentliche Wissenschaft*, 47 (1956), 286-287. 예레미아스는 이를 알가잘리의 '지나

가는 사람'어록에 그리고 최종적으로는 도마 복음서에 연결시켰다. 그것이 이븐 꾸타이바에게서 이미 나온 것인지 몰랐던 사흘린은 대략 1106년 Petrus Alfonsi가 쓴 *Disciplina clericalis*에서 이 말을 찾아내었다.

56. 이븐 알무깟파에 관해서는 M. Kurd 'Ali, ed., Rasa'il al-Bulagha', 3rd ed. (Cairo, 1946), pp.112-116, 146-172을 보라. 격언문학은 Dimitri Gutas, *Greek Wisdom Literature in Arabic Translation: A Study of the Graeco-Arabic Gnomologia* (New Haven, Conn: American Oriental Society, 1975)을 보라. 또한 I. Alon, *Socrates in Medieval Arabic Literature* (Leiden: Brill, 1991)도 유용하지만 다소 엄밀하지 못한 면이 있다.

57. Ibn Qutayba, 'Uyun al Akhbar (Cairo, 1925-1930), 2:370과 이 책의 100번 이야기를 보라.

58. 시아파에서 쿠파가 차지하는 중요성은 다음을 보라. E. Kohlberg, *Belief and Law in Imami Shi'ism* (London: Variorum Reprints, 1991), pp. xvi, 57-58, 65. 예수의 승천과 이맘이 눈에 보이지 않게 된 상황을 비교한 것으로는 Nawbakhti, *Firaq al-Shi'a* (Istanbul, 1931), p.68을 보라. 아기 이맘과 예수에 관해서는 Nawbakhti, *Firaq*, p.76을 보라. 또 다른 유사점에 대한 연구는 Ibn Babuya al Qummi, '*Ilal al - Shara'i* (Teheran, 1377/1957-1958) 1:196, 216을, 그리고 Al-Shaykh al-Mufid, *Al-Ikhtisas* (Teheran, 1379/1959-1960), p.56을 보라. 이스마일파에 대해서는, Nawbakhti, *Firaq*, p.63 and note 63을 보라. 더 자세한 내용은 다음을 참고하라. M.Momen, *An introduction to Shi'i islam* (New Haven, Conn.: Yale University Press, 1986), p.42-43, 52, 57; David Pinault, *The Shi'ites; Ritual and Popular Piety in a Muslim Community* (London:Tauris, 1992), p.55; and Kohlberg, *Belief and Law*, pp. xvi, 59. 고전 시아파 문헌에 나온 예수 어록 모음집은 다음을 보라. Mahdi Muntazir Qa'im and Muhammad Legenhausen, "Jesus Christ Speaks through Shi'i Traditions," *Al-Tawhid*, 13, no.3 (Fall 1996), 21-40과 같은 저자의 "Jesus Christ in the Mirror of Shi'i Narration," *Al-Tawhid*, 13, no.4 (Winter 1996), 45-56.

59. 이 책의 100번 이야기와 〈마태복음〉 12:35를 보라.

60. Ibn Qutayba, '*Uyun al-Akhbar*, 4:123; Ibn Babuya, '*Ilal*, 2:184, 이 책의 103, 152번 이야기를 보라.

61. Ibn Qutayba, *'Uyun al-Akhbar*, 1:327과 이 책 91번 이야기를 보라.

62. 이 문제에 대해서는 먼저 다음 두 연구를 참고할 수 있다. Louis Massignon, "L' Homme parfait en Islam et son originalitéaéschatologique," *Eranos-Jahbuch*, 15 (1947), 287-314; Hodgson, *The Venture of Islam*, vol.1, pp.398-402. 수피의 기원인 털옷 (suf)을 입는 것과 그리스도를 따르는 일 사이에 연관성이 있을 것이라는 가정에 대한 내용 은 Louis Massignon, in Wismer, *The Islamic Jesus*. no.448을 보라. Annemarie Schimmel, *Jesus und Maria in der islamischen Mystik* (Munich:Kösel, 1996)는 수피 전통에 나타난 예 수에 대한 최고의 연구로 꼽히며 수많은 사료를 인용하고 있다.

63. 매우 이른 시기에 대단히 놀라울 정도로 정확한 《구약성서》와 《신약성서》 번역은 A'bu Hatim al-Razi (933년경 사망), *A'lam al-Nubuwwah* (Teheran, 1977)에 나온다. 아 부 하팀은 이스마일파의 선교사였다. 또한 Sulayman Murad, "A twelfth-Century Biography of Jesus," *Islam and Christian-Muslim Relations*, 7, no.1 (1996), 39-45도 보라.

64. Abu Hayyan al-Tawhidi, *Al-Basa'ir wa'l Dhakha'ir* (Tripoli, 1978), 7, paragraph 243 and 489 그리고 이 책의 168, 169번 이야기를 보라.

65. 다음을 보라. A, d'Souza, "Jesus in Ibn 'Arabi's *Fusus al-Hikam*," *Islamochristiana*, 8 (1982), 185-200. 그리고 Y.Marquet, "Les Ihwan al-Safa et le christianisme," *Islamochristiana*, 8 (1982), 129-158

66. 내 동료 Basim Musallam은 전체적으로 이슬람 전통에서 예수의 위치와 쑨니 이슬 람에서 알리가 차지하던 위치가 서로 다르지 않다고 주장한다. 예수와 알리 모두 대 단히 높은 영적 상태에 있던 인물이었지만 둘 다 추종자들의 극단적인 흠모에서 "구 출될" 필요가 있었다는 것이다. 이런 영향에 대한 예언 하디스는 Baladhuri, *Ansab al-Ashraf*, 2:121에 나온다.

67. Peter Brown은 사탄과의 투쟁이 초기 그리스도교적 풍조에서 형성된 것이라고 설 명한다. Brown, *The World of Late Antiquity* (London:Thames and Hudson, 1978), pp.53-56

68. Gazali, *Ihya' 'Ulum al-Din*, 3:28. 그리고 이 책 119번 이야기를 보라. 또한 '다리' 어록 (3:112)과 '부유함의 세 가지 병' (3:178)에 대해 그가 덧붙인 주석을 보라. 알가잘리는 특

별한 주석을 달기 위해 여러 예언자의 말 가운데 예수 어록을 뽑았다.

69. 예수와 돼지에 관해서는 Ibn Abi'l Dunya, *Kitab al-Samt*, p.573과 이 책 128번 이야기를 보라. 무함마드와 카바의 우상에 대해서는 Azraqi, *Akhbar Makka*, p.111을 보라.

제2부 주석

1. 참고문헌에 소개된 하디스 모음집 서론을 보라.
2. 이 예수 어록이 담겨 있는 작품의 사본 문제를 포함하여 그의 삶과 학문적 업적은 참고문헌 중에서 Ibn al-Mubarak, *Kitab al-Zuhd*에 대한 현대 편집자의 해설을 보라.
3. 최후 심판의 날 옮긴이 주
4. 더 알고 싶다면 《이슬람 백과사전》을 보라.
5. "오 충실한 신자들의 지도자여…… 폭정과 부정은 신의 뜻에서 나온 것이 아니다. 사람이 자신의 친척에게 선·정의·친절·관용을 베풀라는 계명이 그 분의 뜻이다." 그의 종교적 견해의 연장선상에서 나온 그의 정치적 견해는 종종 그를 위험한 상황에 몰아넣곤 했다. 705∼714년 하산은 이라크의 강력한 총독 알하자즈의 정책에 대해 자신이 취한 입장 때문에 은신 생활을 해야 했다. 이 총독이 죽은 뒤에야 하산은 은신 생활에서 벗어나 바스라에서 죽을 때까지 살았다. http://timeline.britannica.co.kr/bol/topic.asp?mtt_id=61116 _옮긴이 주
6. 이븐 알와르라기 (378/988 사망)에 대해 더 알고 싶다면 Ibn al-Mubarak, *Kitab al-Zuhd*, 편집자 서문을 보라.
7. al-Mubashshir ibn Fatik, *Mukhtar al Hikam* pp.271, 275에도 비슷한 내용이 나온다. 자세한 내용은 이 책을 보라.
8. 이에 대해서는 Ibn ʿAsakir, Sirat pp.54-55, no.43을 보라.
9. 아랍 지혜문학에는 헤르메스의 말이라고 전해지는 이와 유사한 이야기들이 많다. 헤르메스는 《꾸란》에 나오는 예언자 이드리스와 동일시된다. al-Mubashshir ibn Fatik, *Mukhtar al Hikam*, p.25에 이와 관련된 내용이 나온다. "학자들의 잘못은 배를 난파시키는 것인데, 배가 가라앉게 되고 많은 사람들이 물에 빠져 죽게 된다." 또한 Hertz, 《미슈나》 모음집 *Pirkey Aboth* (선조들의 어록) p.60, no.16에도 나온다.
10. 그리스도교 《성서》에서는 즈가리야, 스가랴 _옮긴이 주
11. Benedicta Ward, trans., *The Sayings of the Desert Fathers* (London: Mowbray, 1984) p.60에 나온다.
12. 이븐 히샴의 삶과 학문적 업적은 《이슬람 백과사전》을 보라.
13. 이에 관한 내용은 위에 인용한 이븐 아비 알둔야의 책을 보라.
14. 《이슬람 백과사전》을 보라.
15. Maria Asher 박사의 연구를 참고하였다.

16. 아흐마드 이븐 한발의 생애에 대해 더 알고 싶다면《이슬람 백과사전》을 보라.

17. William A. Graham, *Divine Word and Prophetic Word in Early Islam* (The Hague:Mouton, 1977) 을 보라.

18. 가톨릭에서 성지주일, 개신교에서는 종려주일이라고 함_옮긴이 주

19. 더 자세한 내용은 서론의 각주 29번의 자료를 참고하라.

20. 무함마드가 알리에게 한 말 중에 매우 비슷한 말이 있는데, Ibn Abi'l Hadid, *Sharh Nahj al-Balagha*, 11:232를 보라.

21. Ibn Qutayba, '*Uyun*, 2:290

22. Ibn Babuya, '*Ilal*, 2:104

23. Ibn Hisham, *Sira*, 4:244

24. Ibn Abi al-Dunya, *Kitab Dhamm al-Dunya*, 2:21, no.19를 보라.

25. Ibn 'Abd al-Barr, *Jami Bayan al-'Ilm*, 2:4부터 보라.

26. Hertz, *Pirkey Aboth* p.51, no.22를 보라.

27. Ahmad Zaki Safwat, *Jamharat Khutab al-'Arab* (Beirut, 1985), pp.119-120, no.122을 보라.

28. al- Mubashshir ibn Fatik, *Mukhtar al-Hikam*, p.75

29. 더 자세히 보려면 Ibn 'Asakir, *Sirat*, p.266, no.344을 보라.

30. 그리스 철학자 데모크리토스가 이와 유사한 충고를 한 내용이 있는데, G. S. Kirk, J. E. Raven, M. Schofield, *The Presocratic philosophers*, 2nd ed. (Cambridge: Cambridge University Press 1995), p.433, no.1을 보라.

31. Ibn Sa'd, *Tabaqat*, 7:210 ~ 211

32. 그러나 그는 이 이야기의 두 군데에서 'urs (결혼식)를 'arsh (왕좌)로 바꿔 읽었다.

33. 한나드의 삶과 학문적 업적은 참고문헌 중 그가 편집한 책의 서론을 보라.

34. Ward, *The Sayings of the Desert Fathers*, pp.18-19, no.42를 보라.

35. 자히즈의 삶과 학문적 업적은《이슬람 백과사전》을 보라.

36. Ward, *The Sayings of the Desert Fathers*, p.69, no.1을 보라.

37. 서론의 각주 55번을 보라.

38. M. Rhodes James, *The Apocryphal New Testament* (Oxford: Clarendon Press, 1924), 주제 색인 '동물'을 참고하라.

39. 그의 삶과 학문적 업적에 대해 더 자세하게 알고 싶다면《이슬람 백과사전》을 보라.

40. Bentley Layton, *The Gnostic Scriptures* (New York: Doubleday, 1987) 383쪽 10장 (도마), 339쪽 49장 (필립보)을 보라.

41. Bentley Layton, *The Gnostic Scriptures*, p.341, 58장을 보라.

42. 영지주의에서 세상을 지배하는 수많은 세력을 일컫는 말. (브리태니커 참조) (옮긴이 주)

43. Ward, *The Sayings of the Desert Fathers*, p.8, no.33을 보라.

44. Montaigne, *Essay* (Harmondsworth: Penguin, 1960), p.132. 같은 태도는 유명한 초기 무슬림 인물 알하산 알바스리와 이븐 시린 (110/728 사망)에서도 전해지고 있다. Ibn Sa'd, *Tabaqat*, 7:162를 보라.

45. Ibn al-Mubarak, *Kitab al-Zuhd*, p.125, no.368을 보라.

46. 그의 삶과 학문적 업적은 참고문헌에 인용된 Raif Khuri, *Légendes prophétiques dans l'Islam* 에서 그의 글에 관한 서문을 참조하여라.

47. 그의 삶과 학문적 업적은《이슬람 백과사전》을 보라.

48. Hertz, *Pirkey Aboth*, p.81, no.24

49. Layton, *The Gnostic Scriptures*, p.331, 11장

50. 그의 삶과 학문적 업적은《이슬람 백과사전》을 보라.

51. Al -Mubarrad, *al-Kamil*, 1:159를 보라.

52. 그의 삶과 학문적 업적은《이슬람 백과사전》을 보라.

53. 그의 삶과 학문적 업적은《이슬람 백과사전》을 보라.

54. 이크완 알사파에 관해서는《이슬람 백과사전》을 보라.

55. 그의 삶과 학문적 업적에 관해서는《이슬람 백과사전》을 보라.

56. 무함마드도 이와 유사한 말을 한 적이 있다. 이 내용은 Ibn al-Mubarak, *Kitab al-Zuhd*, p.312, no.892에 나온다.

57. 그런데 아신은 그를 Abu sa'd라고 잘못 불렀다. 편집자가 알기로 그의 작품은 필사본으로 남아 있다. 그의 다른 작품들에 관해서는 Fuat Sezgin, *Geschichte der Arabischen Schrifttums* (Leiden: Brill, 1967)의 1:670과 A. J. Arberry, "Kharghushi's Manual of Sufism," in *Bulletin of the School of Oriental Studies*, 9 (1837-1939), pp.345-349를 보라.

58. Layton, *The Gnostic Scriptures*, p.395의 no.87과 p.399의 no.112를 보라. 이 이야기는 시리아 문학 작품과도 비슷한 점이 있다. E. A. Wallis Budge, *The Laughable Stories*, p.31의 no.131을 보라.

59. 그의 삶과 학문적 업적에 관해서는《이슬람 백과사전》과 Tarif Khalidi, *Arabic Historical Thought in the Classical Period* (Cambridge: Cambridge University Press, 1994), pp.170-176을 보라.

60. Budge, *The Laughable Stories*, p.32. no.134를 보라. 이 책에 나온 히브리 성인과 닮았다.

61. 그의 삶과 학문적 업적은《이슬람 백과사전》을 보라.

62. 다른 문학 작품들과도 유사한 면이 있다. Hertz, *Pirkey Aboth*, p.28, no.7 (R. Hillel and

the skull)을 보라.

63. 지옥에 걸려있는 사람들의 이미지는 Martha Himmelfarb, *Tours of Hell* (Philadelphia: University of Pennsylvania Press, 1988), pp.82–92를 보라. 또한 천국과 지옥의 모습은 베드로의 묵시록와 바오로 묵시록 등의 위경에서 나타난 모습을 반영하기도 한다. M. Rhodes James, *The Apocryphal New Testament*, pp.505-555를 보라.

64. 그의 삶과 학문적 업적은 《이슬람 백과사전》을 보라.

65. 그의 삶과 학문적 업적은 《이슬람 백과사전》을 보라.

66. 그의 삶과 학문적 업적은 《이슬람 백과사전》을 보라.

67. 알가잘리의 삶과 학문적 업적은 《이슬람 백과사전》을 보라.

68. 또 다른 유사한 이야기는 M. Sharon, ed., *Studies in Honour of Professor David Ayalon* (Leiden: Brill, 1986), pp.353–398, 389–390의 no.S6에 실린 J. Sadan, "Some Literary Problems concerning Judaism and Jewry in Medieval Arabic Sources"에 나온다. 이 논문의 p.370부터 Sadan은 진정한 토라가 모세에게 계시되는 것이 예견되었다는 이슬람의 견해를 요약하고 그것에 대해 논의한다.

69. Jahiz의 Rasa'il, 1:51–52와 축음공에 대해 다룬 145번 이야기와 비교해보라.

70. Budge, *The Laughable Stories*, p.123, no.475를 보라.

71. James, *The Apocryphal New Testament*, pp.75, 80, 83을 보라.

72. James, *The Apocryphal New Testament*, p.477을 보라.

73. Ward, *The Sayings of the Desert Fathers*, p.9, 2를 보라.

74. 〈잠언〉 6:9–11과 Hertz, *Sayings of the Fathers*, p.45의 no.14를 보라.

75. 하느님께 모든 것을 바치는 젊은이들의 이야기는 Ward, *The Sayings of the Desert Fathers*, pp.145-146 등 다른 부분에서도 볼 수 있다.

76 Mawsu'at Rasa'il, *Kitab al-Rida 'an Allah*, 3:22 no.6, 3:25 no.9, 3:42 no.31을 보라.

77 Ward, *The Sayings of the Desert Fathers*, p.70, no.5번 보라.

78. 다른 전통과 유사한 이야기는 186번과 248번 이야기의 설명과 Ward, *The Sayings of the Desert Fathers*, p.136, no.38을 보라.

79. 이와 유사한 사탄과 사막 선조들 간의 만남은 Ward, *The Sayings of the Desert Fathers*, p.126, no.3과 pp.129-130, no.11을 보라.

80. Layton, *The Gnostic Scripture*, p.384, no.21 (도마복음)을 보라.

81. 이에 대해 더 알고 싶다면 Tarif Khalidi, *Arabic Historical Thought in the Classical Period* (Cambridge: Cambridge University Press, 1994), p.22와 no.11을 보라.

82. Forbes Robinson, *Coptic Apocryphal Gospels*, in J. Armitage Robinson, ed., *Texts and Studies: Contributions to Biblical and Patristic Literature*, vol. 4, no.2 (Cambridge: Cambridge Uni-

versity Press, 1896), pp.137, 154를 보라.

83. 자세한 내용은 Tarif Khalidi, *Arabic Historical Thought*, pp.210-215를 보라.

84. 흑인 노예에 관해서는 James, *The Apocryphal New Testament*, p.451의 the Acts of Philip을 보라. 이스하끄의 부인 이야기는 정원사의 딸 이야기 (같은 책, p.303)와 유사하다.

85. 그의 삶과 학문적 업적은 《이슬람 백과사전》을 보라.

86. Budge, *The Laughable Stories*, p.76, no.309를 보라.

어록 찾아보기

전체 찾아보기

감사의 말 : 타리프 칼리디

오랜 시간이 걸린 이 작업에 많은 분들이 조언과 도움을 주셔서 참 다행이었습니다. 이 책은 베이루트에서 미술 비평가이자 캘리그래퍼인 친구 사미르 사이흐와 대화를 나누면서 처음으로 구상하게 되었습니다. 아랍 이슬람 문학에 남아있는 예수 어록과 일화를 모으고 번역하는 작업을 시작할 수 있게 도와준 이도 바로 사미르였습니다.

아랍 문학에서 예수 어록을 신경 써서 읽은 것 말고는 거의 한 일 없이 몇 년이 지나갔습니다. 발췌하여 적어놓은 어록은 파일함에 담긴 채 시간이 흐르면서 점차 누렇게 변해갔습니다. 분석의 초점을 잡고자 베이루트 등지에서 이 내용을 주제로 몇 번의 강의를 하기도 했습니다. 강의를 들어주신 많은 분들의 관심과 날카로운 지적에 감사드립니다. 그러나 일은 진척되지 못한 채 또 시간이 흘렀습니다. 써야 할 책이 또 있어서 그 일을 끝내고 나서야 예수에 관한 책으로 다시 관심을 돌릴 수 있었습니다.

평범한 집안에서는 부모가 자식을 도와주는 것이 당연하겠지만 제 아들 무함마드 알리는 오히려 자청하여 어록을 영어로 옮기는 사전 작업을 오랜 시간을 들여 맡아주었습니다. 이 책 번역이 잘 되었다면 그것은 전적으로 아들이 훌륭하고 정확한 영어로 옮겨준 덕분입니다. 또한 제 시간에 마무리하도록 옆에서 계속 자극을 주었습니다. 베이루트 아메리칸 대학교에서 이제 박사 논문에 들어간 제자 슐레이만 무라드는 어록의 후기 판본이 너무 뒤얽혀있어 적절한 순서로 배열하지 못해서 절망하던 때에 많은 도움을 주었습니다. 슐레이만은 짧은 동안에 놀랍도록 정확하게 자료에 번호를 다시 매기고 이를 새로 구성해냈습니다. 그가 이븐 아사키르가 쓴 12세기 다마스쿠스에 관한 위대한 역사책에서 예수 어록 모음집을 뽑아냈을 때에는 무척 기뻤습니다. 또한 그 작업이 이 책 내용에 포함될 수 있게 제때에 나오게 되어 더욱 기뻤습니다.

저는 케임브리지 대학에서 1992-1993년에 1차, 1996-1998년에 2차로 이 모음집의 사전 준비에 많은 시간을 보냈습니다. 킹스칼리지에 있던 동료 키스 홉킨스는 이 책의 초기 원고를 읽고 내용을 보완하는 데 여러 가지 적절한 의견을 주었습니다. 또 다른 동료이자 오랜 친구인 바심 무살람은 언제든지 허심탄회하게 시간을 내어 비평과 조언을 해주었습니다. 이 책이 탄생할 수 있게 해준 분은 바로 에드워드 사이드였습니다. 그분께서는 이 책이 '컨버전스Convergence' 시리즈에 들어갈 수 있게 허락해주셨고 일의 진척 상황에 계속 관심을 가져주셨습니다. 진심과 애정을 담아 감사드립니다. 또한 린제이 월터스, 마리아 애셔의 조언과 충고, 뛰어난 편집을 해주신 하버드대학교 출판부의 킴 스티어에게도 감사드립니다. 디아나 타마리 사바흐 재단의 연구비 지원 덕분에 일 년 동안 예수 연구에 전념할 수 있었습니다. 특별히 바실 아끌과 하십 사바흐 두 분이 이 책에 많은 관심을 가져주었고, 덕분에 결국 이 책을 쓸 수 있었습니다. 이 팔레스타인 애국자와 자선가 두 분은 자신들의 존재가 세상에 알려지지 않았으면 하셨을지도 모르겠습니다. 책이 나오기를 기다리는 그분들의 인내심은 저 때문에 거의 바닥이 났습니다. 이 책이 그 기다림에 부응했는지 확신할 수는 없습니다. 그렇지만 저의 애정과 감사를 그분들께 분명히 전하고자 합니다.

공존: 예수라는 이름으로 이슬람 읽기

《무슬림 예수》라는 제목은 어딘지 낯설다. 그래서 한참을 들여다보게 된다. '무슬림'이라는 말의 뜻은 '신에게 스스로 헌신하는 자'이며, 일반적으로 이슬람교를 따르는 신자를 의미한다. 한 종교에서 신으로 여겨지는 존재인 '예수'에게 이슬람교를 믿는 신자라는 말을 붙이다니 참 도발적인 제목이다.

이 책은 무슬림 복음서라고 일컬어지는 이슬람의 오래된 경전과 고전, 그리고 구전으로 전해오는 흩어진 자료들의 모음집이다. 이슬람교와 그리스도교는 오랜 기간 반목해왔지만, 그 뿌리는 같다. 그런데도 우리나라는 물론, 그리스도교를 바탕으로 문명을 이룬 서양에서도 이슬람은 아주 낯설다. 하물며 무슬림 복음서에 나오는 예수의 이야기라니!

저자 타리프 칼리디는 이해를 돕기 위해 전반부(1부 "무슬림 예수를 읽기 전에")에 조금 긴 역사적 맥락의 설명을 넣었다. 무슬림 복음서를 중심으로 한 이야기지만 《꾸란》에 관한 여러 논쟁을 다루고 있어 《꾸란》의 개설서로서 참고하기에도 좋다. 《꾸란》에 나오는 예수, 그리고 《꾸란》을 넘어서 이슬람의 맥락에서의 예수의 모습을 이해하고 싶다면 많은 도움이 될 것이다.

이 책을 읽는 독자들은 《꾸란》을 직접 접해보지 않은 분들이 많으리라 생각되어, 저자가 아마도 이미 알고 있으리라고 생각하고 서문의 '배경'에 소개하지 않은 더 바깥의 이야기에 관해 짧게 설명을 덧붙여보고자 한다.

사실 《꾸란》에는 그리스도교에서 친숙한 인물들이 많이 등장한다. 예수는 '이사'라는 이름으로 등장하는데, 예수 말고도 아담, 아브라함, 모세, 다윗, 솔로몬, 요셉, 그리고 수많은 구약의 예언자들이 등장하고, 세례자 요한, 마리아까지 나온다. 이들의 모습은 《성서》에서 보던 것과 비슷한 면도 있다. 그렇지만 《성서》에 나오지 않은 이야기, 《성서》와는 다른 이야기 등 다양한 차원의 이야기들이 존재한다.

같은 인물에 관하여 이야기가 다르니 오랫동안 그리스도교와 이슬람 세계 사이에 많은 논쟁이 있어왔던 것은 당연한 일이었는지도 모른다. 시간 순서로 보면 유대교, 그리스도교가 이슬람교보다 먼저 생겨났으니, 이들은 이슬람이 자신들의 것을 가져가 변형시켰다고 주장한다.

이것은 이슬람이 탄생한 지역과 그리스도교가 생겨난 지역이 매우 가깝게 존재했기에 일어난 일이다. 그리고 두 세계는 끊임없이 영향을 주고받으며 발전했다. 저자는 그리스도교가 더 뛰어난 종교였기 때문에 이슬람교가 이를 받아들인 것이 아니라, 그리스도교의 내용을 충분히 수용할 만큼 체제가 성숙했기에 이슬람이 그리스도교를 받아들였다고 본다. 그리스도교를 자신의 부족한 부분을 보완, 성장시켜줄 요소로 보았기 때문에 이를 적극적으로 수용해나갔다고 강조한다.

저자 타리프 칼리디는 영미권에 이슬람의 모습이 바로 읽히도록 하는 작업을 부지런히 해오고 있다. 최근에는 영어로 《꾸란》을 번역하기도 했고, 무함마드에 관한 책도 썼다(《The Qur'an: A New Translation》(London:Penguin Classics, 2008), 《Images of Muhammad: Narratives of the Prophet in Islam Across the Centuries》(New York: Doubleday, 2009)). 무함마드와 《꾸란》을 연구하는 정통 이슬람 학자가 예수의 이야기를 쓰는 일은 쉽지 않은 도전이었을 것이다. 이슬람에서 예수는 중요한 인물이긴 하나 중심은 아니기 때문이다. 그럼에도 흩어진 옛 자료들을 모아 이 책을 쓴 이유는 저자도 밝혔듯이 '공존'을 이야기하기 위해서다. 이슬람 속의 예수는 한 종교의 인물이 다른 종교의 역사 속으로 스며들어가 대화를 나눈 흔치 않은, 흥미로운 사례이기 때문이다.

이 책은 거의 10년쯤 전에 대학원 수업시간에 닐 로빈슨Neal S. Robinson 교수님께서 소개해주신 책이다. 그 분은 학교에서 해외 석학교수 초빙사업의 일환으로 특별히 모셔온 분이었다. 교수님은 이슬람 연구를 오랫동안 진지하게 해오신 분이고 《Discovering the Qur'an》, 《Christ in Islam and Christi-anity》 등 이슬람 관련 책도 여러 권 쓰셨다. 이슬람과 《꾸란》과 어려운 영국식 영어발음 등 온갖 어려움 투성이었던 그 수업을 내가 얼마나 잘 소화해 냈는지는 자신 없지만, 그 덕분에 이 책을 만날 수 있었다. 그러나 교수님은 예상보다 일찍 원래의 자리로 돌아가셨다. 여러 가지 이유가 있었겠지만 나는 우리와 이슬람의 거리가 멀고, 그만큼 준비가 덜 되어 있었기 때문이라고 생각했다.

거리는 관심으로 이어진다. 10년이 지나는 사이 이슬람은 대통령의 순방을 통해서, 건설이나 에너지의 수출 통로로 혹은 아랍왕자 누구의 부인은 몇 명이더라 하는 가십거리로 방송이나 신문기사에 오르락내리락 했지만 우리에게는 여전히 먼 곳이다. 특히 요즈음의 우리에게 이슬람이 각인되는 이미지는 IS 등의 테러다. 아직 서로를 잘 알지도 못하는데, 테러 소식을 먼저 접하게 되었으니, 그들은 이해하기 어려운 존재로 남을 수밖에 없다. 알아야

공감할 수 있고 그래야 이해도 생긴다.

이 책이 전하는 것은 오늘의 현실과는 조금 먼 옛날 이야기다. 그 옛날 이슬람과 그리스도교가 공존했던 변방에서 일어난 흥미로운 만남의 기록이다. 이렇게 이 책은 예수라는 우리에게 가장 익숙한 이름에서부터 이슬람 읽기를 권한다. 이 책을 통해 이슬람이 조금 더 가까이 다가오기를 기대해본다.

시간을 들여 번역을 세심하게 보아주시고, 가르침을 주신 류제동 선배님, 감수를 통해 미진한 부분을 바로잡아 주시고 부족함을 채워주신 박현도 선배님께 감사의 말씀을 드린다.

옮긴이를 대표하여
정혜성

이슬람, 공존과 평화를 위한 기도

무슬림 예수

지은이 | 타리프 칼리디
옮긴이 | 정혜성 · 이중민
감수 | 박현도

초판 펴낸날 | 2018년 12월 25일
펴낸이 | 김남기

편집 | 이유나
표지 · 본문 디자인 | 소나무와 민들레

펴낸곳 | 소동
등록 | 2002년 1월 14일(제19-0170)
주소 | 경기도 파주시 돌곶이길 178-23
전화 | 031 · 955 · 6202
팩스 | 031 · 955 · 6206
홈페이지 | http://www.sodongbook.com
전자우편 | sodongbook@naver.com

ISBN 978-89-94750-32-3 (93280)

* 잘못된 책은 바꾸어드립니다.

이 도서의 국립중앙도서관 출판예정도서목록(CIP)은 서지정보유통지원시스템 홈페이지(http://seoji.
nl.go.kr)와 국가자료공동목록시스템(http://www.nl.go.kr/kolisnet)에서 이용하실 수 있습니다.(CIP제어번호:
CIP2018040143)

옮긴이
정혜성

서강대학교에서 영어영문학과 종교학을 전공하고, 동대학원 종교학과에서 중국 위진 남북조시대 도교 의례를 연구한 논문 〈도교의례에서의 희생제사 금지〉로 석사학위를 받았다. 현재 해남에서 이웃한 친구들과 함께 농사를 지으며 살고 있다. 틈틈이 번역도 하고 책도 들여다보지만, 몸을 쓰는 일과 머리를 쓰는 일을 병행한다는 것의 어려움을 새삼 느끼며 이 책을 정리했다. 전공과 동떨어진 삶을 사는 것 같지만, 오늘의 삶은 그때 배웠던 앎이 준 자유와 해방감에 많은 부분을 빚지고 있다고 생각한다. 쓴 책으로는 《땅에서 삶을 짓다》(공저), 번역서로 《기다리는 사람은 누구나 시인이 된다》가 있다.

이중민

신문방송학과 학부 시절 '종교와 문화' 수업을 수강하면서 세계의 다양한 종교 전통이 가진 매력에 빠져들어 종교학을 복수 전공했고, 좀더 깊이있는 공부를 위해 종교학과 대학원에 진학했다.
이 책은 대학원 시절 세계적 석학이었던 닐 로빈슨의 '이슬람의 예수와 마리아' 수업 교재 중 한 권이다. 이 책에서 소개하는, 이슬람 문화권 밖에는 잘 알려지지 않은 이슬람 속 예수를 만나면서, 현재도 진행 중인 이슬람 문화권과 그리스도교 문화권 사이의 긴장 관계를 완화시킬 수 있는 가능성을 발견해 번역에 참여했다.

감수
박현도

명지대학교 중동문제연구소 인문한국 연구교수. 서강대학교 종교학과를 졸업하고 이슬람학으로 캐나다 맥길대학교 이슬람연구소에서 석사박사 과정 수료 후, 이란 테헤란 대학교에서 박사학위를 받았다. 현재 한국종교인평화회의 출판위원장, 종교평화국제사업단 발간 영문계간지 《Religion & Peace》 편집장, 대외경제정책연구원 중동연구회전문위원을 맡고 있으며 외교부 정책자문위원(2012.8~2018.7)을 지낸 바 있다. 《세계의 이슬람》《이란을 가다》등을 공동 저술했다.

이 책은 아랍어로 된 이슬람 문학작품에 나온 예수의 어록과 이야기 모음집 중 가장 방대한 내용을 담고 있다. 종교사에서 필수적인 원사료와 여러 자료들을 통해, 한 문화가 또 다른 문화를 어떻게 자기 것으로 만드는지 즉, 이슬람 문화가 그리스도교 문화의 뛰어난 종교적 인물을 어떻게 자신의 것으로 흡수시켜 가는지를 기록한다. 그렇게 이 책은 두 종교 전통을 이해하는 데에 대단히 중요한 의미를 지니고 있으며 오늘날 종파간의 관계와 종교 간의 대화에서 깊이 생각해봐야 할 함의를 지닌 작품이다.

"《무슬림 예수》는 대단히 시의적절하고 매력적이다. 이 어록은, 그리스도교와 이슬람을 묶어주는 연결고리가 우리가 대부분 예상했던 것보다 훨씬 더 깊고 복합적이며, 매우 복잡하게 짜여져 있다는 것을 입증하고 있다."

– 윌리엄 댈림플, 《가디언지》

"《무슬림 예수》는 이슬람에 대한 그리스도인들의 무지를 털어버리는 데에 일조한다. 이 책을 읽은 독자들은 이슬람을 더 잘 이해할 수 있게 되고, 서구 문명에서 가장 중요한 인물 가운데 한 명인 나자렛 예수를 다른 전통에서는 어떻게 보고 있는지를 알 수 있게 된다."

– 래리 B. 스태머, 《로스엔젤레스 타임즈》